현대사상
지도

현대사상지도

편저자 기다 겐
옮긴이 김신재 심정명 윤여일
펴낸이 윤양미
펴낸곳 도서출판 산처럼

등 록 2002년 1월 10일 제1-2979호
주 소 서울시 종로구 내수동 72번지 경희궁의 아침 3단지 오피스텔 412호
전 화 725-7414
팩 스 725-7404
E-mail sanbooks@paran.com

제1판 제1쇄 2005년 11월 20일
제1판 제2쇄 2009년 4월 25일

값 23,000원

ISBN 89-90062-16-0 03000
* 잘못된 책은 서점에서 바꾸어 드립니다.

세계지성사를 풍요롭고 활기차게 한 핵심 키워드 88!

현대사상 지도

편 저
기타 겐

번 역
김신재
심정명
윤여일

산처럼

일러두기

1. 이 책은 기다 겐이 편집한 《現代思想フォーカス88》(新書館, 2001)을 완역한 것이다.
2. 옮긴이의 주는 본문 중 (-옮긴이)로 표시했다.
3. 모든 외래어의 인지명 및 고유명사는 외래어 표기법에 따라 표기했다.
5. 본문의 순서는 주제별로 구성했다.
6. 본문의 참고문헌은 원서에 있는 해당 도서와 함께 관련된 국내 도서도 소개했다.
7. 본문의 사항 찾아보기, 인명 찾아보기는 원문을 따른 것이다.

새로운 미지의 세계로 출항하는 젊은이들에게

20세기는 흔히 '혁명과 전쟁의 세기'라고 불립니다. 그러나 동시에 다양한 사상이 혼란스럽게 개화한 세기이기도 했습니다. 이 책은 그런 20세기 사상을 돌아보고, 21세기에 과연 무엇이 지속되고 무엇이 사라질지 확인하는 데 도움이 될 것입니다. 그러나 사상이라고 해도 그 범위는 정치·경제·사회·문화·과학·예술·철학 등 매우 넓어 일직선 상에 나란히 놓고 살펴보기는 어렵습니다. 그래서 우리들은 88가지 쟁점을 설정하여 20세기 사상을 정리하고자 합니다. 88이라는 숫자에 특별한 필연성은 없지만 이 정도면 20세기 사상을 얼추 아우를 수 있으리라 생각합니다. 그 쟁점들이 비추는 범위가 각각 다르기 때문에 각 항목에 따라 분량의 차이를 두었습니다.

우선 이 책을 어떻게 활용하면 좋을지 말씀드리겠습니다. 물론 장르별로 정리해서 서로 관련되는 항목을 한데 모아 읽도록 했습니다. '사상의 흐름'은 20세기의 주요 사상적 입장을 망라하고 있습니다. '사상의 키워드'는 20세기 사상의 키워드라고 해도 좋을 것들입니다. 그리고 '언어', '심리', '정치', '경제', '사회', '역사', '인류', '종교', '과학', '비평'과 같이 장르별로 읽으면 그 장르에 대해 정리할 수 있을 것입니다. 또한 사전처럼 찾아볼 수 있습니다. 사항 찾아보기를 병용하면 꽤 상세한 20세기 사상사전으로 이용할 수 있을 것입니다.

물론 이 책은 20세기 사상사로 읽기는 어렵습니다. 이 점은 책 속의 '현대사상 연표'를 이용하면 어느 정도 보충할 수 있습니다. 그래도 일말의 불안이 남기에 중요한 항목만 예로 들어 개략적인 사상사를 그려보겠습니다.

이 책에서 거론하는 항목 가운데 시간상 가장 오래된 것은 19세기부터 계승된 마르크스주의입니다. 그 뒤를 잇는 것이 20세기와 함께 시작된 정신분석과 현상학이겠지요. 마르크스주의와 정신분석은 실증적인 뒷받침 없이도 이론체계로서 정비되었고 현실을 움직였다는 점에서 20세기의 두 신화라고 해도 좋을 것입니다. 혹은 사상적 실험이라고 불러야 할까요. 마르크스주의는 한 세기를 넘는 장대한 실험의 결과, 1991년 소비에트연방의 해체로 그 무효성이 증명됐다고 볼 것인지, 아니면 여전히 사상으로서 재생의 힘을 감추고 있다고 봐야 할지 판단하기 어렵습니다. 정신분석도 과학 또는 치료수단이라기보다 오히려 문화이론으로서 유효성을 발휘한 것이 아닐까요. 그러나 정신분석과 현상학은 20세기의 마지막 25년 동안 크게 전개되지는 못했을지언정 한 세기를 살아낸 사상운동으로 봐도 좋을 것입니다.

1910년대에 형성된 것이 웍스퀼의 환경세계이론, 그리고 게슈탈트이론입니다. 1914~18년의 제1차 세계대전 후인 1920년대에 등장한 것이 카를 바르트를 필두로 한 변증법적 신학, 코헨, 로젠츠바이크, 부버 등의 유대사상, 물상화이론을 축으로 한 루카치의 서구 마르크스주의, 셸러로부터 시작한 철학적 인간학, 하이데거의 존재론, 역시 하이데거가 확장시킨 해석학입니다. 프랑크푸르트학파가 형성되는 것도 이 시대입니다. 1930년대에 들어서자 야스퍼스가 제창하는 실존철학, 비트겐슈타인의 언어게임이론, 역시 그를 기점으로 하는 논리실증주의(과학사·과학철학)와 분석철학, 프랑스에서는 루시앙 페브르와 마르크 블로크를 중심으로 한 아날 역사학파가 발족합니다. 하지만 이윽고 파시즘과 스탈린주의라는 서로 대립하는 두 가지 전체주의가 유럽을 지배하게 됩니다.

1939~45년 제2차 세계대전 이후 유럽을 석권한 것은 프랑스에서 출발한 실존주의였습니다. 이것은 곧 마르크스주의에 대항하는 자유주의진영의 이데올로기가 됩니다. 1960년경부터 실존주의에 대한 안티테제의 모습으로 등장한 것이 소쉬르의 언어학과 기호학의 영향을 받은 구조주의입니다. 레비스트로스의 구조인류학(야생의 사고), 역시 구조주의적이라 불러야 할 라캉의 정신분석이론, 알튀세르의 구조주의적 마르크스주의, 푸코의 구조주의적인 관점에서의 사상사, 롤랑 바르트의 문학비평 등을 여기에 포함하여 생각할 수 있습니다. 1970년대 무렵부터는 구조를 정태적으로 파악했던 구조주의에 대한 비판과 함께 구조 그 자체의 역동적인 운동에 주목하는 포스트구조주의를 들뢰즈, 데리다, 리오타르, 보드리야르, 가타리, 크리스테바 등 프랑스 사상가들이 제창했습니다. 1960년대에는 미국의 핸슨, 쿤, 파이어아벤트 등이 과학사·과학철학 영역에서 혁명적이라 할 만한 전환을 불러일으켰습니다. 1980년대 무렵부터 과학사상의 영역에서 카오스이론, 프랙탈, 오토포이에시스, 어포던스와 같은 새로운 개념과 사상이 나왔습니다. 이것이 사상계에 널리 큰 영향을 미치게 됩니다. 그러나 다른 한편에서는

사상가들이 과학의 개념을 안일하게 이용한다며 과학자들이 비판을 제기해 이른바 과학전쟁이 일어나기도 했습니다. 페미니즘이나 문화연구가 사상계에 강한 충격을 준 것도 물론 기억하실 것입니다.

　이처럼 다양한 사상이 망라되어 있는 이 책이 미지의 새로운 세계로 출항하는 젊은이들에게 하나의 장비가 될 수 있기를 간절히 바랍니다.

2000년 12월

기다 겐

현대사상 지도

세계지성사를 풍요롭고 활기차게 한 핵심 키워드 88! **차례**

사상의 흐름

응용윤리학
applied ethics

ɑ

 '응용윤리학'은 그 명칭에서 연상되듯 윤리학의 기초이론을 응용한 학문 분야(이를테면 결의론)가 아니다. 오히려 오늘날 우리가 살아가는 사회에서 벌어지는 현실적이고 구체적인 문제를 철학적으로 고찰함으로써 기존 윤리학의 원리원칙(선악의 판단기준)을 조명하거나 그것에 메스를 대는, 윤리사상의 새로운 방법적 가능성을 가리키는 개념이다.

 그러한 인식방법은 일반적인 규칙에 개별 사례를 포섭하는 것이 아니라 오히려 구체적인 것에서 보편을 추구한다는 점에서 칸트의 반성적 판단력에 가까운 접근일지도 모른다(물론 칸트의 경우 반성적 판단력은 윤리와는 관계없는 것이었지만). 응용윤리학이 수면 위로 부상한 것은 1970년 전후의 미국이다. 당시 이 윤리학은 '실제적인 윤리학(practical ethics)'이라고도 불리고 있었다. 그 이전의 영미 윤리학은 '선'이나 '당위' 등 윤리적 명사의 의미를 분석하는 추상적인 언어분석(이른바 '메타윤리학')에 편중되어 있었으므로, '실제적인'이라는 형용사는 응용윤리학이 종래의 경향에 대한 의식적인 저항임을 잘 드러내고 있다. 오늘날 고찰 대상의 구체성과 현실성을 강조할 때 사용되는 '임상윤리학'이나 '임상철학'이라는 표현도 동일한 지향, 동일한 학문적 방법을 의미한다.

응용윤리학은 현대의 현실적인 문제와 관련되어 있기 때문에, 현대 사회의 관심사 중에서 주제가 자연스럽게 결정된다. 그런 까닭에 응용윤리학으로 시장윤리학, 비즈니스윤리학, 미디어윤리학, 정보윤리학, 리서치윤리학 등을 들 수 있는데, 최근 특히 중요하고 또한 주목받고 있는 것은 생명윤리학과 환경윤리학이다.

생명윤리학

원래 윤리학(에토스의 학)이란 인간적인 삶에 관한 선악의 철학적 고찰인데, 인생에는 '생로병사'가 으레 따르게 마련이다. 생로병사는 의료의 대상이고 특히 현대사회는 인생의 여러 단계에 끊임없이 다양한 의료기술이 침투해 있기 때문에(이를테면 출생시의 신생아실부터 집중치료실에서의 죽음까지), 삶에 관련된 현대의 윤리학이 생명윤리학의 양상으로 드러나는 것이 어떤 의미에서는 당연하다. 첨단의료기술의 발전에 따라 생식기술, 이식기술, 유전자기술 등 바이오테크놀로지가 급속하게 발전해 종래의 윤리학으로는 처리할 수 없는 다양한 윤리적 난제가 현실에 등장하고 있다.

예를 들어 안락사의 선악문제가 있다. 의료의 목적은 질병을 치료해 생명을 가능한 한 길게 지속시키는 데에 있지만, 연명기술의 현격한 발달 덕분에 현대 의학은 과도한 연명치료를 할 수 있게 됐다. 나을 가망이 없는 환자의 몸에 최첨단 의료기기의 관이나 코드를 많이 연결하여 조금이라도 수명을 연장하려는 상황(이른바 '스파게티 증후군')이 생겨난 것이다. 이렇게 무리를 해서라도 계속 살아가는, 아니 계속 살아가게 하는 경우의 윤리적인 의미가 의료현장에서 문제시되고 있다. 생명의 양뿐만 아니라 '생명의 질(삶의 질. QOL=quality of life)'도 문제가 되는, 지금까지 없었던 상황이 생겨난 것이다. 안락사에 관해서는 개념규정, '생명의 질'과 '생명의 존엄(SOL=sanctity of life)'의 대립, 존엄사와 자연사의 관계, 그 윤리적 시비, 자기결정권과의 관계 등이 구체적인 사례인 카렌 퀴란 사건(미국에서 1975년에 처음으로 식물인간인 카렌 퀴란 양이 제기해 인간으로서 존엄하게 죽을 권리를 법으로 인정한 사건—옮긴이)에 입각해 논의된 바 있다.

나아가 근대 특유의 기계론적 생명관이나 공리주의적 신체관이 뇌사와 장기이식과 관련해 새삼 윤리의 문제로서 다시 다루어지고 있다. 그 외에 임상실험, 인공 임신중절, 체외수정, 유전자조작 등 의료기술의 발전이 없으면 생겨나지 않았을 윤리적 임상적 문제가 점차 증가하고 있다. 참고로 인간게놈프로젝트와 같은 기초연구가 초래할 윤리문제, 인폼드 콘센트(informed consent. 충분한 설명 후 동의를 얻는 것—옮긴이)를 포함한 의료와 정보에 관한 문제, 의료에서의 분배평등과 사회정의 등 생명과 의학에 관한 윤리학의 테마는 셀 수 없을 정도이다.

환경윤리학

오늘날 과학기술의 발전에 따라 대기와 수질 오염, 지구의 사막화, 자원 고갈, 오존층 파괴, 폐기물 누적, 야생생물종의 격감 등 자연환경의 파괴가 급속히 진행 중이다. 이런 현실적인 문제에 직면해 자연과 인간의 관계를 고찰하는 윤리학, 이른바 환경윤리학에 많은 관심이 모아지고 있다.

환경윤리학의 역사는 학문으로서는 그다지 오래되지 않았다. 물론 자연의 가치를 인정하고 자연파괴를 경고하는 철학사상은 오래 전부터 있었지만, 현대 환경윤리학의 발단이 된 것은 20세기 초 미국에서 벌어진 환경문제에 관한 논쟁이었다. 1908년에 샌프란시스코시의 수원(水源)을 확보하기 위해 헤치헤치계곡에 댐을 건설하려 했던 구체적인 환경문제를 계기로 '보존주의'와 '보호주의' 사이에 논쟁이 일어났다. 농무부 삼림국 초대장관인 핀촛 등 보존주의자가 과학적이고 효율적으로 자연을 관리해 자연환경을 보존해야 한다고 주장한 것에 반해, 국립공원 설치운동을 시작한 뮤어 등 보호주의자는 생태계를 인간이 관리하지 말고 있는 그대로 남겨야 한다고 주장하며 대립한 것이다.

미국에서는 환경윤리에 관한 주장이 그 뒤에도 이어져 알도 레오폴드가 《모래 군의 열두 달》(1949)에서 내세운 '땅의 윤리(land ethics)'라는 개념이 환경윤리학의 형성에 큰 역할을 했다. 그가 말하는 '땅'이란 동물, 식물, 물이나 공기도 포함하는 요컨대 '자연'이다. 그는 이러한 자연도 인간과 마찬가지로 살아갈 권리가 있다는 것을 인정해야만 한다며 윤리적 담론을 모든 생명으로 확장할 것을 주장했다.

그의 이론은 후에 많은 비판을 받았지만, 레오폴드가 뮤어에 근거해 환경윤리에 중요한 하나의 논점을 제공한 것은 틀림없다. 실제로 인간에게만 생존권이 있고 다른 생물이나 생태계에 생존권이 없다면, 자연파괴 특히 생물종의 감소를 정당화하는 길이 열리고 말 것이기 때문이다. 이 문제는 또한 기독교사상이나 근대사상에 잠재하는 인간중심주의의 상대화나 동양사상의 재평가라는 철학적이고 종교적인 문제와도 밀접하게 관련되어, 호흡이 긴 복잡한 문제틀을 이루고 있다.

인간이 아닌 생물종의 생존권이라는 논점과 함께 환경윤리의 또 다른 문제는 세대간의 윤리이다. 이는 미래 세대에 대한 책임윤리라고

〈환경사상의 흐름〉

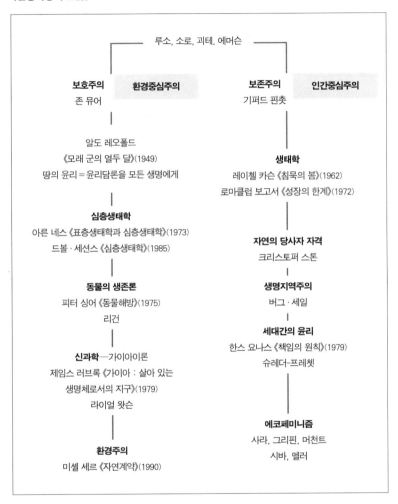

바꾸어 말할 수도 있다. 실제로 지구의 자원이 한정되어 있는 이상, 현
세대가 그 자원을 소비해 쾌적한 문명생활을 누린다는 것은 미래에 지
구자원의 고갈을 초래하고, 나아가서는 미래 세대의 살아갈 권리를 박

탈하는 무책임한 선택인 것이다. 세대간의 윤리는 근대 윤리사상이 관심을 두지 않은 영역이었다. 근대사상은 개인의 인권이나 인종의 평등 이념을 만들고 옹호해왔지만, 그것들은 이른바 공시적인 윤리이지, 현 세대가 가해자가 되고 미래 세대가 피해자가 되는 것의 옳고 그름이라는 세대간의 통시적인 윤리의 차원으로까지 파고들지는 않았다. 오늘날의 환경윤리학이 모색하는 것은 바로 이 세대간의 윤리적 차원이다. 이 대목은 한스 요나스의 《책임의 원칙》(1979)에 자세히 나와 있다.

그 밖에도 인구문제나 남북문제를 포함하는 지구자원의 배분에 관한 정의의 문제 등 환경윤리학이 고찰하는 문제는 실로 다종다양하다.

응용윤리학의 목적

지금까지 생명윤리와 환경윤리로 범위를 좁혀 간단히 서술했지만, 응용윤리학의 대상은 매우 다양하다. 그 대상이 너무나 다양해 응용윤리학은 언뜻 저널리즘처럼 보이지만 그렇지는 않다.

응용윤리학의 목적은 현대사회의 구체적인 윤리문제를 분석하여 그 근저에 있는 기본적인 사고방식을 분석하고, 현재 고전적인 자유주의 윤리학(예컨대 칸트윤리학이나 공리주의윤리)의 틀을 벗어난 선악의 문제가 존재한다는 것을 지적하는 데에 있다. 이를 통해 종래의 사상과는 다른 새로운 윤리학의 가능성을 찾고자 하는 것이다.

• 스다 아키라

참고문헌

- 고수현, 《생명윤리학》, 양서원, 2005.
- 알도 레오폴드, 《모래 군의 열두 달》, 송명규 옮김, 따님, 2000.
- 조제프 R. 데자르뎅, 《환경윤리》, 김명식 옮김, 자작나무, 1999.
- 피터 싱어, 《응용윤리》, 김성한 옮김, 철학과현실사, 2005.
- 한스 요나스, 《책임의 원칙》, 이진우 옮김, 서광사, 1994.

해석학

H e r m e n e u t i k

해석학이란 표현되거나 전달된 것에서 표현자나 발신자의 의도, 체험, 의미하는 바를 해석하고 이해하는 방법을 철학적으로 다루는 학문을 가리킨다. 그리스 신화에서 신들의 말을 전달하는 메신저로 여겨졌던 '헤르메스'의 이름에서 유래한 그리스어 hermeneuein(해석하다)이 그 어원이다.

슐라이어마허

해석술(Hermeneutike)은 원래 꿈이나 점을 해석하는 기법을 의미했다. 그 후 해석술은 그리스·로마 고전문헌, 법조문, 성경 구절 등 다양한 텍스트의 의미를 해석하는 기술로서 개별적으로 발달했다.

근대에 이르러 그 모두를 통일하는 일반적 해석이론을 세우고자 했던 것이 19세기의 슐라이어마허이다. 슐라이어마허는 성서해석학과 고전문헌학의 해석기술을 통합하는 '일반해석학'을 구상했는데, 이것이 오늘날 철학적 해석학의 출발점이 됐다. 어떤 분야의 텍스트라도 그 해석에는 언제나 해석하는 쪽의 주관이 개입된다. 이에 슐라이어마허는 텍스트 해석을 통해 어떻게 저자의 자기이해에 다가가야 하는가라는 문제와 씨름했다. 결국 그는 저자 자신보다도 텍스트 그 자체를 중시하여, "저자가 스스로를 이해하는 것 이상으로 저자를 이해한다"는 입장에 도달했다.

딜타이

19세기 말에서 20세기 초에 걸쳐 활약한 딜타이는 슐라이어마허의 이러한 일반이론을 계승하고 발전시켰다. 딜타이는 과학을 자연과학과 정신과학으로 나누고, 해석학을 정신과학의 방법론으로 위치지었다. 그가 말하는 '정신과학'이란 인간·사회·역사에 관한 학문 즉 오늘날의 인문사회과학을 가리킨다. 딜타이에 의하면 자연과학은 '설명(erklären)'을 수단으로 삼는 학문이며, 정신과학은 '이해(verstehen)'를 중심으로 하는 학문이다. 실제로 지진이나 번개를 '설명'할 수는 있으나 '이해'할 수는 없다. 또한 역사의 사료는 '삶의 표현'이므로, 역사학은 문헌(넓은 의미의 텍스트)을 통해 타인의 삶이나 체험을 이해하는 학문이다. 딜타이는 합리주의자와는 달리 인간의 본질을 이성적인 것이 아니라 감정이나 의지와 같은 비합리적인 부분도 포함하는 전체로서의 '삶'이라고 본다. 여기서 삶은 쇼펜하우어의 '삶에 대한 의지'와는 달라서 그 나름의 내적인 질서와 구조를 갖추고 있는데, 딜타이는 그러한 질서체계를 '구조연관'이라 부르면서 자연과학의 대상인 인과관계와 구별했다.

정신과학, 특히 역사학은 삶의 표현을 규정하고 있는 다양한 구조연관을 전체로서 추체험하고 재구성함으로써, 다른 시대, 다른 삶이 표현한 작품이나 제도, 문화(딜타이는 헤겔에 따라 이를 객관정신이라 부른다)를 이해하고 해석하는 것이다. 그러나 그러한 추체험이 가능한 것도 개인이 매번 삶의 연관을 스스로 체험하고 있으며, 또한 역사적 존재로서 스스로 삶을 표현할 수 있기 때문이다. 딜타이는 "나 자신이 역사적 존재라는 것, 역사를 탐구하는 자가 역사를 만드는 자와 동일하다는 것이 역사학 가능성의 첫 번째 조건이다"라고 말했는데, 이는 정신과학의 방법 전체에도 적용할 수 있다. 딜타이에게 해석학이란 "삶을 삶으로부터 이해하는" 것이다.

하이데거

'해석을 통해 삶을 이해한다'는 생각을 한층 더 밀고 나간 사람이 하이데거이다. 그의 주저 《존재와 시간》(1927)은 철학의 세계에서 해석학의 이름을 굳건하게 했다. 모든 학문은 인간이 어떻게 존재를 이해하는지로부터 비롯된다고 생각한 하이데거는 그 근본이 되는 존재이해를 이 책에서 해명했다. 그것이 '기초적 존재론'인데, 이때 사용하는 방법이 해석학이다. 인간은 사물이나 동물처럼 그저 존재하고 있는 것이 아니라, 자신의 존재를 이해하면서 존재하고 있다. 더욱이 그 이해의 방식이 그 존재의 방식을 (자각하고 있지 않아도) 결정짓고 있다. 달리 표현하면 인간(현존재)은 항상 이미 자신의 존재를 이해하고 그 이해에 근거해 살아가고 있는 것이다. 이러한 무자각적이고 선행적인 존재이해를 자각하여 수행하는 것이 하이데거가 생각하는 해석학이다. 따라서 그의 해석학이 대상으로 삼는 것은 텍스트(표현)라기보다는 오히려 인간이며, 인간의 존재방식 그 자체이다. 혹은 반대로 표현하는 것이 좋을지도 모른다. 하이데거의 경우, 먼저 해석학이라는 학문적 방법이 있고 그 대상인 인간존재가 있는 것이 아니다. 이해한다는 행위가 인간의 존재(실존)의 구조계기로서 속해 있기 때문에 비로소 해석이나 해석학이라는 학문적 방법이 가능해진다. 역사적 정신과학의 방법인 해석학은 인간의 역사성(인간의 존재가 역사적이라는 것)을 전제로 하는데, 역사성은 인간 존재의 의미인 시간성에서 비롯된다. 그러므로 딜타이류의 해석학은 실존분석(근원적인 해석학)에서 비롯되는 파생적인 해석학이다. 이와 관련하여 슐라이어마허나 딜타이가 지적하는 이른바 '해석학적 순환'도 존재이해의 선행구조에서 설명되어야만 한다. 모든 학문적 탐구는 이제부터 탐구하려는 것으로부터 이미 선행적인 지시를 받고 있다. 이제부터 해석(이해)해야 하는 것을 이미 이해하고 있다는 이러한 순환은 현존재의 존재에 대해 전(前)존재론적인 존재이해(막연한 존재이해)가 구조로서 깔려 있는 데서 발생하는 방법론적 아포리아이다. 따라서 하이데거는 이것을 '순환논증'이라 하여 회피하고 제거하고자 하는 태도는 방법적인 착오라고 생각했다.

또한 하이데거는 존재이해의 선행구조를 성립시키는 세 가지 계기, 즉 ① 사전에 미리 이해의 시야를 열고 이해되어야 할 것을 그 시야에 집어넣어버리는 미리-가짐(Vorhabe), ② 이해되어야 할 것을 어떤 착안점에서 볼 것인가를 앞질러 결정하는 미리-봄(Vorsicht), ③ 주제화된 것을 (정당한지 여부는 별도로) 사전에 어떤 형태로 개념적으로 규정하는 미리-잡음(Vorgriff)이라는 계기를 도출하여, 이러한 세 계기로 이루어지는 이해의 선(先)구조(Vorstruktur) 전체를 '해석학적 상황'이라 명명한다.

가다머

하이데거의 제자 가다머는 존재론으로 급선회해버린 해석학을 다시

정신과학의 방법론과 연결하고자 한다. 가다머의 주저《진리와 방법》(1960)은 제목에서 이미 하이데거가 말하는 의미에서의 '진리' 즉 존재의 노정을 과학의 수단인 '방법'과 연결짓는다. 가다머는 하이데거의 존재론적인 해석학을 근거로 하여 딜타이적인 해석학으로 돌아가고 있는 것이다. 가다머에 따르면 딜타이 해석학의 기본은 기존의 표현에서 표현자의 내면을 추체험한다는 방법적 태도였기 때문에, 과거에 대한 분석적 해명과 재구성에 해석의 역점이 놓여 있다고 할 수 있다. 그러나 해석학에서 중요한 것은 해석자가 지닌 현재의 문제의식이다. 해석자가 스스로 자신의 현재 문제에 대한 답을 텍스트 속에서 찾는다는 현실성(actuality)이 없다면, 해석은 단순히 과거 표현자의 입장이 되어 느끼는 심리주의일 뿐만 아니라 해석대상을 자신과는 무관계한 역사적 사건으로 간주하는 객관주의(역사주의)로 끝나버린다. 그러나 "이해는 단순히 재현하고자 하는 행위가 아니라 항상 창조적인 행동이다."(《진리와 방법》) 물론 해석주체가 갖고 있는 현재의 문제의식도 이미 역사적으로 규정되어 있다. 현실적인 문제 또한 과거나 전통과 무관하게 설정할 수는 없다. 해석주체가 항상 이미 그 안에 던져져 있는 이러한 '해석학적 상황'을 가다머는 '선입견(Vorurteil)'이라고 부른다.

보통 선입견은 객관적이고 엄밀한 진리를 획득하기 위해 배제해야 할 것이라고 생각된다. 그러나 정신과학에서는 선입견이야말로 인식의 틀을 제공한다. 항상 이미 부여되어 있는 역사적 상황, 즉 전통적인 기존의 해석에 젖어서 살아가는 우리는 진공상태에서 아무런 전제 없이 선행적 이해를 할 수는 없기 때문이다. 현재의 해석이 들어 있는 이러한 '선입견'을 확실히 자각하는 것을 가다머는 '영향사적 의식'이라 부른다. 이러한 의식과 함께 현재의 문제의식에서 과거의 텍스트를 미래를 향해 해석하는 것, 이것이야말로 가다머가 말하는 정신과학의 진

〈해석학의 흐름〉

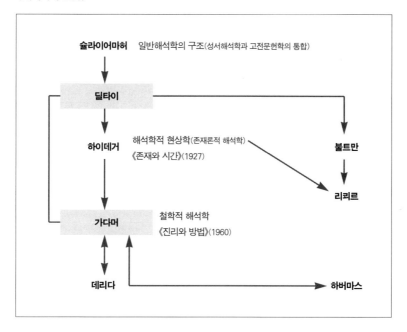

정한 방법이다. 가다머의 철학적 해석학은 1960~70년대 옛서독에서
화제를 낳았고, 이후에도 다양한 학문 분야에 영향을 미쳤다.
　《진리와 방법》은 영향력이 컸던 만큼 많은 논쟁을 불러일으켰다.
'전통'이나 '선입견'의 복권을 제창하는 이 사상이 새로운 옷을 입은
보수주의라고 지적하는 하버마스, 이해를 통해 전통과의 연속성(지평
의 융합)을 목표로 하는 가다머의 자세를 비판하며 오히려 전통과의 단
절을 주장하는 데리다 등과 가다머는 최근까지 논쟁을 계속했다.

• 스다 아키라

참고문헌

- 마르틴 하이데거, 《존재와 시간》, 이기상 옮김, 까치글방, 1998.
- 빌헬름 딜타이, 《체험 · 표현 · 이해》, 이한우 옮김, 책세상, 2002.
- 정기철, 《해석학과 학문과의 대화》, 문예출판사, 2004.
- 한스 게오르크 가다머, 《진리와 방법》, 한동원 · 임호일 · 이선관 · 이길우 옮김, 문학동네, 2000.
- Wilhelm Dilthey, et al., *Wilhelm Dilthey : Selected Works*, Volume IV : Hermeneutics and the Study of History, Princeton University Press, 1996.

문화연구
c u l t u r a l   s t u d i e s

문화연구는 1960년대 영국 신좌파 진영, 특히 1964년에 설립된 버밍엄 현대문화연구소(The Center for Contemporary Cultural Studies. CCCS)를 중심으로 시작된 새로운 연구영역이다. 이것이 다루는 '문화'는 종래의 문화론에서는 무시되기 일쑤였던 대중문화, 젊은이문화, 하위문화이다.

문화연구와 노동자문화

문화연구의 출발점은 노동계급의 문화론이다. 대량소비사회와 정보사회가 급속히 발전함에 따라 신좌파 진영은 종래의 소박한 마르크스주의적 문화이해 즉 문화를 경제구조의 단순한 반영에 지나지 않는 것으로 간주해온 이해가 불충분하다고 반성하게 됐다. 이에 리처드 호거트는 《읽고 쓰는 능력의 효용》(1957)에서 읽고 쓰는 능력의 보급으로

주간지, 포르노그래피, 유행가, 시엠송 등의 매스미디어가 영국 노동
계급의 생활에 어떻게 침투하여 어떻게 문화를 변화시켰는가를 연구
했다. 그는 1964년 버밍엄대학에 현대문화연구소를 설립하고 초대 소
장을 지냈다. 호거트와 마찬가지로 노동계급의 환경에서 나고 자란 레
이먼드 윌리엄스는 《문화와 사회》(1958)에서 19세기부터 20세기의 사
회변화가 대학에 나타난 '문화'의 개념을 어떻게 변질시켰는지를 추적
했다. 또한 E. P. 톰슨은 《영국 노동계급의 형성》(1963)에서 대중의식
이 새로운 사회경험을 거치며 다양하게 굴절되어 노동계급의 의식을
변모시키는 과정을 탐구했다.

'텍스트'로서의 문화

문화연구는 프랑크푸르트학파의 '문화산업론'처럼 대중문화가 대중
을 관리하고 억압하기 위한 이데올로기적 시스템이라고 보지 않는다.
오히려 문화를 '생활의 전체적 모습'으로 간주하고, 문화에 내재하여
그것을 창조하고 구조화하는 힘을 읽어내고자 한다. 따라서 소쉬르의
언어학과 레비스트로스의 문화인류학, 롤랑 바르트의 기호학 등의 영
향 속에서, 문화 자체를 언어와도 닮은 의미형성활동이라 보고 문화생
산물, 그리고 사회적 실천과 제도를 '텍스트'로서 '읽는다'는 전략을
취한다.

이때 가장 중시되는 것이 매스미디어 연구이다. 매스미디어 연구는
매스미디어를 '사회적 관계와 정치적 문제를 정의하는 주요한 문화적
이데올로기적 힘'으로 이해하여, 미디어가 대중의 이데올로기를 어떤
식으로 생산하고 변용시키는지를 연구한다. 이러한 연구의 성과로 피
스크·하틀리의 《텔레비전 읽기》(1973), 하틀리의 《뉴스의 이해》(1982),
길리언 다이어의 《커뮤니케이션으로서의 광고》(1982), 앤드류 크리셀

의《라디오의 이해》(1986), 로이 암스의《비디오에 대하여》(1986), 그레이엄 터너의《대중영화의 이해》(1986) 등이 있다.

저항으로서의 문화

문화연구는 미국의 미디어론과는 달리 메시지의 송신자가 아니라 수신자에 주목한다. 수신자가 읽음으로써 발생하는 의미의 생산성을 강조하여 대중이 지닌 문화창조의 역동성을 밝히기 위해서이다. 구조주의 기호학적 접근은 이데올로기 장치로서의 미디어만을 강조하는 것이 보통이어서, 미디어가 강요하는 이데올로기에 대중이 어떻게 저항하여 자기 고유의 새로운 의미를 창출할 수 있는가라는 물음에는 충분히 답할 수 없었다. 더욱이 1970년대에서 1980년대에 걸쳐 노동계급이라는 문제의식이 점차 후퇴하고 문화연구의 관심이 젊은이문화, 학교문화, 하위문화 등으로 넓어짐에 따라, 문화라는 텍스트에 대한 독해의 다원성이라는 문제가 점차 중요해졌다.

이 문제를 해결하기 위해 도입된 것이 그람시의 헤게모니론이다. 그람시에 의하면 지배는 대중세계를 조작함으로써 달성되는 것이 아니다. 지배집단이 문화적 지도성을 획득하기 위해서는 대항하는 집단이나 계급, 가치관과 교섭해야만 한다. 헤게모니는 계급구조에 의해 자동적으로 결정되는 것이 아니라 이익의 조합과 복잡한 교섭의 산물이다. 따라서 문화 그 자체는 헤게모니를 둘러싼 다층적 경쟁의 장이며, 대항문화 또한 중요한 역할을 수행한다.

'문화' 개념의 이러한 전환에 중요한 이론적 공헌을 한 사람이 스튜어트 홀이다. 그는 미디어가 사회의 단순한 반영이라는 종래의 사고방식을 부정하고, 코드화와 탈코드화라는 개념을 제시한다. 그에 따르면 메시지의 생산(코드화)과 소비(탈코드화) 사이에는 다양한 결정인자가

〈문화연구의 흐름〉

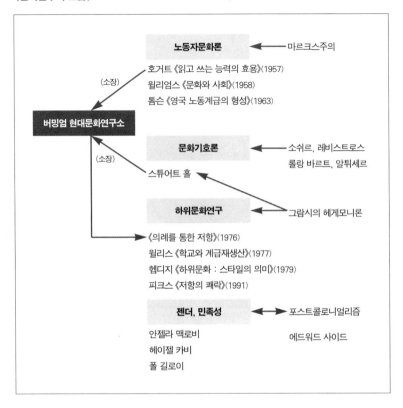

노동자문화론 ◄────── 마르크스주의

호거트《읽고 쓰는 능력의 효용》(1957)
(소장) 윌리엄스《문화와 사회》(1958)
톰슨《영국 노동계급의 형성》(1963)

버밍엄 현대문화연구소

문화기호론 ◄────── 소쉬르, 레비스트로스
롤랑 바르트, 알튀세르
(소장) 스튜어트 홀

하위문화연구 ◄────── 그람시의 헤게모니론

《의례를 통한 저항》(1976)
윌리스《학교와 계급재생산》(1977)
헴디지《하위문화 : 스타일의 의미》(1979)
피크스《저항의 쾌락》(1991)

젠더, 민족성 ◄────► 포스트콜로니얼리즘

안젤라 맥로비 에드워드 사이드
헤이젤 카비
폴 길로이

매개로 존재하며, 양자는 중층적으로 결정된다.

이러한 사고방식에 근거한 연구성과 중 하나로 폴 윌리스의《학교와 계급재생산》(1977)이 있다. 윌리스는 젊은이들이 학교에서 '반항적인' 불량문화를 만들어냄으로써 교사나 국가가 강요하는 규범적 가치에 대항하고 자신들의 가치나 세계를 학교 안에서 만들어가는 과정을 민속지적 방법으로 추적한다.

존 피크스는 더 나아가《대중성 읽기》(1989)에서 대중문화는 항상 대항문화라고 주장했다. 문화는 원래 정치적이며 다양한 형태의 사회적 권력의 분배나 재분배와 관계하고 있다. 대중문화란 지배적인 이데올로기에 저항하기 위해 독자적 의미를 창출하는 종속집단의 전략이다. 피크스는 쇼핑하는 부인, 파도 타는 사람, 텔레비전 게임을 하는 소년, 마돈나의 소녀팬 등에 초점을 맞추어, 대중이 지배층의 경제적 이익을 위해 만들어진 것들을 활용하여 자신들을 위해 변용하는 과정을 밝혀낸다.

하위문화연구에는 이외에도 버밍엄 현대문화연구소의 《의례를 통한 저항》(1976), 딕 헵디지의 《하위문화 : 스타일의 의미》(1979) 등이 있다.

문화연구와 포스트콜로니얼리즘

그러나 대중문화가 지배집단과 종속집단의 헤게모니 투쟁으로 끊임없이 구조화된다고 이해할 경우 남성과 여성, 백인과 흑인, 서양과 동양과 같은 대립에 대해서도 물음을 던져야만 한다. 문화란 항상 경계선을 다시 그음으로써 이문화(異文化)를 타자로서 발견하고, 그것을 통해 자문화의 아이덴티티를 확인하는 차이화과정이다. 따라서 문화연구의 사명은 경계선 자체를 문제화하고 그것이 구성되는 과정을 드러내 경계선을 다시 긋는 것이다.

이런 맥락에서 안젤라 맥로비는 윌리스나 헵디지의 하위문화연구가 여성들의 공간을 간과함으로써 암묵적으로 남성문화를 특권화하고 있다고 비판하며 소녀문화연구에 착수했다. 폴 길로이는 문화연구가 흑인을 체계적으로 배제해온 것을 비판하며, 《검은 대서양》(1993)에서 민족성과 국민적 특수성을 넘어서고자 했다.

젠더, 민족성, 내셔널리즘과 같은 문제는 1980년대에서 1990년대에 걸쳐 영국의 문화연구가 미국이나 캐나다, 오스트레일리아로 확산되면서 점점 중요한 관심사가 되고 있다. 특히 미국에서는 이러한 면이 강조되어 포스트콜로니얼리즘의 조류를 만들어내는 데 공헌했다. 또 문화연구도 에드워드 사이드의 오리엔탈리즘 연구나 한창 재평가되고 있는 프란츠 파농의 저작 등에서 크게 영향받아 그 '영국적인 성격'을 불식하며 국제화하고 있다. (→ 오리엔탈리즘, 미디어론, 프랑크푸르트학파, 젠더)

• 무라오카 신이치

참고문헌

• 그래엄 터너,《문화연구 입문》, 김연종 옮김, 한나래, 1995.
• _____,《대중영화의 이해》, 이영기 · 임재철 옮김, 한나래, 1994.
• 딕 헵디지,《하위문화 : 스타일의 의미》, 이동연 옮김, 현실문화연구, 1998.
• 레이몬드 윌리엄스,《문화와 사회, 1780~1950》, 나영균 옮김, 이화여자대학교 출판부, 1988.
• 에드워드 파머 톰슨,《영국 노동계급의 형성 상 · 하》, 나종일 외 옮김, 창비, 2000.
• 임영호 편역,《스튜어트 홀의 문화이론》, 한나래, 1996.
• 폴 윌리스,《학교와 계급재생산》, 김찬호 · 김영훈 옮김, 이매진, 2004.

현상학
Phänomenologie

ℒ

오늘날 '현상학'이란 단어는 일반적으로 20세기 초의 독일 철학자 에드문트 후설이 제창한 철학적 입장과 그것을 기점으로 시작된 사상 운동을 가리킨다. 그러나 Phänomenologie(페노메놀로기)라는 단어 자체는 18세기 중반에 라이프니츠 볼프학파의 J. H. 람베르트가 그리스 어의 $\phi\alpha\iota\nu\sigma\mu\varepsilon\nu\sigma\nu$(드러남)과 $\lambda\sigma\gamma\sigma\varepsilon$(논리)를 합성하여 만든 것으로 람베르트와 칸트, 피히테 등에 의해 '가상 이론'이라는 의미로 사용됐다. 헤겔도 첫 저서인 《정신현상학》에서 이 단어를 정신이 절대정신으로 생성되는 도중에 드러나는, 풍부한 현상형태를 관통하는 필연적 순서 즉 그 논리를 기술하는 학문이라는 의미로 사용했다.

그러나 후설은 '현상학'이라는 단어를 이러한 독일관념론 철학자들이 아니라, 동시대의 오스트리아 물리학자인 에른스트 마흐에게서 빌려왔다. 마흐는 19세기 후반에 지배적이던 '역학주의적 물리학'—모든 물리현상을 절대 시공간 내에서의 질점(質點)운동으로 환원하고자 하는 뉴턴역학을 중심에 놓고 광학·전자기학·열학 등 그 밖의 물리학적 학문 분야를 그것에 종속시키려는 물리학 사상—에 대항하여 '현상학적 물리학'을 주장했다. 마흐는 실증과학인 물리학이 현실계의 배후에 있는 우리가 직접 경험할 수 없는 절대 시공간이나 그 안에서의 질점운동과 같은 일종의 형이상학적인 실재를 상정해, 원인이나 결과 같은 신화적 사고의 흔적이 남은 개념에 의존해 사물을 생각하는 것은 이상하다고 비판하고, 물리학을 어디까지나 현실계 내부 현상의 함수적 상호의존관계를 기술하는 것에 한정해야 한다고 했다. 그리고 물리학의 모든 분야는 현상의 그 함수적 상호의존관계를 기술하는 다양한 방식에 불과하기 때문에, 역학의 특권만을 인정할 수는 없다면서 '현상학적 물리학'을 주장한다. 이렇게 배후의 형이상학적 '실재'를 부정한 이상 우리가 경험하는 이 세계를 더 이상 '현상'이라고 부를 필요는 없지만, 그는 지금까지 그러한 실재의 '단순한 현상'이라고 멸시되어온 이 세계만을 궁극의 소여로서 인식하고, 그것을 철저히 기술하기 위해 굳이 '현상학'이라는 이름을 붙였다.

후설은 마흐에게 '현상학'이라는 단어를 배운 것을 1928년《암스테르담 강연》의 첫머리에서 인정하고 있다.(《후설리아나》제9권 302~303쪽) 후설도 당시의 실험심리학이 우리의 의식현상(예를 들어 감각)의 배후에 물리적 자극과 그것이 불러일으키는 감각기관의 생리적 흥분처럼 직접 경험되는 것이 아닌 물리적–생리적 과정이 있다고 상정하고, 이러한 발상에 근거해 의식현상을 인과적으로 설명하려는 방식에 대항하여 어디까지나 우리가 의식하는 현상 자체의 내적 구조를 철저히 기술하는 새로운 심리학을 구상했다. 후설은《논리학 연구》제2권 (1901)에서 이 심리학을 '기술적 심리학 혹은 현상학'이라고 불렀다.

후설은 그에 앞서 10년 전에 출판한 《산술 철학》(1891)에서도 마흐가 《감각의 분석》(1886)에서 제창한 '게슈탈트' 개념에서 시사를 얻어, 우리가 '한 무더기의 사과', '한 무리의 새'와 같은 식으로 많음을 한눈에 많다고 포착할 수 있게 하는 계기를 직접 감각되는 '질'이라고 구별하여 '준질적(準質的) 계기'로서 파악했다. 이 개념은 그 후 《논리학 연구》 제2권에서 '감성적 통일형식'이라는 개념으로 계승됐으며, 《이데인 1》(1913)에서는 '지향적 모르페(morph. 그리스어로 형식)'라는 개념으로 이어져 후설 현상학의 중심 개념이 된다. 그러므로 후설이 마흐에게 받은 영향은 매우 크다고 할 수 있다.

한편 후설이 《산술 철학》을 간행하기 1년 전에 후설과 마찬가지로 브렌타노 문하에 있던 C. 에렌펠스 역시 마흐의 《감각의 분석》에서 강한 시사를 얻어 〈'게슈탈트질'에 대하여〉(1890)라는 논문을 썼다. 이 논문에 자극받아 마이농의 '그라츠학파', 또 1910년대의 베르트하이머, 코프카, 쾰러 등 이른바 '베를린학파' 사람들이 게슈탈트의 문제를 연구하여 '게슈탈트심리학'을 형성했다. 마흐를 기점으로 한편에서는 후설의 '현상학'이, 다른 한편에서는 '게슈탈트심리학'이 나란히 전개된 것이다.

후설도 당초에는 심리학의 내부에서 당시 실험심리학의 요소환원주의적인 방향에 대한 방법론적 개혁의 시도로 현상학을 상정했지만, 곧 그는 이러한 개혁이 심리학 내부의 사건에 머무르는 것이 아니라, 생명·인간과학의 보편적이고 통일적인 혁신운동으로 추진되어야 한다고 생각하게 됐다. 그 후 《이데인 1》로 대표되는 중기에, 그는 그 혁신을 철학적으로 기초짓는 일에 전념하여 현상학을 '초월론적 관념론'으로 전개한다. 나아가 《유럽 학문의 위기와 선험적 현상학》(1936)으로 대표되는 후기에 이르러 그는 근대과학에 의해 구축된 객관적 세계의

〈현상학의 흐름〉

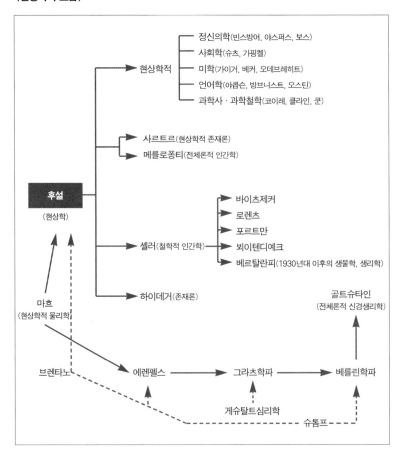

기저이면서, 또한 은폐되었던 '생활세계'를 부활시켜 그것을 기술하는 것을 현상학의 과제로 삼게 된다.

후설의 앞선 발상을 이어받아 J. v. 웩스퀼의 '환경세계이론'이나 베를린학파의 '게슈탈트심리학', K. 골트슈타인의 '전체론적 신경생리학' 등 생명 · 인간과학의 영역들에서 이루어진 구체적인 개혁의 시도와 발을 맞추면서 그러한 시도가 지닌 철학적 의미를 해명하고 그를 촉진하는 역할을 계승한 것은 오히려 후설의 제자 중 이단적이었던 막스 셸러였다. 그는 이러한 일을 추진함으로써 1930년대에 활약하게 되는 V. v. 바이츠제커, 뵈이텐디예크, A. 포르트만, K. 로렌츠, 베르탈란피 등 다음 세대의 생물학자, 생리학자, 심리학자를 육성하는 데 공헌하고 이러한 여러 과학들에 새로운 방향을 제시했다.

후설의 또 다른 이단적 제자인 마르틴 하이데거는 현상학을 존재론을 위한 방법론이라고 생각했다. 그가 생각하기에 고전 서양철학은 존재의 의미를 묻는 것을 근본적 과제로 삼아왔지만, 그 질문은 항상 존재하는 것에 관한 의식을 자성하는 형태로 추구되어왔다. 하이데거는 왜 존재의 의미를 묻기 위해 의식으로 회귀해야만 하는지, 그 필연성을 원리적으로 해명하고 그 회귀를 방법적으로 행하는 것, 나아가 이 회귀로 인해 전개되는 의식의 영역을 체계적으로 답사하는 것이야말로 '현상학'의 과제라고 주장했다.(《후설리아나》 제9권 수록 〈브리태니커 초고〉 참고)

1930년대 독일에서 나치정권이 들어서 더 이상 철학을 연구하기 어려워졌는데 장 폴 사르트르나 메를로퐁티 등 프랑스의 젊은 철학자들이 독일의 현상학을 적극적으로 배우기 시작했다. 이 중 사르트르는 《이데인 1》로 대표되는 후설의 중기 사상에 의거하여 현상학을 배운 뒤 《존재와 무》(1943)에서 현상학을 하이데거와 다른 의미에서 독자적인 존재론으로 전개했다. 그에 반해 메를로퐁티는 독일을 경유하여 파리로 이주해온 리투아니아 출신의 철학자 G. 구르비치의 지도를 받아 현상학을 셸러에 가깝게 받아들이고, 1930년대에 달성된 생물학·생리학·심리학의 새로운 성과를 바탕으로 《행동의 구조》(1942)와 《지각의 현상학》(1945)에서 일종의 전체론적 인간학을 전개했다. 제2차 세계대전 이후 그들의 영향 아래에 현상학은 '실존주의'를 위한 방법이 됐다.

이렇게 20세기 초 후설에게서 시작된 '현상학'은 20세기 전반만 봐도 실로 다양하게 전개됐다. 그런 다양한 노선 중 어디에 초점을 맞추느냐에 따라 현상학은 어떻게도 볼 수 있다. 오늘날 현상학의 통일적 개념을 형성하는 것은 거의 불가능해 보인다. 그러나 그 반실증주의적이고 반실체론적인 사고방식은 정신의학(야스퍼스, 민코프스키, 빈스방어, 메다르트 보스, 블랑켄부르크, 테렌바흐)과 사회학(구르비치, 슈츠, 버거, 루크만, 가핑켈), 미학(가이거, 치겐프스, 베커, 오데브레히트, 뒤플렌), 언어학(야콥슨, 마르티, 방브니스트, 오스틴), 과학사·과학철학(코이레, 클라인, 쿤) 등 다방면에 거대한 영향을 끼쳤다.

현상학을 표방하는 연구자들은 20세기 후반에 세계적인 규모로 확대됐지만, 전반만큼의 큰 성과는 낳지 못했다. (→ 환경세계이론, 생활세계)

• 기다 겐

참고문헌

• 게오르크 빌헬름 프리드리히 헤겔,《정신현상학 1·2》, 임석진 옮김, 한길사, 2005.
• 모리스 메를로퐁티,《지각의 현상학》, 류의근 옮김, 문학과지성사, 2002.
• 이남인,《현상학과 해석학》, 서울대학교출판부, 2004.
• 장 폴 사르트르,《존재와 무 1·2》, 손우성 옮김, 삼성출판사, 1993.
• 한국현상학회 엮음,《현상학과 정신분석》, 철학과현실사, 2000.

구조주의

structuralisme

֍

  구조주의는 제2차 세계대전 직후에 유행했던 실존주의를 대신해 1950년대에 프랑스에서 등장하여 1960년대에 커다란 조류를 형성한 사상운동이다. 구조주의는 인간의 주체성을 강조한 실존주의에 반해 주체는 구조의 효과에 불과하다는 급진적인 안티휴머니즘를 표방했다. 초기에는 인문·사회과학의 방법론에 관한 인식론적 논의의 색채가 짙었지만, 곧 과학의 총체를 끌어들이는 일대 사상조류가 됐다. 1970년대 이후 포스트구조주의로 확산됐으며 여전히 커다란 영향력을 갖고 있다.

  구조 개념 자체의 사상적 원류로, 19세기에는 생산관계라는 관점에서 사회구조를 문제삼았던 마르크스(1818~83), 의식의 배후에 잠재한 무의식에 착안했던 프로이트(1856~1939)가 꼽히며, 20세기에도 심리학 분야에서 게슈탈트심리학의 성과나 인류학 영역에서 모스(1872~

1950)의 업적, 수학 분야에서 부르바키 그룹의 영향도 무시할 수 없다. 그러나 사상사 측면에서 첫 번째 원류로 거론되어야 할 것은 언어학자 소쉬르(1857~1913)의 구조주의 언어학일 것이다.

소쉬르의 언어학

소쉬르는 언어의 본질을 근본적으로 고찰함으로써 언어학을 과학으로서 확립하고자 했다. 언어는 사물의 이름이 아니다. 즉 언어는 이미 주어진 현실에 대응해 그것을 지시하는 명칭의 집합이 아니라 언어 그 자체의 차이 체계이다. 어떤 말의 의미는 다른 말과의 대립관계를 통해서만 그때그때 결정된다. 소쉬르에 따르면 각각의 말(시뉴)은 표현의 차원인 시니피앙과 내용의 차원인 시니피에의 불가분한 결합체이다. 그러나 이 결합은 자연적인 필연성이 아니며, 양자는 각자 다른 여러 시니피앙 및 시니피에와 형식적인 관계를 갖는다. 양쪽의 계열에서 나타나는 이러한 차이화도 현실과의 자연적인 대응관계를 반영한 것이 아니며, 그 분절은 자의적일 뿐이다. 언어는 그 자체로 완결된 구조를 이루고 있지만, 실체적인 존재가 아니라 관계성의 다발에 불과하다는 소쉬르의 이러한 통찰이 구조주의적 발상의 중요한 원류가 됐다. (→ 시니피앙·시니피에)

구체적으로는 음운론 분야의 야콥슨(1896~1982)이 단어를 구성하는 음 개개의 실체적 동일성이 아니라 음 사이의 차이를 규정하는 변별성으로서 기능하는 음소야말로 중요하다는 점을 분명히 했다. 또한 레비스트로스(1908~1991)는 이러한 야콥슨과의 만남을 통해 구조주의언어학과 가까워졌다. 1950년대에 이르러 레비스트로스는 자신의 전문분야인 인류학 영역에 야콥슨에게 배운 구조분석의 방법을 도입해 일련의 연구를 했다. 이와 병행해 1950년대부터 자크 라캉(1901~81)이 정신분석 영역에서 역시 소쉬르의 영향을 받아 프로이트를 새롭게 독해했다. 이러한 개별 영역의 탐구에 자극을 받아 1960년대에 이르면 레비스트로스의《야생의 사고》(1962)를 시작으로 루이 알튀세르(1918~90)의《자본론을 읽는다》및《마르크스를 위하여》(모두 1965), 미셸 푸코(1926~84)의《말과 사물》(1966), 라캉의《에크리》(1966), 롤랑 바르트(1915~80)의《모드의 체계》(1967)와 같은 저작이 연이어 간행됐는데, 그것들이 의도치 않게 구조를 핵심어로 삼았기 때문에 구조주의가 새로운 사고 스타일로서 유행했다.

인간중심주의에 대한 비판

보통 대표적인 구조주의자로는 앞에서 언급한 다섯 명 즉 레비스트로스, 알튀세르, 푸코, 라캉, 롤랑 바르트가 거론된다. 그들은 공통된 강령을 내걸지는 않았지만, 우연히 구조 또는 그와 유사한 개념을 이용해 사색했다. 즉 그들에게는 어떤 활동을 전개하든지 간에 실체를 대신해 관계를, 주체를 대신해 구조를 일차적인 것으로 인식하고 분석 대상으로 삼는다는 공통점이 있다. 인간의 사회적 문화적 작업을 고찰할 때 그 전까지는 제도를 만들어낸 '인간'이라는 이성적인 주체가 중심으로 파악됐던 데에 비해, 그들은 이를 '인간중심주의'라 비판하며 주체보다도 주체의 활동을 근본적으로 방향짓는 '구조' 쪽이 중요하다고 생각하고, 구조를 다양한 영역에서 탐구했다.

그런데 '구조'란 무엇인가. 이 개념 자체는 오래됐다. 일반적으로는 부분의 단순한 총합이 아니라 구성요소 및 요소 간의 여러 차이로 이루어진 전체이자, 개개의 요소가 변환되어도 변하지 않고 존속하는 전체로 정의된다. 그러나 구조주의에서는 구조 개념의 특징으로 다음과 같은 점이 중요하다. 첫째로 구조를 자기완결적이며 실체적인 체계가 아니라 어떤 변환이 있고 나서야 비로소 떠오르는 것이라고 보는 점, 둘째로 구조를 사물에 내재하는 자연적 관계가 아니라 오히려 개개의 것이 그것을 통해 비로소 다른 것들과 구별되어 출현하는 차이의 체계로 간주하는 점, 셋째로 그런 구조가 인간의 다양한 사회적 역사적 실천에 우연적이고 무의식적으로 작용한다고 생각하는 점이다. 구조주의자들은 다양한 영역에서 이러한 특징을 가진 구조의 존재를 밝혀냈다. (→ 안티휴머니즘)

실존주의에서 구조주의로

이러한 구조주의적 사고법이 인식론상의 논의라는 틀을 벗어나 철학적인 문제로 진전한 계기로는, 1962년 《야생의 사고》가 발단이 된 구조와 역사에 관한 사르트르(1905~80)와 레비스트로스의 논쟁을 들 수 있다. 《야생의 사고》는 그때까지 비합리적인 것으로 간주되던 미개인의 신화적 사고가 서양의 과학적 사고에 미치지 못하기는커녕 감성적 표현으로 세계를 조직화하는 '구체성의 과학'이라는 점을 밝히며, 서양의 이성중심주의에 대한 반성과 서양중심적 발전사관의 해체를 재촉했다. 《야생의 사고》의 마지막 장인 제9장에서 레비스트로스는 서양중심적인 사고방식의 한 가지 전형으로 사르트르를 지목하고, 그가 서양적 인간상만을 모델로 삼아 이론을 전개했다며 엄중히 비판했다. 이 논쟁은 커다란 반향을 불러일으켜 여러 잡지가 레비스트로스와 구조주의를 특집으로 다루었다. 그 결과 구조주의는 20세기 전반의 사상을 이끌었던 실존주의나 마르크스주의를 넘어서려는 다양한 방면의 시도에서 공통의 표지가 됐으며, 단순한 과학방법론에 머물지 않게 됐다. (→ 실존주의)

원래 구조주의적 사색의 철학적 배경으로는 레비스트로스의 동료이

〈구조주의 계보도〉

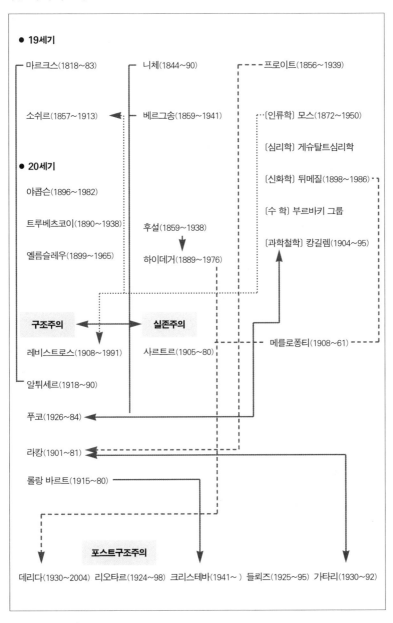

● 19세기

마르크스(1818~83)　　　　니체(1844~90)　　　　　　프로이트(1856~1939)

소쉬르(1857~1913) ◀── 베르그송(1859~1941)　　　〔인류학〕 모스(1872~1950)

　　　　　　　　　　　　　　　　　　　　　　　　〔심리학〕 게슈탈트심리학

● 20세기

야콥슨(1896~1982)　　　　　　　　　　　　　　　〔신화학〕 뒤메질(1898~1986)

트루베츠코이(1890~1938)　후설(1859~1938)　　　〔수 학〕 부르바키 그룹

옐름슬레우(1899~1965)　　하이데거(1889~1976)　　〔과학철학〕 캉길렘(1904~95)

구조주의 ◀──▶ **실존주의**

레비스트로스(1908~1991)　사르트르(1905~80)　　　메를로퐁티(1908~61)

알튀세르(1918~90)

푸코(1926~84) ◀────

라캉(1901~81) ◀───

롤랑 바르트(1915~80)

포스트구조주의

데리다(1930~2004) 리오타르(1924~98) 크리스테바(1941~) 들뢰즈(1925~95) 가타리(1930~92)

자 현상학자이면서도 실존을 구조로 포착하는 관점을 일찍부터 주창했던 메를로퐁티(1908~61)나 언어에서 존재가 현전하는 장을 인지하려고 했던 후기 하이데거(1889~1976)의 고찰 등을 거론할 수 있다. 또한 푸코는 그의 독자적인 역사이해가 니체(1844~1900)의 계보학에서 큰 영향을 받았다는 점을 인정한다. 이러한 의미에서 구조주의가 구조의 철학으로 전개될 만한 밑바탕은 충분히 있었던 셈이다.

마지막으로 구조주의가 그때까지의 서양사상에 대해 제기한 비판을 간단히 정리해보자. 첫째로 주체나 의식의 배후에서 독립적으로 작용하는 구조의 존재를 인식했다는 점은 인간중심주의적이거나 이성주체를 향한 신뢰에 의거한 서양의 기본적인 사고양식에 대한 이의제기로서 기능했다. 둘째로 미개사회의 사고가 결코 미신 따위가 아니라 구체적인 것을 이용해 영위되는 고도의 추상적인 작업이라는 견해는 서양중심적인 세계관에 대한 안티테제였다. 셋째로 구조가 그때그때 우발적 또는 공시적으로 생성된다는 견해는 역사의 전개를 발전으로 이해하는 진보사관이나 고차원적인 목적=종말의 관점에서 역사의 과정에 의미를 부여하는 사고를 정면으로 부정했다고 할 것이다.

이처럼 '구조의 철학'인 구조주의는 세계를 중층적인 구조로 포착해 인간을 다양한 구조의 결절점으로 이해하는 새로운 세계관·인간관을 형성했으며 또한 서양문명의 탈중심화를 추진하는 중대한 계기가 됐다. '실체주의에서 관계주의로'라는 테제는 19세기에서 20세기로 이행하는 사고틀의 근본적인 전환과 연동한 것이었다. 그리고 이러한 구조주의의 지향은 서양과학 및 형이상학의 근본적인 비판으로 포스트구조주의에서도 계승되어 여전히 전개되고 있는 중이다. (→ 포스트구조주의)

• 고스다 겐

참고문헌

• 김형효,《구조주의의 사유체계와 사상》, 인간사랑, 1990.
• 레비스트로스,《야생의 사고》, 안정남 옮김, 한길사, 1996.
• 루이 알튀세르,《자본론을 읽는다》, 김진엽 옮김, 두레, 1991.
• 미셀 푸코,《말과 사물》, 이광래 옮김, 민음사, 1986.
• 페르디낭 드 소쉬르,《일반언어학강의》, 최승언 옮김, 민음사, 1997.
• 프랑수아 도스,《구조주의의 역사 1 · 2 · 3 · 4》, 이봉지 외 옮김, 동문선, 1998.

실존주의

existentialism

ꭥ

나는 왜 지금 여기에 있는 나 자신인 것일까. 존재의 이러한 불가사의를 끝까지 질문하는 철학이 실존주의 철학이다. 실존주의에는 여러가지 형태가 있지만 한 가지 공통점은 인간의 존재, 그것도 단독적인 개체인 나 자신의 존재에 계속 관심을 갖는 방법적 태도이다. 이러한 철학이 현대적인 의미를 지니는 것은 왜인가.

'실존'이라는 개념

실존주의(existentialism)에서 '실존'이란 Existenz의 번역어 '현실존재(혹은 '사실존재')'를 간단히 표현한 것인데, 이 '현실존재'는 철학에서 오래 전부터 본질존재와 대치되는 개념이었다. "세상사가 ~이다"에서 그 "이다"가 본질존재라고 불리며, "~가 있는" 것을 드러내는 것이 현실존재이다. 이 두 가지 개념의 대치가 철학 내부에서 특히 중요한 의미를 갖게 된 것은 19세기의 헤겔 철학 이후이다. 근대철학이 완성된 형태로서의 헤겔 철학은 본질존재를 중시하는 합리주의 철학의 집대성을 의미하기 때문이다.

본질존재는 세계의 보편적이고 추상적이며 객관적인 측면을 나타내지만, 그러한 일반적인 특징을 갖는 존재자 자신이 현실에 존재하는지 여부는 이러한 본질규정만으로는 알 수 없다. 사물의 현실존재는 본질존재로부터 도출될 수 없는 우연적인 사실인 것이다. 지금 여기에서 개별적으로 존재하는 이 라이터는 라이터 일반, 점화의 도구, 물체 등등의 일반적인 특징이 있지만, 이러한 일반 규정으로 끝나는 것이 아니라 이를테면 내 아버지의 유품이기도 하다. 라이터라는 개념은 보편이지만, '이' 라이터에는 그 보편성으로 환원되지 않는 ('아버지의 유품' 일반이라는 보편 개념으로도 환원될 수 없는) 존재성격이 있다. 사물의 현실존재에는 언제나 그러한 측면이 따라다니지만, 특히 이러한 측면은 인간 존재를 생각할 때 중요하다. 인간은 어떠한 개인도 다른 사람이 대신할 수 없는 한번뿐인 인생을 그때그때 특수한 상황에서 살아간다. 인간 일반이라는 개념으로는 포착할 수 없는 이러한 사실을 철학의 대상으로 삼는 것은 반드시 필요한 일임에도 불구하고 지금까지의 근대 철학에서는 그다지 검토되지 않았다. 예를 들어 헤겔 철학에서는 각 존재의 개별성이나 우연성은 보편적이며 역사적인 절대정신의 필연적인 자기전개의 한 계기로서 지양됐던 것이다.

키에르케고르

그런 헤겔을 바로 정면에서 반박하고 사실존재에 무게를 두는 독자적인 실존철학을 선구적으로 전개한 이가 덴마크의 키에르케고르이다. 키에르케고르는 태어날 때부터 장애가 있었다. 자신이 선택하지 않은 것을 자신이 짊어져야 한다는 존재의 버거움은 헤겔의 이성과 본질의 철학에서는 애당초 문제되지 않는다. 키에르케고르가 23세 무렵 일기에 "나에게 진리인 진리를 발견하고, 내가 그것을 위해 살고 또 죽고 싶다고 생각할 만한 이념을 발견하는 것이 필요하다"라고 적었듯이, 그는 젊은 시절부터 단독적인 '이' 나의 존재를 사색해왔다. 예를 들어 당시 독일에서는 셸링이 본질존재를 우위에 두는 헤겔 철학에 대항해 '현실존재'를 중시하는 후기 철학(적극철학)을 전개했는데, 1841년에 키에르케고르가 셸링의 강의를 들으러 베를린에 갔던 것도 이 "나에게 진리인 것(주체적인 진리)"을 추구하기 위해서였다. 그렇지만 키에르케고르의 기대는 배반당했다. 셸링의 Existenz는 인간존재에 한정되지 않고 모든 존재자의 현실존재를 표현하는 개념이었고, 그 현실존재의 근거가 변함없이 형이상학적인 사변에 의해 추구되고 있었기 때문이다. 실망한 케에르케고르는 이 개념을 독자적으로 다듬어 오로지 인간이라는 존재자, 그것도 개체로서의 인간존재에 한정해 사용하게 된다. 그 이후 실존이란 단독자인 자기자신의 존재방법을 의미하는 개념으로 정착된다. 이런 점에서 실존주의는 150년 이상의 역사를 가지고 있다.

사람들이 합리적인 대중사회에 매몰되어 점점 개성을 잃고 평균화되고 있는 현대사회에서 그러한 상황을 통렬하게 비판한 키에르케고르의 실존철학은 여전히 중요하다. 그러나 키에르케고르가 신과의 관계를 통해 그 실존을 생각했다는 점은 현대인으로서는 이해하기 어렵다. 키에르케고르에 따르면 진정한 자기를 확립하는 길에는 세 단계가 있다. 그 단계는 미적 향락으로 살아가는 미적 실존, 도덕으로 살아가는 윤리적 실존, 그리고 신앙으로 살아가는 종교적 실존으로 깊어진다. 그러므로 개인이 보편을 매개로 하지 않고 단독으로 신 앞에 서는 신앙이야말로 궁극적으로 진실한 실존단계이다. 인간과 무한히 떨어져 있는 신 앞에 단독으로 서는 실존이라는 사고방식으로부터 죽음, 불안, 자유, 순간, 반복과 같은, 이후 실존주의 철학의 기본범주가 전개되는데, '신의 죽음(니체)' 이후 20세기 철학은 이러한 실존범주를 이어받지만 반드시 신과의 관계에서 실존을 생각하는 것은 아니었다.

20세기의 실존주의

1854년에 고독하게 죽은 키에르케고르의 사상은 19세기 말부터 20세기 초 처음에는 덴마크에서, 뒤이어 독일에서 재평가됐다. 이 시기에 사상을 형성한 하이데거와 야스퍼스는 키에르케고르의 영향을 받아 제1차 세계대전 후에 독자적인 실존철학을 전개해나간다. 더욱이 그들의 영향을 받아 제2차 세계대전 이후에 프랑스에서는 사르트르나 마르셀이 각각 고유의 실존주의 철학을 전개했는데, 실존주의를 현대를 대표하는 철학사상으로까지 이끈 것은 하이데거와 사르트르라고 할 수 있다.

하이데거는 주저 《존재와 시간》(1927)에서 존재에 대한 물음을 철학의 근본과제로 삼았다. 즉 철학은 존재자의 존재의미를 묻는 존재론이라고 생각한 것이다. 존재론은 어떤 특정한 존재자가 아니라 존재하는 한 모든 것을 그것이 존재한다는 점에서 주목하고 문제로 삼는 학문인데, 하이데거는 존재에 대한 이러한 물음의 실마리를 인간이라는 존재자(현존재)에게서 구한다. 현존재만이 존재를 언제나 어떠한 방식으로 이해하면서 존재하기 때문이다. 그리고 그러한 인간 존재의 방식을 하이데거는 실존이라고 부른다. "돌은 거기에 있다. 새는 살아 있다. 인간만이 실존한다"고 하이데거는 어떤 강의에서 말한 바 있다. 하이데거가 인간을 현존재(Dasein)라고 부른 것은 인간이야말로 존재(Sein)를 드러낼 수 있는 장(Da)이라는 것을 표현하기 위해서이다. 인간 존재의 방식을 분석하는 실존분석은 모든 존재론의 기초를 이루기 때문에 기초적 존재론이라고 불린다. 죽음, 불안, 부담감 등의 실존 현상을 체계적으로 해명하는 이 분석론은 분명히 키에르케고르의 실존사상을 이어받은 것이지만, 하이데거의 의도는 어디까지나 존재일반의 의미를 해명하기 위한 지평을 실존의 구조에서 도출하려는 것이었다. 실존분석의 결과, 현존재의 존재구조가 시간성이라는 것과 인간은 시간을 지평으로 삼아 모든 존재자의 존재 의미를 이해한다는 것이 명확해졌다. 그런 다음 인간 본래의 시간적 존재방식을 망각하고 현재라는 시간계기만으로 존재를 이해해온 전통적인 철학을 비판하고 해체하는 과정이 예정되어 있었다. 그렇지만 《존재와 시간》은 제1부의 실존분석 부분만이 출판되고, 존재일반에 대한 의미를 해명한 제1부 3장과 역사적 해체작업을 전개한 부분(제2부)이 출판되지 않았다. 이리하여 유럽에 강렬한 충격을 준 《존재와 시간》은 저자의 의도에 반해 오로지 실존주의 책으로만 받아들여지게 됐다. 사르트르의 저작활동은 하이데거를 이러한 방식으로 수용한 두드러진 사례이다.

사르트르는 '실존주의'라는 개념을 세계적으로 퍼뜨린 1945년의 강연 〈실존주의는 휴머니즘이다〉(1946년 출판)에서 실존주의를 무신론적 실존주의와 유신론적 실존주의로 분류하고, 야스퍼스나 마르셀이 속한 유신론적 실존주의와는 달리 하이데거와 자신이 속한 무신론적 실존주의야말로 휴머니즘인 진정한 실존주의라고 주장한다. 즉 신이나 이성에 의해 미리 결정된 인간 일반의 본질이 있는 것이 아니라 오히려 인간에게는 실존이 본질에 앞선다. 인간은 우선 현실로 존재하고 그런 연후에 무엇인지(본질)가 결정되는 것이며, "인간은 그가 만드는 바의 것 이외의 아무것도 아닌" 것이다. 그렇기 때문에 인간이 자신을 주체적으로 선택함으로써 인간의 본질을, 결국에는 인류 전체를 선택하게 되며, 우리의 책임은 인류 전체에까지 미치게 된다. 그런 의미에서 실존주의는 인간주의(휴머니즘)라고 사르트르는 역설했던 것이다. 하이데거는 1947년에 《휴머니즘에 대하여》에서 인간의 주체성이나 절대적 자유를 노래한 사르트르의 이러한 실존주의가 인간학이며 전통적인 형이상학의 연장선상에 있다며 자신을 사르트르와 구분한다. 하이데거는 인간은 존재가 모습을 드러내는 장(현존재)이지만, 존재의 발생은 인간에 의해 자유로이 일어나는 것은 아니라고 생각하게 됐기 때문이다(이른바 전환). 제2차 세계대전 후 사르트르의 실존주의는 젊은이들 사이에서 일종의 유행이 되어 세속화한 느낌도 주었으며, 동서냉전 시기에는 자유주의적 이데올로기로도 기능했다. 그렇지만 그 이후 문화인류학이나 언어학의 성과에 힘입어 무의식적인 심적 구조나 사회구조 혹은 언어구조에 의해 인간의 존재가 결정적으로 규정된다는 구조주의가 대두함에 따라 일세를 풍미한 좁은 의미의 '실존주의'는 그 위세를 잃어갔다. 하지만 철학이 자기존재의 불가사의를 끊임없이 주시하는 지적 작업이라고 한다면 실존의 사상은 유행을 넘어 지속될 것이다. (→ 안티휴머니즘)

• 스다 아키라

참고문헌

• 마르틴 하이데거, 《존재와 시간》, 이기상 옮김, 까치글방, 1998.
• 장 폴 사르트르, 《실존주의는 휴머니즘이다》, 방곤 옮김, 문예출판사, 1999.
• 프란츠 짐머만, 《실존철학》, 이기상 옮김, 서광사, 1990.

존재론

o n t o l o g i a

존재론(ontologia)이라는 말은 존재(있다) 또는 존재자를 의미하는 'on'과 언어, 논리, 학문 등을 의미하는 'logos'의 합성어이다. 처음 등장한 것은 '존재(자)에 관한 철학'을 이 이름으로 부른 19세기의 고클레니우스에 의해서라고 알려져 있지만, 아리스토텔레스가 이미 '존재(자)로서의 존재(자)를 연구하는' 학문을 제1철학이라고 명명하고 존재(자)의 다양성과 일의성의 문제에 도전했기 때문에 실질적으로는 아리스토텔레스까지 그 기원이 거슬러 올라간다.

아리스토텔레스가 "옛날도 지금도 항상 탐구되고 항상 난감해지는, 존재한다는 것은 (존재자는) 무엇인가라는 어려운 문제"라고 말했듯이 존재론의 역사는 넓은 의미에서 탈레스 이래 오늘날에 이르는 철학의 역사와 거의 맞먹는다고 말할 수 있다. 단 존재론은 칸트와 헤겔의 소극적 평가 이후, 무대에서는 거의 모습을 감추었다. 다시 부흥한 것은

20세기에 후설과 야코비, 하르트만이 등장하면서이다. 그러나 하이데거는 존재론을 다시 긍정하는 시대 분위기에도 불구하고 존재의 질문은 오늘날 망각되어 있다면서, 플라톤 특히 아리스토텔레스의 질문으로 돌아가라고 주장했다.

존재(자)-신-론—아리스토텔레스와 하이데거

아리스토텔레스의 제1철학은 존재(자) 일반에 관한 보편적 존재론임과 동시에 이 질문에 대해 영원부동하고 가장 오래된 존재자로부터 대답을 구하는 신학이기도 했다. 하이데거가 보기에 이 이중성은 이후 형이상학의 골격이 됐다. '존재자로서의 존재자 및 전체에서의 존재자를 질문하는' 것이 형이상학이며, 그것은 존재자가 무엇인가 즉 본질존재(예를 들어 이데아나 형상으로서) 및 존재자가 있다는 사실 즉 현실존재를(예를 들어 제1원인이나 표상하는 주관에 의해) 설명한다.

여러 번 역사적 변천을 거친 이 이중체제를 후기 하이데거는 존재(자)-신-론의 구조라고 명명한다. 전통적으로 존재론은 존재를 본질존재와 현실존재로 구별할 뿐 그 유래를 묻지 않는다. 하이데거에 따르면 아리스토텔레스의 경우 존재자에게는 숨겨지지 않는 것의 현전 속으로 이끌려(퓨시스 즉 자연이라면 자신 속에서 드러남 즉 발아나 개화로서, 포이에시스 즉 제작이라면 눈앞에서 만들어진 것으로서) 멈춰 있는 것이라는 원뜻이 있다. 특히 포이에시스로부터 외견(형상)을 단순히 드러내는 것 속에 계속 머무른다(구두가 구두로서 있다)는 양식 즉 본질존재가 또한 일정 기간 머무르는 것 속으로 현전한다(구두가 만들어져 눈앞에 있다)는 양식 즉 현실존재가 발생한다. 이런 본질존재와 현실존재는 숨겨지지 않는 모습 속에 현전한다는 그리스인의 근원적인 존재경험의 흔적임과 동시에 항상적 현전성 즉 부단히 현전을 지속하는 것이 존재하는 것이라는(암묵적으로 시간―계기로서의 시간일 수밖에 없지만―의 시각에서의) 전통적 존재이해의 전형이기도 하다.

그 때문에 아리스토텔레스는 운동 자체를 처음으로 문제삼았음에도 불구하고 결국 영원한 것을 신처럼 순수하게 인식하는 존재론적 개념으로 위치지었다. 하이데거에 따르면 이 이중체제에 편입된 존재는 존재자가 드러낸 존재에 불과하고, 서양의 역사에서 존재 자체(또는 존재자와 존재의 존재론적 차이)는 망각되어 있다.

존재와 인간 · 신 · 존재자

이 전통의 강력함 때문에 하이데거는 '존재와 시간'이라는 관점에서 존재론의 역사를 해체 또는 성찰하고자 했다. 그것은 파괴를 위한 파괴가 아니라 가능성의 회복인 반복이다. 오랜 기간에 걸친 하이데거의 문제의식은 이 점에서 일관되지만, 존재라는 관념에 접근하는 방법에는 큰 전회가 있었다. 《존재와 시간》(1927)을 정점으로 하는 1923년 무렵부터 1930년대 초반(전기)에는 막연한 존재일반을 이해할 유일한 존재자인 인간 또는 현존재로 귀환한다는 방법을 선택했다. 현존재는 절대적인 인식주관(여기에서 사물의 존재는 객체적 존재성(Vorhandenheit. 항상적 현전성))이 아니라 사실적인 세계 내 존재(여기에서 사물의 존재는 도구적 존재성(Zuhandenheit))이지만, 현존재의 존재 의미로서의 시간성이 존재이해의 지평으로서도 기능한다는 생각에서 현존재와 상관하는 한에서의 존재를 포착하고자 한 것이다. 《존재와 시간》이 보편적 존재론으로 가는 방편으로 현존재의 분석론인 기초적 존재론을 추구한 것은 그 때문이다.

그런데 1930년대 중엽 이후(후기)에는 존재는 인간의 존재이해로는 포섭되지 않으며 존재망각 또는 존재(자)-신-론의 구조 자체가 인간

쪽의 과오라기보다는 존재 자체가 인간에게 보낸 역사적 운명이라고 생각하게 된다. 이와 함께 존재론·형이상학이라는 말은 극복되어야 할 존재(자)-신-론의 구조체를 가리키는 말이 된다.

하이데거의 철학은 그 본령이 이런 존재의 질문을 하는 이상, 명확한 인간학도 실존주의도 아니다. 그러나 인간은 존재로 가는 하나의 통로에 머무르지 않는다. 존재의 질문은 인간에 관한 질문과 하나이다. 《존재와 시간》 이전의 젊은 하이데거에게 철학은 구체적이고 사실적인 삶의 경험을 주제로 하는 것이었고 그는 철학을 '사실성의 존재론'이라 불렀다. 존재는 존재일반이라기보다 삶이라는 특정한 존재를 가리키고, '(그것은) 존재한다(ist)'와 준별되는 "(나는) 존재한다(bin)"의 의미가 강조됐다. ist는 뒤에 말할 항상적 현전성, 즉 객관화된 자연(본질존재와 사실존재의 결합태)에 관한 존재이해이다. 사실성의 존재론을 완수하기 위해서는 ist 또는 항상적 현전성이 bin 또는 삶·실존이라는 존재의 이해를 구속하는 고대 그리스 이래의 전통적 구도를 해체하고, 나아가서는 존재일반의 이념도 다시 파악할 필요가 있다. 이렇게 삶의 질문(어떻게 존재할까의 수행)과 존재의 질문은 서로 호응한다. 이 호응은 《존재와 시간》에서 기초적 존재론과 보편적 존재론이 연관되는 상황의 원형을 이룬다. '죽음에 연연하는 존재', '선구적 결의성'이라는 본래적 실존이나 그것을 가능하게 하는 존재의미인 '시간성(현재가 아니라 미래에서 발원하는)'의 분석은 실존주의적 삽화이기는커녕 항상적 현전성이라는 존재이념으로 채워진 유한하고 역동적인 '존재와 시간'을 현존재 및 존재일반과 관련해 발굴하기 위한 필연적인 길이었다. 그 속의 주체철학적 잔재를 폭로하고 인간이라는 존재자에 관한 고찰에 앞서 존재 자체를 성찰해야만 한다고 말하는 후기에도, 존재와 인간은 서로 고유하게 위치지어진다. 그런 만큼 하이데거는 인간성과 동물성을 구별하고 전자를 우선하는 형이상학을 단 한번도 철회하지 않았다는 데리다의 비평은 정확하다.

하이데거에게 존재와 인간의 상즉적 관계는 신을 둘러싼 사색으로 이어진다. 젊은 하이데거가 말하는 사실적 삶이란 원시기독교의 사실적인 삶의 경험에 가깝다. 토마스 아퀴나스는 제1원인 또는 가장 오래된 존재자인 신의 존재를 증명했지만, 아리스토텔레스의 개념과 틀을 부당하게 기독교에 적용한 것이며, 사실적 삶을 객관화하고 이론화한 것이다. 당시의 하이데거에게 현상학적 해체란 '그리스 철학과의, 또 그리스 철학에 의해 왜곡된 기독교적 실존과의 원리적 대결'이었다. "기독교 신자의 종교성은 시간성 자체를 살아가는" 것이므로 영원으로 위치지어진 기독교 철학의 침입에서 구출되어야만 한다(이것이 아리스토텔레스 철학의 전면부정은 아니지만). 이론적으로 관조하는 것에 자족하는 아리스토텔레스의 신은 우리가 사랑할 수도 분노할 수도 없다. 《존재와 시간》 시기에는 원리적 무신론을 표방하게 되지만, 그때도 종말론적 시간성으로 나타나듯이 기독교적인 삶은 형식화되며 계승되어 있고, "무신론이라는 안이한 비난을 감수"하려 했다.

나아가 1930년대 이후에는 반기독교적인 자세를 분명히 한다. 그러나 그것은 신이라는 존재일반과의 절연이 아니다. 신들이 도망쳐 존재하지 않고, 아직 신이 도래하지 않은(그 때문에 그들은 모든 곳에 현재하는 신과는 달리 부단히 현전하지 않는다) 결핍의 시대에 신의 마지막 출현을 준비하기 위해 존재의 진리를 사색하는 것이 인간에게 부여된 과제이다. 아낙시만드로스부터 니체까지의 모든 역사를 포괄하는 최초의 기원과 그 종말을 습득함으로써 다른 기원으로 이행하고자 하는 것도 존재(자)-신-론의 구조를 넘어설 '신다운 신'의 도래를 준비하기 위해서이다(유일한 질문은 신이 우리에게서 달아났는지를 묻는 것이다).

마지막 신의 문제는 따라가기 어렵지만, 그것만이 인간에게 존재하는 존재자를 회복시킬 수 있다고 그가 말했다는 점을 잊어서는 안 된다.

사르트르, 메를로퐁티, 레비나스

하이데거의 존재론과 존재의 사색은 논리실증주의자인 카르납 등을 통해 무의미한 사이비명제로 평가절하됐지만, 그런 '오해'를 포함해 현대철학에 큰 영향을 미쳤고 다양한 존재론을 촉발했다.

사르트르의 《존재와 무》(1943)는 세계 내 존재라는 구조를 받아들이면서 "어떤 장소의 것인" 충실한 즉자(卽自. 사물의 존재)와 무(無)를 분비하고 "어떤 장소의 것이 아닌" 대자(對自. 의식의 존재)와의 이원론적 존재론을 시도했다.

대조적으로 메를로퐁티는 즉자와 대자의 대립 이전의 지각하는 신체로서 세계 내 존재를 포착하고, 만년에는 세계와 신체는 살(chair) 또는 존재 같은 것으로 만들어져 있고, 양자 및 본질(이념성)과 현실존재(사실성)는 존재 자체의 작열이라는 이른바 살의 존재론을 모색했다.

또한 타자의 명령이 절대적임을 주장한 레비나스는 존재와 사고의 동일성(다른 자기로의 환원)이 서양철학·존재론의 기조이며, 하이데거는 자기의 존재를 고집하는 이 전통의 극한에 위치한다고 비판하고 '존재하는 것과는 다른 방식'을 제시했다.

• 고토 요시야

참고문헌

• 마르틴 하이데거,《이정표 1 · 2》, 신상희 옮김, 한길사, 2005.

• _____,《존재와 시간》, 이기상 옮김, 까치글방, 1998.

• 아리스토텔레스,《아리스토텔레스의 형이상학》, 조대호 옮김, 문예출판사, 2004.

페미니즘

feminism

페미니즘은 여성차별의 원인이나 구조를 이론적으로 해명하고 여성을 차별이나 억압에서 해방하는 것을 목표로 하는 사상이나 행동을 가리킨다. 서양 근대사상에서 생겨났지만 근대의 자유주의사상, 이성중심의 형이상학이나 이원론 등을 비판하고 해체하는 경향을 품는 한, '페미니즘'은 분명히 현대사상의 중요한 키워드이다.

페미니즘의 역사는 길다. 통상 19세기부터 시작해 20세기 말 중반까지의 페미니즘을 '1세대 페미니즘', 그 이후 오늘날까지의 페미니즘을 '2세대 페미니즘'이라고 부른다(1980년대 후반 이후 오늘날까지의 페미니즘을 따로 '3세대 페미니즘'이라고 하는 경우도 있다).

여성차별의 형태는 다종다양하다. 누구의 눈에도 보이는 명백한 차별도 있지만 개인의 마음 깊은 곳에 있어 본인도 느끼지 못하는 억압도 있고, 언어나 관습에 묶여 구조화된 차별도 있다. 차별의 이런 다양성에 맞추어 이를 비판하는 페미니즘도 다양한 이론적 경향을 띤다. 지금부터 현대사상과의 관계에서 중요하다고 여겨지는 주요 페미니즘의 조류를 시간 순서에 맞춰 유형별로 살펴보겠다. 물론 이러한 유형화는 단지 사상의 전개를 명시화하는 편의상의 구별에 불과하다. 페미니스트 각각의 살아 있는 사상은 이런 요소들이 중층화된 독자적인 내용이다.

자유주의적 페미니즘

자유주의적 페미니즘 중 1세대에 속하는 것은 말 그대로 자유주의라는 사상기반 위에서 정치, 경제와 같은 공적 영역의 제도적 불평등이나 차별을 비판하고, 남녀의 평등한 참여야말로 여성해방에 이른다고 믿는 입장이다. 이런 입장에서 생겨난 여권운동은 참정권 획득운동, 여성교육의 기회균등, 매춘금지운동 등 범위도 다양하고, 20세기 중반 많은 나라에서 법적인 성과를 거두었다.

이 시기의 대표적인 이론가는 올랭프 드 구주(〈여성과 여성시민의 권리선언〉, 1791), 메리 울스턴크래프트(《여성의 권리옹호》, 1792), 존 스튜어트 밀(《여성의 예속》, 1869) 등이다.

2세대에 속하는 현대의 자유주의적 페미니즘은 1세대 페미니즘이 전제했던 공적 영역과 사적 영역의 근대적 구별에 여성차별의 원인이 존재한다고 주장한다. 즉 근대사회에서는 '남자는 일, 여자는 가정'이라는 말로 상징되듯이 성역할(성별역할분업)이 사회화되어 있어, 공적 영역(정치나 법)에서 어느 정도 남녀평등이 보장되어도 사적 영역(가정)에서 남녀평등이 실현되지 않으면 현실생활에서의 진정한 평등은 불가능하다며 성역할 분업의 변혁을 지향했다.

그 무렵 젠더 개념의 발견과 도입이 이론적으로 큰 역할을 했다. 페미니즘에서는 인간의 생물학적이고 해부학적인 성별을 '섹스'라고 부르고, 사회적 문화적으로 만들어진 성별 분류를 '젠더'라고 부른다. 젠더(남자다움, 여자다움)는 섹스와는 일치하지 않더라도 마치 자연적 성차인 듯이 간주되어 성역할(gender role)을 분화시키는 사회화과정을 낳는다. 그리고 이 성역할이 여성차별을 자명하게 만드는 데 중요한 역할을 한다.

현대의 자유주의적 페미니즘을 대표하는 저작으로 베티 프리던의 《여자다움의 신화》(1963), 맥코비와 자클린의 《성차의 심리학》(1974)을 들 수 있다.

급진적 페미니즘

급진적 페미니즘은 가장 개인적이라고 생각되는 남녀의 '성' 자체가 정치적인 지배관계를 포함하고 있다고 생각한다. 이 페미니즘의 방향성은 '개인적인 것이 정치적인 것이다'라는 슬로건에서 명백하게 드러난다.

이 페미니즘의 대표자 케이트 밀레트는 《성의 정치학》(1970)에서 '가부장제'라는 개념을 사용해 성의 영역에서 남성이 여성을 지배하게 된 기원을 추구했다. 가부장제에서는 남녀의 생식기능의 자연적인 차이(여성의 출산과 육아)에서 노동의 분업이 생겨나고 거기에서 남성이 이익을 얻는 시스템이 만들어진다. 즉 여성의 성과 생식은 강제적인 이성애에 기초한 '결혼-모성'이라는 시스템에 편입되고, 이 시스템이 역사적으로 제도화되어 남성의 지배와 여성의 피지배라는 권력구조가 만들어진 것이다. 이렇게 이른바 '성계급'이 생겨나는데 이는 남녀관계만이 아니라 사회의 온갖 권력관계의 기반이 되고, 또 갖가지 권력심리의 기원이 된다. 가부장제 시스템에서는 성의 지배관계가 갖가지 억압의 근원이 된다는 의미에서 성의 계급을 축으로 하는 이 페미니즘을 급진적 페미니즘이라고 부른다.

가부장제에 대한 이런 비판은 남성이 여성의 신체를 지배하는(성과 생식의 관리) 현실로부터의 해방을 요구하는 운동이므로, 이 비판이 한층 첨예화된 입장으로 여성의 성적 쾌락의 해방, 강제적 이성애에 대한 대안으로서의 레즈비언 복권, 비혼이나 비출산의 자기결정 등 섹슈얼리티와 재생산을 둘러싼 다양한 주장이 파생했다. 포르노그래피, 강간, 성희롱 등의 성적 폭력은 이런 흐름 속에서 규탄됐다.

또한 이 입장에서 더 나아가 가부장적이고 남성중심적인 성별가치평가를 180도 뒤집어, 남성성이 아니라 오히려 여성성이야말로 우위에 있다는 여성중심주의도 나타나기 시작했다.

마르크스주의 페미니즘

마르크스주의 페미니즘은 급진적 페미니즘의 견해와 마르크스주의를 연결한다. 일반적으로 마르크스주의는 자본주의의 착취구조를 분석하는 이론이지만, 마르크스주의 페미니즘은 사회계급만이 아니라 '성계급'도 분석의 대상으로 삼는다. 즉 마르크스주의 페미니즘은 여성차별의 기원이 자본주의적 가부장제에 있다고 보고, 노동과 가정의 분리, 생산노동과 가사노동의 구분, 그리고 노동과 생산노동의 우위성이라는 뿌리깊은 이데올로기 속에서 여성차별의 복합적 요인을 찾고자 한다.

보통 노동이라고 하면 상품을 생산하고 임금을 받는 '생산노동'만을 떠올리지만, 마르크스주의 페미니즘은 '재생산노동'이라는 개념을 도입한다. 육아노동, 가사노동, 간호와 간병노동 등이 재생산노동이다. 이런 노동은 사람이 생명을 유지하고 생활을 활성화하기 위해 불가결한 활동임에도 임금이 지불되지 않는 무상 노동이어서, 대부분 여성에게 맡겨진다. 이것은 명백하게 젠더의 사회화에서 오는 일종의 착취인데도 기존의 마르크스주의는 이 점을 간과했다. 이에 반해 마르크스주의 페미니즘은 자본주의가 자본가와 생산노동자와 재생산노동자의 삼층으로 이루어진 복잡한 착취구조라는 점에 주목한다.

또한 자본주의의 진전에 따라 여성도 생산노동에 동원되기 시작하면서 여성은 이중의 착취 상황에 놓이게 된다. 즉 먼저 생산노동자로서 착취되고 '여성의 본래 일은 가정'이라는 성역할의 부당한 압력으로 여성노동자는 또 착취당한다는 것이다.

정신분석학적 페미니즘

여성 억압의 원인이 심리에 깊게 뿌리박혀 있다는 주장이 정신분석학적 페미니즘이다. 이 페미니즘은 사회, 정치, 경제와 같은 외적 환경을 변혁해도 각 여성의 마음 깊은 곳에, 즉 무의식의 세계에 잠재된 억압구조를 해명하고 전환하지 않으면 여성의 진정한 해방을 얻을 수 없다고 생각한다.

이 페미니즘은 프로이트의 정신분석이론을 채용하면서 프로이트가 말하는 '오이디푸스 콤플렉스'야말로 남성에 의한 지배와 가부장제의 기원이라고 본다.

전(前) 오이디푸스기에는 남자아이도 여자아이도 어머니와 공존하고 밀착되어 모자관계는 일체화되어 있다. 그러나 오이디푸스 콤플렉스를 거치면서 남자아이는 아버지에게 거세될지도 모른다는 불안에서 도피하기 위해 어머니에 대한 애정을 단념하고 어머니와 여성적인 세계에 대립한다. 그럼으로써 아버지의 문화에 통합되어 아버지와 함께 '자연'과 '여성'을 지배하게 되는데, 여자아이는 전(前) 오이디푸스기

〈페미니즘의 흐름〉

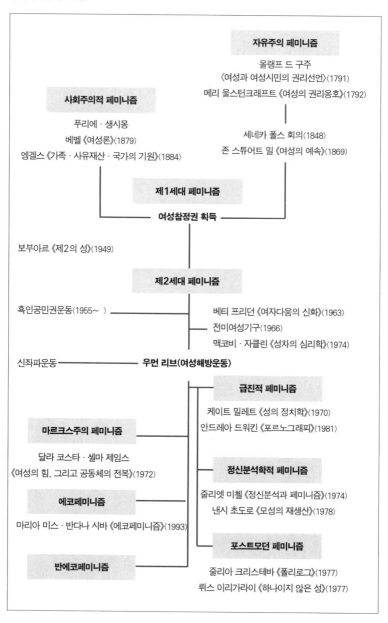

자유주의 페미니즘

올랭프 드 구주
〈여성과 여성시민의 권리선언〉(1791)
메리 울스턴크래프트 《여성의 권리옹호》(1792)

세네카 폴스 회의(1848)
존 스튜어트 밀 《여성의 예속》(1869)

사회주의적 페미니즘

푸리에 · 생시몽
베벨 《여성론》(1879)
엥겔스 《가족 · 사유재산 · 국가의 기원》(1884)

제1세대 페미니즘

여성참정권 획득

보부아르 《제2의 성》(1949)

제2세대 페미니즘

흑인공민권운동(1955~)

베티 프리던 《여자다움의 신화》(1963)
전미여성기구(1966)
맥코비 · 자클린 《성차의 심리학》(1974)

신좌파운동 ─────── 우먼 리브(여성해방운동)

급진적 페미니즘

케이트 밀레트 《성의 정치학》(1970)
안드레아 드워킨 《포르노그래피》(1981)

마르크스주의 페미니즘

달라 코스타 · 셀마 제임스
《여성의 힘, 그리고 공동체의 전복》(1972)

정신분석학적 페미니즘

줄리엣 미첼 《정신분석과 페미니즘》(1974)
낸시 초도로 《모성의 재생산》(1978)

에코페미니즘

마리아 미스 · 반다나 시바 《에코페미니즘》(1993)

포스트모던 페미니즘

줄리아 크리스테바 《폴리로그》(1977)
뤼스 이리가라이 《하나이지 않은 성》(1977)

반에코페미니즘

가 길기 때문에 어머니와의 분리가 늦어져 문화에 대한 통합이 불완전해진다. 이렇게 여자아이는 심리적인 구속 상황에 놓여 결국 지배하는 것이 아니라 지배당하는 자로서 문화의 주변을 맴돌게 된다는 것이다.

프로이트의 이론에서는 충분히 언급되지 않은 오이디푸스기 이전의 모자관계의 중요성을 조명하고, 여성의 종속에 무의식이라는 새로운 시점을 적용한 점이 정신분석학적 페미니즘의 특징이다.

대표적으로 줄리엣 미첼(《정신분석과 페미니즘》, 1974)과 낸시 초도로(《모성의 재생산》, 1978)가 있다.

포스트모던 페미니즘

포스트모던 페미니즘은 라캉, 푸코, 데리다 등 포스트구조주의의 영향으로 서양 형이상학의 '로고스(언어)＝팔루스(남근)중심주의'를 비판한다.

이 페미니즘은 언어구조, 종교질서, 주체형성에 뿌리깊게 잠재된 남근중심주의나 성차이원론을 해체하고 탈구축하려 한다. 또한 기존 페미니즘에서 확인되는 근대 남근중심주의에 대한 동일화나 여성 영역의 분리주의적 우위 주장을 비판하고 여성들 내부의 차이성도 강조했다. 요컨대 "하나밖에 없는 진실한 페미니스트 이야기"를 목표로 하는 것 자체가 남근중심적 사고법이라면서 단일하지 않은 다양한 페미니즘의 가능성을 지향한 것이다.

대표적 사상가인 줄리아 크리스테바(《폴리로그》, 1977), 뤼스 이리가라이(《하나이지 않은 성》, 1977), 엘렌 식수(《메두사의 웃음》, 1975) 등이 프랑스의 포스트모던 사조에 속하기 때문에 이 파는 포스트모던 페미니즘이라 불린다.

그 외의 페미니즘

이 밖에도 사회주의적 페미니즘, 블랙 페미니즘, 아나키스트 페미니즘, 에코페미니즘, 현상학적 페미니즘, 레즈비언 페미니즘, 사이보그 페미니즘 등의 여러 조류가 있다. 이 다양성은 분열상태라기보다 오히려 페미니즘이론의 충실함과 풍성함을 드러내는 것이라고 할 수 있다.

• 스다 아키라

참고문헌

• 뤼스 이리가라이, 《하나이지 않은 성》, 이은민 옮김, 동문선, 2000.
• 리사 터틀, 《페미니즘 사전》, 유혜련 · 호승희 · 염경숙 옮김, 동문선, 1999.
• 시몬 드 보부아르, 《제2의 성 상 · 하》, 조홍식 옮김, 을유문화사, 1998.
• 존 스튜어트 밀, 《여성의 예속》, 김예숙 옮김, 이화여대출판부, 1986.
• 케이트 밀레트, 《성의 정치학 상 · 하》, 정의숙 · 조정호 옮김, 현대사상사, 1990.

프랑크푸르트학파

Frankfurter Schule

프랑크푸르트학파는 1924년에 창설된 프랑크푸르트 '사회연구소'에 모인 사람들, 특히 1931년 호르크하이머(1895~1973)의 소장 취임이후 그의 지도 아래에 활동한 지식인들을 총칭한다. 테오도르 아도르노(1903~69), 프리드리히 폴록(1894~1970), 발터 벤야민(1892~1940), 헤르베르트 마르쿠제(1898~1979), 레오 뢰벤탈(1900~1993), 에리히 프롬(1900~1980), 프란츠 노이만(1900~1954) 등이 제1세대이고, 알프레드 슈미트(1931~), 위르겐 하버마스(1929~) 등 전후 독일의 소장연구자들로 이어지고 있다.

원래 그 전신이 '마르크스주의연구주간'이라 불리는 연구회(1922)였던 것에서도 알 수 있듯이, 연구소의 목적은 마르크스주의사상을 학술적으로 연구하는 것이었다. 그러나 마르크스주의에 대한 이해에서 초대 소장이었던 카를 그륀베르크와 호르크하이머의 이해 사이에는 결정적인 차이가 있었다. 그륀베르크는 소박한 경제결정론에 근거하여 자본주의에서 사회주의 사회로의 발전법칙을 인과적 실증적으로 연구했지만, 호르크하이머 등은 마르크스사상의 '이론으로서의 사회비판적 기능'을 중시한다. 때문에 그들은 자신들이 이해하는 마르크스주의를 '비판이론'이라 부른다.(호르크하이머《전통적 이론과 비판이론》)

비판이론

비판이론의 특징은 게오르크 루카치나 카를 코르슈 등의 '서양 마르크스주의'와 마찬가지로 인간의 이성과 의식을 강조하는 것이다. 마르크스의《경제학 · 철학초고》의 발견(1932)은 혁명의 목적을 인간적 본질의 해방에서 찾는 인간주의적 마르크스의 발견이기도 했다. 비판이론의 사명은 사회 전체를 고찰하여, 소외되고 물상화한 인간의 '허위의식'을 불식하고 인간을 역사의 '주체'로 각성시키는 것이다. 이를 위해서는 이성적 각성과 사회비판이 통일되어야만 한다. 이런 이유로 프랑크푸르트학파의 기관지《사회연구》(1941년까지 간행)는 마르크스주의와 인문 · 사회과학(사회학, 심리학, 문학이론, 예술비평, 미디어론)과의 적극적인 대화를 추진했다.

비판이론의 또 하나의 특징은 고급문화와 순수예술을 중시하는 것이다. 예술은 경제생활을 단순히 반영하는 허위의식이나 이데올로기가 아니다. 순수예술은 기존 사회와는 다른 사회를 추구하는 인간의 마지막 희망의 버팀목이다. 호르크하이머는 "예술은 자율적인 것이 된 이래 종교에서 증류한 유토피아를 보존해왔다"고〈예술과 대중문화〉(1941)에서 말한다.

그러나 프랑크푸르트학파는 이러한 유토피아에 어떤 구체적인 이미지도 부여하지 않는다. 그들은 프롤레타리아나 소비에트사회에서 인간적 총체성의 회복을 보는 루카치나 볼셰비즘의 혁명이론에 반대한다. 물상화되고 분열되어 있는 현대사회에서 조화로운 총체성을 주장하는 것은 오히려 사회 모순을 은닉하고 온존시키게 된다는 것이다. 그러나 거기에는 신의 우상화를 기피하는 유대교적 터부가 작동하고 있다. 아도르노는 이 같은 철저한 '부정'의 철학을 《부정변증법》(1966)에서 전개하기에 이른다.

나치즘과 문화산업에 대한 비판

대부분 유대인으로 구성되어 있던 사회연구소는 나치가 정권을 잡자 제네바, 파리를 거쳐 미국(뉴욕)으로 이주한다. 이때 연구소의 가장 절박한 과제는 왜 문명사회에서 나치즘과 반유대주의가 승리했는가를 밝히는 것이었다. 이를 해명하기 위해 연구소는 프롬의 주도로 마르크스주의와 프로이트 정신분석을 종합해 그 답을 원래 빌헬름 라이히의 개념이었던 '권위주의적 퍼스낼리티(무의식적으로 권위에 복종하고자 하는 성격유형)'에서 찾았다. 또한 연구소는 미국 사회학의 경험적 연구를 도입해 독일 노동자와 샐러리맨에 대한 의식을 조사하여, 이러한 성격이 실제로 나치에 대한 헌신과 반유대주의를 낳기 쉽다는 것을 실증했다. 연구소의 공동연구 《권위와 가족》(1936), 프롬의 《자유로부터의 도피》(1941), 노이만의 《비히모스》(1942), 아도르노와 버클리 그룹의 《권위주의적 퍼스낼리티》(1950) 등이 그 성과이다.

이러한 권위 개념은 미국 대중문화에까지 적용된다. 미국의 대중문화는 상품으로 대량소비되며, 인간을 스타나 유행에 도취할 뿐인 수동적 존재로 만들어버리는 '억압'체제로 퇴화시킨다. 따라서 그것은 개성이 박탈되어 획일화된 개인을 만들어내고, 그들 중에서 권위에 동조하기 쉬운 성격유형을 부단히 길러낸다는 것이다. 대중문화에 대한 호르크하이머나 아도르노의 이러한 경멸은 미국사회에 대한 냉정한 관찰에 근거한 것이라기보다, 오히려 고급문화에 대한 동경의 결과라 할 수 있다. 아도르노의 〈재즈에 관하여〉에 나타나는 대중음악에 대한 뿌리 깊은 반감이 그 전형이다. 이 글을 썼을 때 그는 아직 본토 재즈를 제대로 들어보지도 않았다.

대중문화나 대중운동에 대한 이러한 태도는 이후의 대중사회비판에 유효한 개념장치를 제공하기는 했지만, 사회 자체 내에서 비판적인 에너지를 발견하고자 하는 비판이론의 기획을 질식시키기도 했다. 실제로 제2차 세계대전 이후 독일에서 열광적인 환영을 받으며 사회연구소의 주역이 된 호르크하이머와 아도르노에게는 어두운 페시미즘의 그림자가 따라다녔다.

계몽주의의 자기비판

호르크하이머와 아도르노의 공저 《계몽의 변증법》(1947)에 따르면 인간 소외를 만들어내는 것은 더 이상 자본주의의 모순이 아니고, 전체주의를 지탱하는 것도 반계몽적인 신화가 아니다. 오히려 모든 문제의 원흉은 '계몽'이다. 이 경우의 '계몽'이란 18세기 서양에 등장한 특정 역사현상이 아니라 '세계의 탈주술화' 과정을 의미한다. 마술로부터의 해방인 계몽은 인간을 동일적인 '주체'로 확립하면서 자연을 단지 지배해야 할 '객체'로 전락시키는 과정이었다. '인간에 의한 자연지배'가 계몽의 본질이다. 그러나 '인간에 의한 자연지배'는 '인간에 의한 인간지배'로 전화한다. 인간은 태곳적부터 기술을 통해 외부 자연을 지배하고자 했으나, 이번에는 이 기술적 합리성이 도덕이라는 형태로 인간의 내적인 자연을, 권력이라는 형태로 인간관계를 억압적으로 지배하기에 이른다. 그렇다면 역사적 '주체'의 실천에 의한 인간해

〈프랑크푸르트학파〉

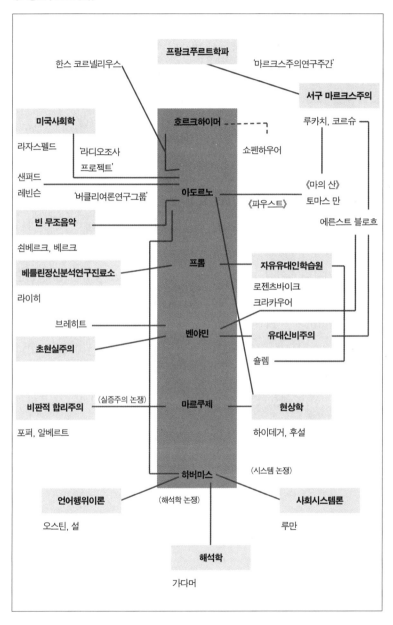

방이라는 과거 비판이론의 기획도 악한 '계몽'의 표현에 불과하다. 《계몽의 변증법》은 비판이론의 자기비판인 것이다. 모든 역사실천에 대한 포기와 체념의 책인《계몽의 변증법》이 마르쿠제의《에로스와 문명》(1955), 《일차원적 인간》(1964)과 함께 신좌파운동의 바이블로 인기를 누렸던 것은 아이러니한 일이다. 이후 호르크하이머는 침묵하고 아도르노는 예술에서 희망과 구제의 희미한 흔적을 구한다.(《미학이론》, 1970)

그러나 프랑크푸르트학파의 제2세대인 하버마스는 점차 비교화(秘敎化)해가는 비판이론을 다시금 공공의 장으로 되돌려놓고자 노력했다. 그에 따르면 합리화과정은 그저 물상화와 억압만 낳는 것이 아니라 어떤 적극적인 가능성도 포함하고 있다.《커뮤니케이션 행위이론》(1981)은 커뮤니케이션 능력의 합리적 재구성이라는 방법을 통해 단순한 기술적 합리성에 그치지 않는 새로운 합리성을 찾아내고자 한다. 나아가 하버마스는 마르크스주의와 경험과학의 대화에 의한 '학제적 유물론'의 구축이라는 초기 비판이론의 기획을 되살리고자 한다. 비판적 합리주의자 한스 알베르트와의 실증주의논쟁(《사회과학의 논리》, 1967 참조), 한스 게오르크 가다머와의 해석학 논쟁, 니콜라스 루만과의 시스템 논쟁, 《현대성의 철학적 담론》(1985)에 담긴 오스틴, 설의 언어행위이론이나 데리다, 푸코와의 대화 등이 그러한 노력의 표현이다. (→ 마르크스주의)

• 무라오카 신이치

참고문헌

• 마틴 제이,《변증법적 상상력》, 황재우 외 옮김, 돌베개, 1981.
• 위르겐 하버마스,《사회과학의 논리》, 박성수 옮김, 문예출판사, 1988.
• _____,《커뮤니케이션 행위이론》, 이강수 옮김, 나남출판, 1994..
• _____,《현대성의 철학적 담론》, 이진우 옮김, 문예출판사, 1994.
• 테오도르 아도르노,《부정변증법》, 홍승용 옮김, 한길사, 1999.
• 테오도르 아도르노 · 막스 호르크하이머,《계몽의 변증법》, 김유동 옮김, 문학
과지성사, 2001.
• 헤르베르트 마르쿠제,《에로스와 문명》, 김인환 옮김, 나남, 2004.

분석철학

analytic philosophy

ꭥ

분석철학은 주로 영미를 중심으로 전개된 20세기의 철학운동이다. 빈학파를 중심으로 한 논리실증주의나 러셀, 비트겐슈타인이 이끈 케임브리지분석학파, 옥스퍼드대학에서 융성한 일상언어학파, 윌러드 반 콰인과 넬슨 굿맨으로 대표되는 미국의 네오프래그머티스트 등을 총칭한다.

분석철학은 철학의 본래 활동이 언어나 그 표현을 선명하게 하는 것이라고 이해한다. 따라서 넓은 의미에서의 언어비판을 방법론적인 특징으로 삼아, 언어의 혼란에서 생겨나는 철학의 여러 문제를 언어분석으로 해소하는 것을 목적으로 삼는다. 분석철학은 데카르트의 코기토 명제에서 시작해 칸트의 코페르니쿠스적 전환으로 완성된 인식론적 전환에 의한 것이며, 서양철학의 중심테마가 된 인식론을 언어라는 현상을 축으로 하여 재구성한 이른바 언어론적 전환으로부터 시작됐다.

이러한 언어론적 전환이 프레게가 논리학에서 이룬 획기적인 업적이었고, 기호논리학의 금자탑인 러셀과 화이트헤드의 《수학원리》(*Principia Mathematica*, 전 3권, 1910~13)였다. 분석철학은 여기에서 막을 올린다.

분석철학자의 언어분석 방법은 다양하다. 일상에서 쓰이는 어구의 의미를 명확하게 하거나 전통적인 철학에서 나타나는 말들의 애매함을 없애려는 경우도 있고, 의미 있는 문장과 무의미한 문장의 기준을 만들기 위해 유의미성의 일반조건을 정하고자 하는 철학자도 있다. 혹은 수학적인 기호로 형식적인 기호언어를 만들어내 그 엄밀하고 논리적인 언어로 철학에서의 거짓문제를 제거하려는 사람도 있다.

분석철학에는 초기단계부터 언어분석에 관해 두 가지 입장이 있었다. 하나는 자연과학이야말로 세계에 관해 정확한 지식을 가져다주므로 우리의 언어 역시 자연과학의 틀을 이용해 객관적이고 정밀한 형상과 사고를 정확하게 기술하고 분석할 수 있는 도구가 되어야만 한다는 사고방식이다. 그에 반해 철학의 역할을 자연과학과는 완전히 다른 것으로 보고, 언어 자체가 지닌 특이한 성격을 일상적인 장면에서 집요하게 관찰하고 분석하는 태도가 두 번째 입장이다. 후기 비트겐슈타인이나 무어 등이 여기에 속한다.

그리고 두 번째 조류에 속한 많은 철학자들은 일상에서 쓰이는 자연언어에 주목했다. 그들은 철학에서 여러 가지 문제가 터져나온 까닭은 '시간'이나 '자유', '존재'나 '무' 등과 같은 언어를 일반적인 사용법이나 문맥에서 가져와 사용하거나 토론하기 때문이며, 따라서 일상언어의 용법에 착안하는 것이야말로 많은 철학적 난제를 풀 열쇠라고 생각했다.

초기

프레게는 1879년에 출판한 《개념표기법》에서 이론학에 양화사('모든'과 '어떤')와 변수를 도입하고 양화(量化)이론을 체계적으로 제시했다. 이 이론으로 2천 년 동안 논리학을 지배한 아리스토텔레스의 깊은 영향이 종언을 고한다. '19세기 최대의 논리학자(탈스키)'인 프레게는 수학에서 출발해 논리학을 형식적 체계로 구축하고, 한편으로 근대철학에서 인식론이 차지하고 있는 위치에 논리학을 두며 논리학이라는 언어의 철학이 과학이나 도덕 외의 다른 모든 철학보다 앞선다고 생각했다. 이런 과정을 통해 언어분석이 철학에서 가장 중요한 수단이라는 사고방식에 도달했다.

케임브리지분석학파

러셀은 1903년의 《수학의 원리》에서 이탈리아의 수학자 페아노의 논리학체계로부터 출발해 혼자 힘으로 논리학을 창출해내면서, 순수 수학의 모든 정리나 개념은 논리학에서 도출할 수 있다고 주장했다. 그 후 화이트헤드와 함께 《수학원리》에서 기호논리학과 수학기초론의 획기적 체계를 구축한다. 또한 러셀은 정말로 존재하는 것은 절대적인 것뿐이라고 주장한, 브래들리로 대표되는 헤겔류의 관념론에 반발해 논리적 원자론을 주장했다. 세계와 대응하는 이상언어를 상정하는 러셀에 따르면 복잡한 문장은 원자명제라고 불리는 가장 단순한 문장으로 분석할 수 있고, 그 원자명제는 세계의 최소단위인 원자사실에 대응한다. 이렇게 언어를 논리적으로 분석함으로써 세계와의 대응을 확인하는 사고방식이 논리적 원자론이다.

러셀과 마찬가지로 무어도 《윤리학원리》와 〈관념론 논박〉(모두 1903)으로 시작되는 일련의 저작들을 통해 헤겔류의 관념론을 비판하고, 독자적인 실재론적 철학을 전개한다. 무어는 상식적인 입장을 견지함으로써 객관적 대상이나 외부세계를 인정하고 많은 철학적 문제를 무효라고 선언했다. 무어에게 철학이란 복잡한 문장을 가장 단순하고 알기 쉬운 것으로 만들고, 철학에서 문제가 되는 명제를 밝혀내는 작업이었다.

프레게에게 영향을 받아 케임브리지대학의 러셀 밑에서 논리학의 지식을 습득한 비트겐슈타인은 《논리·철학논고》(1921)에서 철학은 언어비판이라고 주장하고 언어는 세계의 모습이라는 러셀의 논리적 원자론과 같은 생각을 전개했다. 이 시기의 비트겐슈타인에게 의미가 있는 명제란 세계의 모습인 자연과학의 명제뿐이고, 자연을 초월한 신이나 논리, 그리고 종교에 관한 명제는 무의미한 명제일 뿐이었다. 즉 "말할 수 없는 것에 관해서는 침묵해야만 한다"는 것이다.

논리실증주의

마흐, 러셀, 비트겐슈타인 등의 영향을 받은 철학자, 자연과학자들의 그룹은 1920년대 빈에서 과학적 세계를 파악한다는 목표를 내걸고 논리실증주의라고 불리는 운동을 전개했다.

슐릭, 카르납, 노이라트, 라이헨바흐, 파이글 등이 중심이 된 빈학파는 분석철학의 역사 속에서 매우 중요한 역할을 했다. 그들에게 철학이라는 작업은 의미의 분석이지 새로운 사실의 발견이나 세계전체에 대해 설명하는 것이 아니었다. 예를 들어 카르납은 《세계의 논리적 구조》(1928)에서 《수학원리》의 논리분석을 경험적 영역으로까지 확대하고자 했다.

논리실증주의자들은 의미가 있는 명제는 분석명제와 경험적으로 확인할 수 있는 명제 두 가지라고 주장했다. 분석명제는 논리학이나 수학의 명제로서, 사용된 단어만으로 그 명제가 참인지 아닌지가 결정된다.

경험적으로 확인할 수 있는 명제란 감각을 통해 확인할 수 있는 세계에 대한 모든 명제를 뜻한다. 의미의 검증이론에 따르면, 경험에 의한 확인은 과학적인 명제만이 사실에 관한 진정한 언명이며, 형이상학이나 종교, 그리고 윤리에 관한 문장은 사실을 서술한 것이 아니다. 그러나 이러한 검증이론은 포퍼를 비롯한 많은 철학자들에게 비판받았다.

후기 비트겐슈타인

비트겐슈타인도 자신의 《논리·철학논고》에서 논리학을 기반으로 한 언어사상을 부정하고, 최종적으로 《철학적 탐구》(1936~49)로 결실을 맺은 새로운 사상을 전개했다. 이 책에서 그는 일상에서의 단어 사용법에 주목하여 우리의 일상언어를 내재적인 시점에서 정밀하게 고찰하고, 언어의 구체적이고 다양한 모습을 '언어게임'이라는 개념으로 밝혀냈다. 예를 들어 과학자, 시인, 신학자, 혹은 같은 인간이라도 각각의 장면에서 다른 언어게임을 영위하고 있으며, 문장의 의미는 그 문장이 쓰이는 문맥이나 그 문장이 속한 언어게임의 법칙에서 이해되어야만 한다. 비트겐슈타인은 철학이란 단어의 용법이 혼란해지면서 생겨난 다양한 문제를 해결하는 작업이고, 그런 문제를 해결하기 위한 열쇠는 일상언어의 분석이자 언어의 적절한 사용이라고 주장했다. (→ 언어게임)

일상언어학파

1940년대에는 옥스퍼드대학을 중심으로 라일, 오스틴, 스트로슨 등이 활약했다.

라일은 철학이란 잘못된 표현을 논리적으로 보다 정확한 표현으로 만드는 작업이라고 생각했다. 사람은 종종 문법적으로 같은 표현을 사용함으로써 있지도 않던 것을 있었다고 오해한다. 예를 들어 마음과 몸에 대해 같은 표현이 사용된다 해서 마음과 몸이 비슷한 존재인 것은 아니다. 이 경우 사람은 '범주의 오류'를 범하고 있는 것이다.

오스틴은 일상언어를 보는 데에서 출발해 발언하는 것은 그 자체로 무언가를 수행하는 것이라며, 언어행위의 일반이론 즉 발언할 때 사람이 사용하는 다양한 행동을 기술해 하나의 이론을 제창했다.(→ 언어행위이론)

스트로슨은 형식논리와 일상언어의 관계를 분석하고 일상언어는 너무 복잡해 형식논리에서는 적절하게 표현할 수 없다며, 일상의 언어를 분석하기 위해서는 논리학 이외의 다양한 도구가 필요하다고 주장했다.

네오프래그머티스트

미국 하버드대학의 콰인과 굿맨은 빈학파의 영향을 받아 언어에 대한 논리분석과 전통적인 프래그머티즘을 결부시켰다. 그들은 언어와 존재론의 관계에 대한 여러 첨예한 쟁점들을 남겼다.

• 나카무라 노보루

참고문헌

• 루트비히 비트겐슈타인, 《철학적 탐구》, 이영철 옮김, 서광사, 1994.
• 안토니 케니, 《프레게》, 최원배 옮김, 서광사, 2002.
• 조지 로마노스, 《콰인과 분석철학》, 곽강제 옮김, 한국문화사, 2002.
• 칼 M. K. 뮤니츠, 《현대분석철학》, 박영태 옮김, 서광사, 1997.

포스트구조주의
poststructuralisme

&

독일에서 '신구조주의'나 '프랑스파' 등으로 불리기도 하는 포스트 구조주의는 대략 1960년대 후반부터 1980년대에 파리를 중심으로 지식인들 사이에서 전개된 사상동향을 가리킨다. 철학자로는 들뢰즈, 데리다, 푸코, 이리가라이, 리오타르, 비평가로는 바르트, 사회학자로는 보드리야르, 정신분석학자로는 가타리, 크리스테바, 라캉 등이 주도했다.

구조주의와 포스트구조주의는 소쉬르의 '차이'를 중심 개념으로 하는 새로운 기호관에서 출발했다고 할 수 있다. 여기에서는 그러한 관점에 주목하여 포스트구조주의의 위치를 생각하고자 한다.

인식의 퍼스펙티브

환경세계가 나타나는 방식, 즉 세계가 어떤 양상을 보이는가는 환경과 신체의 상호작용 양태에 따라 각 종(種)마다 다르다. 지렁이는 눈이 없지만 빛의 유무를 감지하고 진동이나 음식물에서 나오는 화학물질에 예민하게 반응한다. 다윈처럼(〈지렁이와 흙〉) 지렁이가 '마음'이나 '지성'이 있다고까지 말할 수 있을지는 별도로 하더라도, 거기에 지렁이 고유의 세계가 펼쳐져 있음은 확실할 것이다.

철학적으로 '해석'한다면, 무언가가 존재한다는 것은 존재하는 이(존재자)를 분절화하여 나타나게 하는 작용과 불가분하다. 니체는 이 분절화를 '퍼스펙티브'라고 불렀다. 인간의 경우 특징적인 것은 다른 생물과 마찬가지로 신체적으로 세계에 적응하기 위한 퍼스펙티브를 지니고 있을 뿐만 아니라, 거기에서 파생한 인식의 퍼스펙티브를 획득했다는 점이다. 즉 존재자를 분류하고 '무언가'로 식별하는 능력이다.

이를 통해 인간은 세계 내의 존재자를 자신과 대치하는 '대상'으로서 표상하고 나아가 그것들과 관계맺음으로써, 세계에서 일어나는 '사건' 또한 분류적으로 표상할 수 있게 된다. 분류는 그 존재자(대상이나 사건)가 반복적으로 표상하는 것을 함의하므로, 자연히 거기에는 '지금·여기'라는 지각적 한정을 벗어난 시간적인 차원(회상이나 가능성에 대한 기투)이 들어가 있다. 인간의 심적 표상능력은 시간성에 기반한 개념적 존재자 인식이라는 단계까지 진화한 것이다.

그런데 존재자를 '무언가' 즉 개념으로서 분류하는 것은 그 '무언가'를 식별하기 위한 매개와 짝을 지음으로써 비로소 가능해진다. 이것이 이른바 상징(기호)의 사용이며, '의미하는 것'과 '의미되는 것'의 결합으로서의 언어의 성립이다. 존재자가 분류된 동일성을 갖는 것은 그것을 의미하는 상징이 항상 '똑같은 것'으로서 식별된다는 의미인 것이다.

인간이 음성을 상징으로 선택한 이유로 여러 가지를 생각할 수 있으

〈포스트구조주의〉

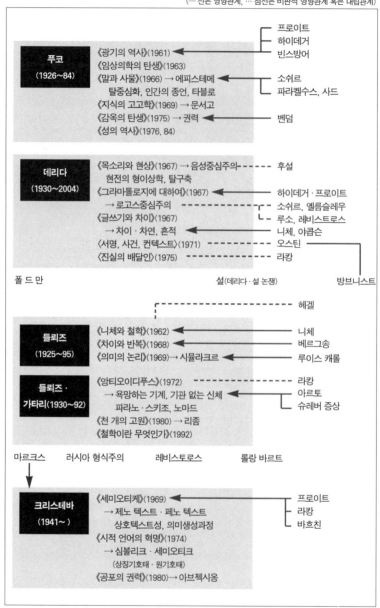

(— 선은 영향관계, … 점선은 비판적 영향관계 혹은 대립관계)

푸코
(1926~84)

《광기의 역사》(1961)
《임상의학의 탄생》(1963)
《말과 사물》(1966) → 에피스테메
　　탈중심화, 인간의 종언, 타블로
《지식의 고고학》(1969) → 문서고
《감옥의 탄생》(1975) → 권력
《성의 역사》(1976, 84)

프로이트
하이데거
빈스방어
소쉬르
파라켈수스, 사드
벤덤

데리다
(1930~2004)

《목소리와 현상》(1967) → 음성중심주의
　　현전의 형이상학, 탈구축
《그라마톨로지에 대하여》(1967)
　　→ 로고스중심주의
《글쓰기와 차이》(1967)
　　→ 차이 · 차연, 흔적
〈서명, 사건, 컨텍스트〉(1971)
〈진실의 배달인〉(1975)

후설
하이데거 · 프로이트
소쉬르, 옐름슬레우
루소, 레비스트로스
니체, 야콥슨
오스틴
라캉

폴 드 만　　　　　　　　　　　　설(데리다 · 설 논쟁)　　　　방브니스트

헤겔

들뢰즈
(1925~95)

《니체와 철학》(1962)
《차이와 반복》(1968)
《의미의 논리》(1969)→ 시뮬라크르

니체
베르그송
루이스 캐롤

**들뢰즈 ·
가타리**(1930~92)

《앙티오이디푸스》(1972)
　　→ 욕망하는 기계, 기관 없는 신체
　　파라노 · 스키조, 노마드
《천 개의 고원》(1980) → 리좀
《철학이란 무엇인가》(1992)

라캉
아르토
슈레버 증상

마르크스　　러시아 형식주의　　레비스트로스　　롤랑 바르트

크리스테바
(1941~)

《세미오티케》(1969)
　　→ 제노 텍스트 · 페노 텍스트
　　상호텍스트성, 의미생성과정
《시적 언어의 혁명》(1974)
　　→ 심볼리크 · 세미오티크
　　(상징기호태 · 원기호태)
《공포의 권력》(1980)→ 아브젝시옹

프로이트
라캉
바흐친

나, 소리는 근거리 공간에서 균질적으로 전파되어 다른 개체들이 '똑같은 것'을 공유하는 데 유리하기 때문에 이미 고도화된 사회성을 배경으로 음성언어가 성립됐음은 분명하다.

언어에 의한 존재자의 표상은 점차 세련되어 신화·종교·과학과 같이 사건을 설명하기 위한 거대한 표상질서가 생겨난다. 그리고 이것들이 생존에 유리하게 작용할수록, 개념화된 존재자의 모습 즉 '의미되는 것'으로서 현전하는 것이야말로 존재자의 본래적인 모습이라고 착각하게 된다.

원래 파생에 불과한 인식의 퍼스펙티브에 매몰되어 언어로서의 존재자 및 언어로 사고하는 스스로의 정신을 물신화하는 인간의 존재양상을 이른바 '로고스=음성중심주의'나 '현전의 형이상학'이라 부를 수 있다.

동일성＝차이라는 근원적인 무근거

그런데 소쉬르는 언어의 본질을 고찰하면서 기호의 동일성은 그것이 여타의 기호와는 다르다는 점에서만 찾을 수 있다는 점, 더욱이 그 동일성＝차이는 그 자체가 무근거한 기호사용의 반복과정에서 매번 확증될 수밖에 없다는 점을 명확히 했다. 무성폐쇄음 p가 식별되는 근거는 그것이 그때그때의 발화 속에서 다른 무성폐쇄음 t, k나 유성폐쇄음 b 등과는 다른 것으로서 반복 사용된다는 '사실'에서만 찾을 수 있다.

마찬가지로 존재자의 개념도 '의미하는 것'에 의거하여 식별되며, 차이와 반복의 사실성에 의해서만 동일한 '무언가'일 수 있다. 로고스중심주의를 근본적으로 되물어 자기동일성의 무근거성을 끝까지 탐구하려는 이러한 태도가 포스트구조주의의 핵심이다.

물론 언어학의 문맥에서 소쉬르의 차이 개념은 기술(記述)상에 나타나는 음운체계의 변별적 특징에 대한 착안으로 계승됐다. 가령 b/p의 차이가 폐쇄음의 '유성/무성(+/—)'의 차이라고 기술할 수 있듯이, 의식되는 현상으로서의 차이는 무의식 수준에서 기능하고 있는 이항대립적인 구조로 환원할 수 있다.

소쉬르의 차이론이 기호작용 일반에 타당하다면, 현상을 구조에 의해 기술하는 이 전략은 언어에 그치지 않고 신화·경제활동·무의식 그 자체 등 인간의 온갖 상징조작에 적용할 수 있을 것이다. 이것이 야콥슨을 거쳐 레비스트로스, 라캉, 알튀세르 등으로 이어진 구조주의의 사고방식이다. 물론 이런 종류의 논의는 소쉬르의 근원적인 통찰을 왜소화했다고도 할 수 있다. 왜냐하면 차이를 구조로 환원하는 것은 현상적인 인간경험을 넘어선 무의식적인 차원이라고는 하나 구조라는 이름의 새로운 동일적 주체를 재건하는 것과 다름없기 때문이다.

이렇게 의식에 이데아적으로 현전하는 표상, 텍스트에 위임된 일의적인 의미, 근대의 진보를 담당해온 이성 및 자율적 주체, 사회나 역사를 전체로서 통제하는 제도나 법 등, 모든 차원에서 이야기되는 존재자의 동일적인 현전에 대해 지칠 줄 모르고 계속해서 의심을 제기하는 것이 다음에 오는 포스트구조주의의 근본 전략이다. 게다가 그것은 다른 형태의 사상체계를 제시하기보다는 의미, 주체, 법을 설정하려는 텍스트를 재해석하고, 텍스트 자체에 규범적인 동일성을 자기해체하는 계기가 포함되어 있으며, 동일성의 수립이 그 유일한 근거인 차이를 억압하고 은폐함으로써만 가능하다는 것을 계속해서 폭로하는 내재적 비판을 전개한다.

사실 데리다가 고전적 텍스트의 탈구축적 독해를 반복하고, 크리스테바가 상징적 질서를 무너뜨리는 '기호적인 것'의 역동성에 주목하며, 푸코가 '담론'의 시스템을 관류하는 '권력'을 문제삼듯이, 포스트구조주의가 대상으로 삼는 것은 오로지 텍스트이며 기호이다.

그것은 포스트구조주의의 사상적 기원이 소쉬르에 있고, 차이라는 근원적인 무근거 위에 인간의 상징 행동이 어떻게 편성되어가는지에 대해 각각의 사상가들이 공통된 관심을 가지고 있었음을 보여준다. (→ 구조주의, 차이 · 차연, 상징)

• 모리모토 고이치

참고문헌

• 롤랑 바르트, 《텍스트의 즐거움》, 김희영 옮김, 동문선, 1997.
• 미셸 푸코, 《감시와 처벌》, 오생근 옮김, 나남출판, 2003.
• _____, 《말과 사물》, 이광래 옮김, 민음사, 1997.
• 자크 데리다, 《글쓰기와 차이》, 남수인 옮김, 동문선, 2001.
• 줄리아 크리스테바, 《시적 언어의 혁명》, 김인환 옮김, 동문선, 2000.

포스트모던

postmoderne

포스트모던 혹은 포스트모더니즘은 주로 20세기 후반의 예술이나 사회의 양상을 논하기 위해 다양한 문맥에서 쓰이는 용어이다. 통일된 정의는 없지만, 주요 문맥은 보통 다음의 세 가지이다. 첫 번째는 예술 분야에서, 20세기 전반의 '모더니즘'에 대한 응답으로 전개된 20세기 후반의 문학·미술·건축 등을 일컫는다. 이러한 장르들이 특히 주목받는 것은 각각의 분야에서 '모더니즘'이 비교적 확실한 윤곽을 갖고 있기 때문이다. 두 번째는 제2차 세계대전 후에 출현한 사회나 경제의 새로운 양태를 의미하는 경우이다. 이 경우도 20세기 전반에 발전한 산업기술이나 대중문화에 비해 한층 진전되고 고도화한 새로운 단계를 지시하는 것으로 포스트모던 혹은 포스트모더니즘이라는 말이 사용된다. 세 번째는 첫 번째, 두 번째를 대상으로 한 이론적 고찰 그 자체를 지칭하는 경우인데, 좁은 의미로는 장 프랑수아 리오타르(《포스트모던의 조건》, 1979)로 대표되는 사상을 의미한다.

예술에서 모더니즘은 큐비즘 이후의 회화나 프루스트, 조이스 등의 20세기 문학이 그러하듯, 양식에 관한 강한 자의식을 지니고 예술의 고유성·자립성을 강조한다. 한편 포스트모더니즘 문학의 대표자 중 하나인 존 바스가 문학의 가능성은 이미 소진됐고 이제는 그것을 접목하거나 보완해가는 것이야말로 중요하다고 지적하듯이(《금요일의 책》), 포스트모더니즘적인 예술형식의 주요한 특징은 인용·반복·패러디·잡종성(hybrid) 등의 메타적인 '비틀기' 속에서 확인할 수 있다. '이야기'의 구조를 집약시킨 메타픽션은 서사의 자기완결성에 대한 아이러니가 되고, 우연적인 요소의 도입(예컨대 퍼포먼스)은 자각적인 창작주체에 의한 작품의 통제라는 신화에 의문을 던진다. 인종적(ethnic)이거나 소수적인 것에 대한 정치적 관심은 주류예술이 무의식적으로 보호해온 유럽적 순혈성을 상대화한다. 애당초 근대문학을 대표하는 장르인 '소설'이 원래 아이러니나 패러디를 본질로 하는 것이었음을 생각하면, 포스트모더니즘의 잡종성도 새로운 시대양식이라기보다 근대 안에 원래 있던 가능성을 자각적으로 재발견한 것이라고 생각해야 할지도 모른다.

사회생활 특히 경제활동에 관한 19세기적인 모델에서는 생산력과 생산관계야말로 가치나 욕구를 결정짓는 중요한 요인이었다. 사물의 가치는 노동에 의해 산출되고, 자본의 소유 여부에 따라 '계급'에 근거한 사회적 인간관계도 결정된다. 자본과 기술을 집중적으로 투입한 동일 제품의 대량생산이야말로 경제발전의 모범이고, 거기서 산출된 특정 상품(자동차나 가전제품 등)을 소유하는 것이 모던한 풍요로움의 상징이라고 소비자들도 받아들여왔다. 그러나 이러한 상황은 특히 정보기술의 발전과 함께 크게 변화했다. 오늘날에는 광고미디어나 마케팅에 의해 개척되는 소비에 대한 욕망이야말로 경제를 움직이고 있는 것처럼 보인다. 고도의 정보시스템을 통해 전해지는 사물에 관한 표상은 공간적으로도 시간적으로도 점점 더 빨리 차이화된다. 즉 욕망의 대상으로서 상품은 한없이 다품종화하며, 상품의 수명은 점점 짧아지는 것이다. 포스트모던 사회에서는 사물 자체의 기능이나 가치가 표상화되는 것이 아니라 역으로 조작된 표상이 사물의 실제성 자체를 낳는다. 그 실제성이 모든 것을 지폐로 환산하는 경제적 공간에서만 의미를 지닌다 할지라도, 정보의 공유와 섬세한 차이화에 의해서만 스스로의 아이덴티티를 확인할 수 있게 된 소비자들은 지나치게 복잡해진 표상과 유희를 계속하는 것 이외에는 사물과 만날 길이 없다.

표층적인 소비문화만이 문제는 아니다. 소비의 변화는 생산양식의 변화를 재촉한다. 이제 포드형의 집중적인 대량생산은 시대에 뒤떨어졌고, 어지러운 수요 변동에 즉시 적응할 수 있는 유연한 생산시스템이 요구된다. 산업구조 자체가 정보 분야를 중심으로 재편성되어 자본이나 상품뿐만 아니라 사람의 유동성도 증가한다. 통신이나 물류기구의 발전은 경제활동의 공간적 제약을 없애고 국가 간 분업과 같은 종래의 관계를 쉽게 재편성한다. 국가라는 전통적인 정치적 단위가 갖는 통합력은 약화되고 지역 간 네트워크나 초국가적 틀로의 이행이 촉구된다. 그러나 여기서도 다소의 거리를 두고 보면 노동자의 권리보장이라는 '모던'한 합의가 IT혁명을 향한 구조조정이라는 화려한 기치 아래 종잇조각이 되거나, 국민의 반수가 문맹이라는 '전근대'적 상황과 첨단정보산업이 병존하는(인도) 식의 균열된 풍경도 나타난다. 정보화와 글로벌화에 의한 포스트모던 사회로의 전환이야말로 유일하게 가능한 미래라고 선전될 때, 사실 그것은 이미 근대를 움직여온 '거대서사'의 한 변종으로 전락하고 있는 것이다.

포스트모던 사상을 대표하는 리오타르가 비판한 것은 바로 이러한 '거대서사'였다. 그것은 "이성과 자유의 점진적인 해방, 노동(자본주의에서 소외된 가치의 원천)의 점진적 혹은 파국적인 해방, 자본주의 기술과학의 진보에 의해 인류 전체가 풍요로워지는 것"(《아이들에게 들려주는 포스트모던》) 등을 초월적인 시점에서 이야기하는 '메타서사'이다. 진보와 인간의 해방을 향한 하나의 방향이 있고, 그것에 참여함으로써 스스로의 행동이 정당화된다고 믿는 태도를 리오타르는 엄중하게 지탄한다. 역사 전체를 통괄하는 이념에 이끌리는 사고는 이제 완전히 파탄에 이르렀다. 계몽주의의 귀결인 아우슈비츠가 가장 분명한 증거이다. '전체화'적인 사고에 대항하기 위해 우리가 택할 수 있는 것은 바로 이질적인 담론이 서로 부딪치고 그러한 항쟁 속에서 예측하지 못한 잠정적 합의가 새롭게 도출되는 국지적이고 '작은' 정당성의 형성이다.

사건 전체의 합리적 인식이라는 점에서도 또 합의형성이나 장래예측이라는 점에서도 인간의 능력은 너무나 분명한 한계를 가지고 있다. 즉 우리는 근대가 꿈꾸어왔던 만큼 이성적이지도 유능하지도 않았던 것이다. 평등한 풍요로움을 약속한다고 했던 계획경제체제가 얼마나 비인간적인 것이었는지, 또 환경이나 생명에 대한 배려와 경제적 기술적 욕망의 균형을 잡는 것이 얼마나 어려운 일이었는지를 돌아보면, 인류는 아직 공동체의 미래를 합리적으로 설계할 능력이 없음을 잘 알 수 있다.

오히려 중요한 것은 개별 상황 속에서 유한한 자원과 능력의 활용법을 찾아내는 것이다. 물론 네트워크 사회에서는 미분화된 개별 능력이나 의견을 전체화하지 않으면서도 접합하고 집약할 가능성이 열려 있다. 그것은 모던한 전체화에 대해 개개의 제한 없는 접합을 부각시키는 포스트모던의 상징인 것처럼 보이기도 한다. 그러나 앞에서 서술했듯이 정보화·글로벌화가 피하기 어려운 커다란 흐름이 되면 될수록 그것은 인간의 전능성과 자연 및 사회에 대한 전체적 지배를 꿈꾸던 근대와 매우 유사해진다.

분명히 포스트모던의 가치는 부단히 근대로 회귀하고자 하는 스스로의 본성을 어디까지 상대화할 수 있을지 여부에 달려 있다.

• 모리모토 고이치

참고문헌

• 장 보드리야르, 《시뮬라시옹》, 하태환 옮김, 민음사, 2001.
• 장 프랑수아 리오타르, 《포스트모던의 조건》, 이삼출 옮김, 민음사, 1992.

마르크스주의

Marxismus

1980년대 말부터 고르바초프를 중심으로 시작된 페레스트로이카는 1991년에 마침내 소련의 해체와 동유럽혁명을 야기하고, 사회주의적 국가체제의 종언을 고하게 했다. 그 결과 공산주의사회라는 유토피아를 시도한 20세기 최대의 실험은 참혹한 실패로 끝났다. 그러나 이 실험을 지탱한 마르크스주의만큼 20세기 사상운동이나 정치운동에 결정적 영향을 끼쳤던 사상은 없다. 그렇다면 마르크스주의를 '마르크스사상의 이름 아래 전개된 사상과 운동'이라고 해석하고 다시 한번 탐구하는 작업이 필요할 것이다.

사회민주주의적 마르크스주의

마르크스의 죽음 이후 그의 학설은 노동운동의 이데올로기로서도, 아카데믹한 이론으로서도 지지받으며 유럽에서 다양한 조류를 낳았다. 그 중에 주류는 독일 사회민주당이다. 베른슈타인으로 대표되는 독일 사회민주당의 특징은 경제적 결정론이나 폭력혁명에 대한 거부에 있다. 그들에 의하면 경제적인 생산양식(하부구조)이 사회나 문화의 존재방식(상부구조)을 결정하며, 고도로 발전된 자본주의는 필연적으로 사회주의로 이행한다. 따라서 사회변혁을 위한 폭력혁명은 필요하지 않으며, 의회제 민주주의라는 평화적 수단으로 권력을 탈취할 수 있다.

막스 아들러나 오토 바우어와 같은 오스트리아 마르크스주의자들도 사람들을 사회주의운동에 헌신하게 할 때 폭력이 아니라 도덕적인 기초가 필요하다며 칸트윤리학과 마르크스사상을 통일하려 했다.

러시아 마르크스주의

그러던 중 새로운 마르크스주의 세력이 러시아에 등장했다. 러시아 마르크스주의자들은 이전부터 독자적인 이론활동을 전개해왔다. 보그다노프와 바자로프는 마르크스를 에른스트 마흐의 《경험비판론》에 근거해 기초짓고, 마르크스사상에서 무용한 형이상학적 개념을 제거하고자 했다.

그러나 제1차 세계대전과 러시아혁명이 발발하면서 레닌, 플레하노프, 트로츠키 등의 볼셰비키가 세계 마르크스주의운동을 지도하게 된다. 레닌은 《자본의 최고단계로서의 제국주의》(1917)에서 자본주의의 착취는 식민지나 후진국 등 '쇠사슬의 약한 고리'에서 첨예화되기 때문에 폭력혁명은 불가피하며 제국주의와의 혁명전쟁에서 승리하기 위해 공산당으로의 권력집중이 불가피하다고 주장했다. 그러나 프롤레타리아 독재에 이르기까지 원래는 일시적인 조치여야 했을 공산당 독재가 스탈린 아래에서 영속화되어 전체주의국가를 낳고 말았다.

서구형 마르크스주의

처음에 러시아혁명을 열광적으로 환영한 서구 지식인들은 러시아 마르크스주의가 교조화되고 전체주의화되자 새로운 마르크스주의의 가능성을 모색하기 시작했다.

(1) 주체주의적 마르크스주의

게오르크 루카치와 카를 코르슈는 '주체성'의 개념을 강조하고, 프롤레타리아트의 '계급의식'과 혁명적 실천의 의의를 철학적으로 기초 짓기 위해 노력했다. 특히 루카치는 헤겔의 전체성 개념에 주목해 이상적인 미래사회를 향한 프롤레타리아트의 혁명적 실천만이 '생의 전체성'을 회복할 수 있다고 주장했다. 《역사와 계급의식》(1923)은 그의 대표작이다.

또한 이탈리아 공산주의자 그람시도 마르크스주의를 '실천의 철학'이라고 이해했다. 그에 따르면 인간생활을 지배하는 객관적 자연법칙 따위는 없으며, 사회적 투쟁을 결정하는 것은 노동자계급의 조직적 의사이며 정신적 성숙이다. 그리고 그는 이러한 성숙에 공헌하고 그것을 이론적으로 표현하는 지식인의 주체적인 역할을 높게 평가했다.

(2) 프랑크푸르트학파의 마르크스주의

호르크하이머와 아도르노를 중심으로 한 프랑크푸르트학파의 가장 중요한 물음은 마르크스주의가 왜 파시즘과 반유대주의를 막지 못했는가이다. 이 대목에서 그들은 프롬의 지도 아래 마르크스주의와 프로이트의 정신분석을 종합하여 무의식적으로 권위에 복종하려는 성격유형, 즉 '권위주의적 퍼스낼리티'를 밝혀낸다.

이러한 권위 개념은 미국의 대중문화비판에도 적용된다. 이미 문화는 '문화산업'이 되어 단지 상품을 수동적으로 소비할 뿐인 일차원적 인간을 생산하고 있으며, 따라서 권위주의적 퍼스낼리티의 온상이 된다고 비판한다.

호르크하이머와 아도르노는 공저 《계몽의 변증법》(1947)에 이르러 마르크스주의의 본질을 역사적 '주체'의 실천에 의한 인간해방으로 보는 그때까지의 사고방식을 거부한다. 계몽이 인간을 '주체'로서 확립하는 과정은 자연을 '객체'로 떨어뜨리고 '인간에 의한 자연의 지배'를 확립하는 과정이기도 하며, 이러한 자연지배는 '인간의 인간에 의한 지배'로 전화한다고 말하는 것이다. 얄궂게도 혁명적 실천에 대한 거부를 담고 있는 《계몽의 변증법》은 마르쿠제의 《에로스와 문명》, 《일차원적 인간》과 함께 1960년대 신좌파운동의 바이블이 됐다. (→ 프랑크푸르트학파)

(3) 실존주의적 마르크스주의

실존주의적 마르크스주의는 1930년대에 시작된 마르크스의 《경제학·철학초고》나 《독일이데올로기》 같은 초기 저작의 간행에 힘입었다. 청년 마르크스가 자본주의에서 '소외'된 인간 본질의 정신적 해방을 지향했던 점이 분명해졌기 때문이다. 마르쿠제는 이 초고를 재빨리 활용해 마르크스에 대한 인간주의적 해석을 전개했다.

프랑스에서도 마르크스주의는 알렉상드르 코제브의 헤겔 연구를 통해 실존주의와 결합했다. 특히 무신론적 실존주의의 제창자인 사르트르는 제2차 세계대전 직후부터 공산주의에 호의적이었으며, 결국 《변증법적 이성비판》(1960)에서는 실존주의를 마르크스주의의 보완물로 삼기에 이른다. 사르트르는 인간의 주체적 실천윤리인 '구성하는 변증법'에서 출발해 역사적 유물론의 원리를 재구성하고, 그것으로 인간을

〈마르크스주의의 전개〉

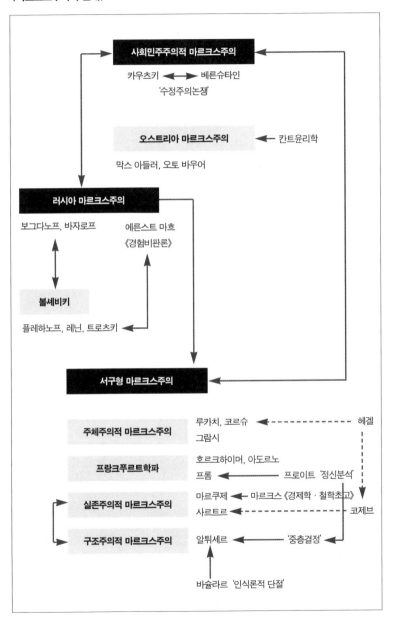

그 전체성에서 포착하는 '구성적 역사적 인간학'을 구축했다. (→ 실존주의)

(4) 구조주의적 마르크스주의

이에 반해 알튀세르에게 마르크스주의는 인간적 요소와는 무관한 '객관적 과학'이다. 그래서 그는 마르크스 연구가 이제까지 끌어들인 협잡물을 제거하고 마르크스의 텍스트를 텍스트 자체의 구조에 따라 독해할 것을 제안한다. 이러한 독해를 통해 초기 마르크스 사상이 결국은 인간중심주의와 역사주의였으며, 소외론은 형이상학적 이데올로기에 불과하다는 점을 밝혀낸다. 그러나 마르크스는 '인식론적 단절'을 통해 이것을 극복해 후기 사상에서 경제적 구조의 과학적 인식을 확립한다. 그리하여 마르크스는 사회와 역사를 경제·정치·이데올로기라는 다양한 구조가 각각 관계하고 있는 전체로서, 즉 '중층결정'의 시스템으로서 파악할 수 있었다. 알튀세르의 주저로는 《자본론을 읽는다》,《마르크스를 위하여》(모두 1965년) 등이 있다. (→ 인식론적 단절, 중층결정)

마르크스주의의 현대적 과제

미·소 냉전체제의 붕괴와 함께 1990년대에 크게 문제가 된 것은 내셔널리즘, 그리고 민족 간의 대립이다. 마르크스주의는 이제까지 민족의 존재를 자본주의적 근대화를 방해하는 것이라며 등한시해왔다. 그러나 마르크스주의가 여전히 유효한지의 여부는 민족문제에 답할 수 있는지에 달려 있다. 현재 오스트리아 마르크스주의자인 오토 바우어나 로자 룩셈부르크의 사상이 재평가되는 까닭은 이러한 노력의 발로이다. 그들은 모두 다민족국가에서 태어나 마르크스주의의 입장에서

'민족'문제에 대처해야만 했기 때문이다.

　나아가 대량소비사회와 대중문화의 급속한 보급은 이미 마르크스의 '계급' 개념을 무효화시키고 있는 것처럼 보인다. 이러한 상황 속에서 '사회적 저항'은 어떻게 가능할까. 이와 관련한 한 가지 사례로, 1960년대에 영국의 좌파 마르크스주의자들이 시작한 문화연구가 활발히 전개되고 있다. (→ 문화연구)

• 무라오카 신이치

참고문헌

• 데이비드 맥렐런, 《마르크스주의 논쟁사》, 안택원 옮김, 인간사랑, 1994.
• 에드먼드 윌슨, 《핀란드 역까지》, 김정민·정승진 옮김, 실천문학사, 1987.
• 에티엔 발리바르 외, 《맑스주의의 역사》, 윤소영 옮김, 민맥, 1992.
• 이용필, 《유럽 마르크스주의의 전개》, 서울대학교출판부, 1997.
• 크리스 하먼, 《쉽게 읽는 마르크스주의》, 배규식 옮김, 북막스, 2001.
• 페리 앤더슨, 《서구 마르크스주의 읽기》, 이현 옮김, 이매진, 2003.
• 프레드릭 제임슨, 《후기 마르크스주의》, 김유동 옮김, 한길사, 2000.
• 한국철학사상연구회, 《현대사회와 마르크스주의 철학》, 동녘, 1996.

사상의 키워드

안티휴머니즘
antihumanism

안티휴머니즘이란 근대 이후의 휴머니즘(인간중심주의)이 현대 유럽의 사상을 막다른 곳으로 몰아넣었다고 고발하고, 그런 휴머니즘을 극복하고자 하는 입장이다. 다만 이 경우 '인간'이란 세계를 대상화하여 능동적으로 구성하는 '자아' 또는 '주관(주체)'이라고 이해되는 '인간'이다. 이런 입장은 1960년대 이래 프랑스 구조주의에서 공공연하게 주장됐으며, 하이데거의 사르트르 비판에 이미 나타나 있다.

하이데거는 《휴머니즘에 관하여》(1947)에서 사르트르의 강연인 〈실존주의는 휴머니즘이다〉(1945)에 이의를 제기했다. 이 강연에서 사르트르는 "실존은 본질에 앞선다"를 기본 테제로 내세우고, 인간의 주체성에 근거해 우리들은 이 세계를 자유롭게 형성할 수 있다고 주장했다. 또 이러한 입장을 '실존주의적 휴머니즘'이라고 부르며 자신이 하이데거와 동일한 입장이라고 밝혔다. 그러나 정작 하이데거는 이를 거부하고 자신의 입장을 안티휴머니즘이라고 표명했다.

　하이데거는 종래의 휴머니즘이 인간에 대한 어떤 특정한 정의('언어를 가진 동물'→'이성적 동물')를 기초로 삼은 것이며, 더구나 이러한 정의는 '존재'를 망각한 플라톤 이후의 '형이상학'이 지탱하고 있다고 생각했다. 우리는 '형이상학'을 극복하고 근대적인 의미에서의 '인간(주관)'으로부터 벗어나 '존재'와의 본래 관계로 돌아가야만 한다. 그때 '언어'란 더 이상 '인간'의 소유물로 간주되지 않을 것이며, 오히려 '언어'를 통해 '존재' 자체가 드러나게 될 것이다.

　전후 혼란기를 풍미한 사르트르의 '실존주의적 휴머니즘'은 그 뒤 동서냉전시대에 점차 자유주의진영의 이데올로기와 섞이며 사상으로서의 신선함을 잃었다. 이에 반해 하이데거의 안티휴머니즘은 서서히 주목받았다. 1960년대에 들어서자 이러한 입장에 영향 받은 구조주의가 새로운 사조로 등장한다. 인간의 주체성에 앞서 있는 언어적이고 무의식적인 사회구조를 연구하는 구조주의는 인간의 주체성을 강조하는 실존주의적 휴머니즘과 주체성을 근거로 역사적 변혁을 추구하는 서구 마르크스주의에 대한 강렬한 안티테제이기도 하다.

　푸코는 인간과학이 대상으로 삼는 '인간'이라는 것은 대체로 18세기 말부터 19세기 초에 만들어진 "완전히 최근의 피조물"에 불과하며, 근대라는 특정한 시대의 '에피스테메' 속에서만 출현할 수 있었다고 주장한다. 따라서 구조주의와 함께 기존 인간과학의 틀이 붕괴해가는 현재, 근대적 의미의 '인간(주체)'도 소멸할 것이므로 '인간'은 '종언'을 눈앞에 두고 있는 것이다.(《말과 사물》 참조) 휴머니즘운동과 그 운동이 제기한 문제는 모든 앎의 주체이자 객체인 '인간'이라는 형상이 성립한 19세기 말에야 비로소 가능했다. 따라서 '인간'이 소멸하려는 지금, 기존의 '휴머니즘'을 재평가하고 그로부터 벗어날 필요가 있다.

《말과 사물》 마지막 장에서 고발된 '인간의 종언'은 커다란 반향을 불러일으켰고, 일종의 슬로건이 되기도 했다. 이를 계기로 실존주의와 구조주의 사이에 마르크스주의까지 얽혀 격렬한 논쟁이 벌어졌다. 사르트르로 대표되는 구조주의 반대론자들은 현존하는 공시적 구조를 해명한다는 구조주의 방식의 장점을 인정하지만, 이러한 방식으로는 구조가 어떻게 역사적으로 변화하는지를 문제삼을 수 없다고 지적한다. 따라서 현존 질서를 유지하는 이데올로기가 되기 쉽다고 단언하면서 그들은 어디까지나 인간 주체성의 입장을 수호하려고 했다. 그러나 구조주의 이후 인간의 자유로운 주체성에 근거한 역사적 실천을 소박하게 믿을 수는 없다는 점이 분명해졌다. 그 후 포스트구조주의는 유럽 철학의 기존 틀이나 근대적 의미에서의 '주관(주체)'을 보다 철저하게 비판하고 상대화하여 '해체(탈구축)'하는 방향으로 나아갔다. 그러나 포스트구조주의조차 과거가 되어버린 지금, 인간의 주체성을 어떻게 구해낼 것인지는 다시금 중요한 질문이 됐다. (→ 실존주의, 구조주의, 포스트구조주의)

• 히라타 히로유키

참고문헌

• 루이 알튀세르, 《자본론을 읽는다》, 김진엽 옮김, 두레, 1991.
• 마르틴 하이데거, 〈휴머니즘에 관하여〉, 《철학이란 무엇인가 외》, 최동희 외 옮김, 삼성출판사, 1990.
• 미셸 푸코, 《말과 사물》, 이광래 옮김, 민음사, 1986.

일리아

il y a

일리아는 특히 전후 시기에 발표된 레비나스의 논저에 나타난 사고이다. 그는 제2차 세계대전 때 유대계 귀화 프랑스인으로서 종군하다가 나치 독일의 포로수용소에 갇혔다. 그 때문에 독일군이 리투아니아를 침공했을 때 그는 목숨을 건졌지만 카우나스(레비나스의 고향)에 남은 친지와 친구 대부분은 학살됐다. 그 경험이 일리아라는 사고에 일정 부분 반영되어 있다고 여겨진다.

그것은 한마디로 말해 세계가 '존재하는(il y a)' 것, 존재가 존재한다는 것의 꺼림칙한 불길함, 살아남아 '존재하는' 자(레비나스 자신)의 눈에 비친 세계의 결정적인 무의미함이다. 무수한 죽음 뒤에도 세계는 여전히 그저 '존재한다.' 동포들을 문자 그대로 '말살'하려 한 아우슈비츠 소각로의 연기가 가시지 않았는데도 여전히 세계는 존재한다. 모든 의미를 박탈당한 듯이 보이는 그런 세계의 광경을 그려내고자 한 용어가 전후에 공표된 레비나스의 논저에서의 '일리아(il y a)'인 것이다.

하이데거의 'es gibt', 혹은 존재의 증여

일리아란 프랑스어로 '~가 있다'는 의미의 관용표현이다. 따라서 일리아(il y a)의 어형은 하이데거의 Es gibt(에스 깁트. 존재한다)를 연상시킨다. 레비나스는 자신의 일리아가 하이데거의 es gibt와는 관련이 없다고 주장하지만 세계를 대하는 기본적인 경험의 차이를 뚜렷하게 하기 위해서라도 먼저 하이데거가 말하는 es gibt부터 생각해볼 필요가 있다.

하이데거는 전후 장 보프레에게 보낸 편지 형식의 소론에서 'es gibt'라는 독일어의 특이성, 존재론적 사고를 할 때의 탁월한 점에 대해 이야기하고 있다. '존재'는 '존재자'가 아니다. 존재하는 개개의 사물과 그것들이 존재한다는 것 그 자체는 다르다(존재와 존재자의 '존재론적 차이'). 존재자는 존재한다. 그러나 존재 자체는 존재자가 존재하는 방식으로 존재하는 것이 아니다. 따라서 '존재가 존재한다'라는 표현은 피해야만 한다. 존재하는 것은 존재자이지 존재는 아니기 때문이다. 오히려 이렇게 말해야만 한다. "'그것'이 존재를 부여한다(Es gibt das Sein.)."(《휴머니즘에 관하여》)

Es gibt란 독일어로 '~가 있다'를 나타내는 정형표현이다. Es는 중성명사이지만 여기서는 비인칭이고, geben은 '주다'라는 타동사이지만 일상적으로는 그저 'Es gibt'라는 정형구로서 쓰일 뿐 특별히 그 함의가 의식되는 경우는 없다. 그러나 의미를 분명히 하기 위해 굳이 직역하자면 '그것이(es) 주는(gibt)' 것이다. 존재란 이렇게 하나의 증여가 된다.

여기에는 확실히 존재의 감사함, 존재자가 존재한다는 사실 자체에 대해 경이로워하는 감각이 있다. 긴 전쟁에 지칠 대로 지쳐 고향으로 돌아온 귀환병에 가까운 존재감각. 속된 말로 하자면, 나라가 망해도 산천은 '존재한다.' 마침내 도착한 고향에는 하늘의 푸르름이 '존재한다.' 간신히 전화를 피해 기적처럼 재회한 친구와 가족이 '존재한다.' 사람은 이렇게 존재 그 자체에 놀란다. 혹은 놀랄 수 있다. 존재의 환희, 존재한다는 신비와 대면할 수 있다. 존재자의 존재란 더할 나위 없이 드문 증여인 것이다.

레비나스의 '일리아', 혹은 의미의 박탈

그러나 전쟁이 끝나고 전쟁터에서 귀환한 사람들 사이에는 다른 존재감각이 생겨나기도 한다. '존재하는' 것의 환희, 존재한다는 것에 대한 경이에 맞부딪히는 것이 아니라, 오히려 '존재하는' 것의 의문에 사로잡히는 감각이 있었던 것이다. 전부 변해버렸는데 왜 세계는 여전히 '존재하는'가. 가까운 사람이 모두 사라져버렸는데 왜 세계는 존재할 수 있는가. 그렇다면 존재는 '증여'이기는커녕 오히려 각박하고 결정적인 '박탈', 의미의 철저한 박탈이 아닐까. 중심을 잃고 모든 의미가 벗겨진 세계가 아직도 존재한다. 아무 일도 없었던 듯이 존재를 지속한다. 그때 단순히 '존재한다(il y a)'는 것은 끝을 알 수 없는 공포이지 않은가.

레비나스에게 전후의 경험은 무엇보다도 그런 공포의 경험이었다. 수용소에서 해방되어 옛 주거지로 돌아간 레비나스는 아마 가까운 사람들의 결정적인 부재를 차례로 알게 됐을 것이다. 아우슈비츠에서 동포들이 '말살'된 일도 들어서 알고 있었다. 세계에는 무수한 구멍이 패였다. 가까웠던 사람들의 부재, 동포들의 횡사로 무수한 구멍이 패였을 터이다. 그럼에도 불구하고 세계는 여전히 '존재하고', 생존자들에게는 곧 '일상'이 찾아온다. 살아남은 자는 역시 삶을 이어가야만 하기 때문이다. 이전에 죽은 자가 차지하고 있던 장소를 곧 산 자가 메워간다. 상(喪)이 끝나면 하루하루 삶이 재개된다. 죽은 자의 부재라는 결정적인 무(無)조차도 이렇게 존재 속에 섞여들어간다.

어쩐지 한없이 공포스럽지 않은가. 죽음은 세계에 공허를 만들고, 세계는 셀 수 없는 무(無)를 끌어안는다. 그러나 단지 '존재한다'는 것, 일리아의 웅성거림이 곧 그 공허마저도 채우고 만다. 레비나스가 만년에 발표한 저작에 따르면 "지금 막 죽은 자에 의해 남겨진 빈 장소"조차 "지원자의 웅성거림으로 가득 찬다." 이렇게 항상 "존재의 부정이 남긴 공허를 '존재한다'가 메우고 마는 것이다."(《존재 너머로》)

수많은 죽은 자조차 결국은 세계에 구멍을 낼 수 없다. 가깝던 사람들의 죽음을 품은 세계의 공동(空洞), 부재의 무(無)도 얼마 안 가 '존재하는' 것, 일리아로 메워진다. 그렇다면 '무'가 불안의 대상이 되거나 공포를 불러일으키는 것이 아니다. '존재한다'는 것이, 일리아가 끝없는 공포의 대상이 된다. 죽음조차도 집어삼키는, 죽음조차 거기에서 무의미해지는, 어떤 의미에서는 불사(不死)인, 존재가 존재하는 것 자체가 '재앙'인 것이다. 존재는 이렇게 선도 은총도 경이도 아닌 하나의 악이 된다.

일리아의 밤, 혹은 침묵의 웅성거림

레비나스는 다음과 같이 썼다.

"모든 사물, 존재, 사람들이 무(無)로 돌아갔다고 상상해보자. 그러면 우리는 순수한 무를 만나는가. 상상 가운데서 모든 사물을 파괴해보자. 그러면 그 뒤에 무엇이 남는가. 남는 것은 어떤 것, 어떤 사물이아니라 단순히 '있다(il y a)'라는 사실뿐이다. 모든 사물의 부재는 하나의 현존으로 돌아간다. 모든 것이 무너진 장소로, 대기의 밀도로, 텅 빈의 가득 참으로, 침묵의 중얼거림으로 돌아가는 것이다. (중략) 있다는 '비가 내린다(il pleut)', '날씨가 덥다(il fait chaud)'고 말할 때처럼 그렇게 비인칭적이다."(《시간과 타자》)

'존재한다'는 것에는 용서가 없다. 일리아란 각박함이다. 그러나 그렇다면 그런 '존재한다'는 것에 대한 경험은 구체적으로 어떤 것일 수 있을까.

모두 사라져버려도 여전히 그저 '존재한다.' 레비나스는 말한다. 일리아의 (경험 아닌) 경험은 등불 하나 없는 한밤중 어둠의 경험과 닮아 있다고. 어둠을 바라보며 희미한 소리에 귀를 기울이려 해도, 아무것도 보이지 않고 아무것도 들리지 않는다. 그럼에도 불구하고 마치 공허가 무언가로 채워지고 침묵 자체가 웅성거리는 듯이 느껴진다. 그 침묵의 웅성거림이 내게 잠드는 것을 허락하지 않는다. 그러나 그런 불면 속에서 나의 의식이 오히려 점차 어둠 자체에 스미는 것을 느낀다. 내 몸의 윤곽조차 어둠 속에서 흐릿해지고 의식은 투명하게 맑아지면서, 투명한 채 오히려 어둠과 서로 섞여간다. 그러므로 '내'가 일어나는 일은 더 이상 없다. "깨어나는 것은 밤 자신이다. '그것'이 각성하고 있다." "이 이름 없는 깨어남 속에서 나는 존재에 남아 있지 않고 바래 있다."(《존재에서 존재자로》) 그것은 공포의 한 가지 경험이리라. 그것 자체의 의미가 박탈된 불면, 무엇을 위해서도 아닌 그저 잠을 금지당한 의식이 일리아의 공포에 갇혀 있는 것이다. 이런 형태로 "'존재한다'는 것이 문득 피부에 닿는 것, 그것이 공포이다."(같은 책)

밤의 어둠이 고요 속에서 여전히 웅성거리는 것은 어둠이 무수한 죽은 자들을 품고 있으면서도, 그 무수한 죽은 자들을 은폐하고 있기 때문임에 틀림없다. 내가 때로 불면의 밤을 경험하는 것도 죽은 자들이 날이 밝지 않은 어둠에 깨어 있기 때문임에 틀림없다. 소리를 빼앗긴 자들이 소리가 되지 않는 소리로 계속 웅성거리고 있기 때문임에 틀림없다. 그렇다면 가차없이 '존재한다'는 경험은 이미 사라져 부재하게 된 자들, 죽은 자들에 대한 '나'의 '책임'을 이야기하기 시작하는 것이 된다.

'존재한다'는 것에 관한 레비나스의 사고, 일리아의 가차없음을 이야기하는 레비나스의 언설은 이렇게 타자에 대한 책임을 지속적으로 묻는, 성숙한 레비나스의 사고를 준비하고 있었던 셈이다. (→ 타자성, 기억)

• 구마노 스미히코

참고문헌

• 엠마누엘 레비나스, 《시간과 타자》, 강영안 옮김, 문예출판사, 1996.
• _____, 《존재에서 존재자로》, 서동욱 옮김, 민음사, 2003.
• Emmanuel Lévinas, *Autrement Qu'etre ou Au-dela de L'essence*, Kluwer Academic, 1974.

말할 수 없는 것

das Unsagbare

ᴁ

'말할 수 없는 것'은 비트겐슈타인의 《논리 · 철학논고》(이하 《논고》)의 주요 개념이다. "말할 수 없는 것에 관해서는 침묵해야 한다"라는 명제는 너무나도 유명하다. 《논고》의 목표는 이 '말할 수 없는 것'의 영역을 '말할 수 있는 것'의 영역으로부터 한계짓고, 철학적 문제를 의사(疑似) 문제로 간주하여 해소하는 데에 있다. 이러한 《논고》의 전통적인 철학의 비판이라는 측면은 이후 논리실증주의에 커다란 영향을 끼쳤다. 그러나 그에게 중요한 것은 오히려 '말할 수 없는 것'의 영역이며, 그 영역 자체를 무의미한 것으로서 배제하는 논리실증주의에는 결코 가담하지 않았다.

그가 이야기하는 '말할 수 있는 것'의 영역에는 세계의 구성요소인 사건과 논리형식을 공유함으로써 사상(寫像)관계에 있는 요소명제 및 거기에서 구성되는 복합명제가 포함된다. 이러한 논리형식들을 제시하여 그는 '말할 수 있는 것'의 영역을 명료하게 했다. 그렇다면 '말할 수 없는 것'은 무엇인가.

먼저 논리형식은 말로 할 수 없다. 유의미한 명제는 사태를 '말할' 때 그것을 가능하게 하는 논리형식을 '보여' 주지만, 이 논리형식을 말하기 위해서는 그 논리의 바깥에 있어야만 하기에 결국은 말할 수 없다.

둘째, 세계의 한계인 '나'이다. '나'는 눈이 시야에 속하지 않듯이 세계에 속하지 않고, 세계의 한계로서 세계에 의미와 가치를 부여한다. 그렇기 때문에 윤리문제는 세계 내부에서 과학적으로 해결되는 것이 아니라, '나'가 세계를 한계지을 때의 변화에 의해 해소된다. 즉 나 · 윤리 · 가치와 같은 것은 말할 수 없다. 그것은 한계지음의 변화 속에서 자신을 드러내는 것이다.

셋째, '나'라는 세계의 한계를 넘어선 다른 세계 즉 '타자'를 말하는 것은 불가능하다. 그러나 그것을 이해하고자 '나'가 스스로의 한계를 변화시키는 가운데 그 '타자'는 스스로 드러나게 될 것이다.

• 세지마 사다노리

참고문헌

• 루트비히 비트겐슈타인, 《논리 · 철학논고》, 이영철 옮김, 천지, 1991.
• 엄정식, 《비트겐슈타인의 사상》, 서강대학교 출판부, 2003.
• 이승종, 《비트겐슈타인이 살아 있다면》, 문학과지성사, 2002.

가능세계
p o s s i b l e   w o r l d s

가능세계는 라이프니츠가 최선의 세계를 설명할 때 사용했던 개념으로 현실세계와는 다르지만 논리적으로는 상정가능한 세계를 가리킨다.

라이프니츠의 가능세계란 그것에 대해 생겨날 수 있는 전부를 술어로서 포함하며, 복수의 개체 개념들이 서로를 배제하지 않고 공존하는 것이 가능한 조합이다. 라이프니츠는 현실세계야말로 이렇게 구성된 가능세계 가운데서 신이 선택한 최선의 세계라고 말한다. 가능세계는 가능성, 우연성, 필연성 같은 양상(樣相) 개념과 밀접하게 관계된다.

이 개념은 1960년 이래 카르납, 크립키, J. 힌티카, D. 루이스 등에 의해 양상논리의 의미론적인 문맥에서 널리 논해졌다. 어떤 명제의 진위를 우연적 필연적 가능적이라는 양상의 수준에서 문제삼으면 현실의 세계 이외에도 많은 가능세계를 생각할 수 있게 된다.

예를 들어, '제2차 세계대전에서 독일은 패배했다'라는 명제는 이 현실세계에서는 참이지만, '독일이 패배하지 않은' 세계를 상정하는 것은 가능하다. 따라서 이 명제는 어떤 가능세계에서도 참(필연적으로 참)인 것이 아니라, 이 현실세계 이외에서는 거짓이 될지도 모르는 우연적 진리일 뿐이다.

가능세계론에 대한 해석은 철학자에 따라 다른데, R. M. 애덤스에 의하면 크게 가능주의(possibilism)와 현실주의(actualism)로 나누어진다. D. 루이스로 대표되는 가능주의는 가능세계는 현실세계와 같은 종류의 세계이며, 어떤 의미에서 존재하는 것이다. 그에 반해 현실주의는 "존재한다"란 당연히 "현실에서 존재하는" 것을 의미하며, 그런 의미에서 가능세계는 존재하지 않는 것이다. 이러한 양쪽의 입장이 쉽게 해결되기는 어려운 상황이다.

• 나카무라 노보루

참고문헌

• 손병홍,《가능세계의 철학》, 소피아, 2004.
• 이기용,《시제와 양상 : 가능세계의미론》, 태학사, 1998.

환경세계이론

Umweltlehre

환경세계이론은 에스토니아에서 태어나 독일에서 활약한 동물학자 야콥 폰 윅스퀼(1864~1944)이 제창한 이론이다. 이 이론은 동물은 그들이 주체적으로 살아가는 각각의 세계 속에서 이해되어야 한다는 것으로, 동물행동학과 생물학 전반을 넘어 당시의 철학, 예컨대 막스 셸러 등의 철학적 인간학(《우주에서 인간의 지위》, 1928)이나 인간의 기본구조를 '세계 내 존재'로서 파악하는 마르틴 하이데거의 착상(《존재와 시간》, 1927), 또한 셸러로부터 간접적인 시사를 얻은 메를로퐁티의 분석(《행동의 구조》, 1942) 등에도 큰 영향을 주었다. 또한 이 이론의 핵심을 이루는 '기능순환'이라는 개념은 훗날 사이버네틱스나 시스템이론에서 다시 등장한다.

당시의 동물학은 동물을 하나의 객관적 세계 속에서 인과관계에 따라 존재하는 단순한 물체의 하나로 간주하고 있었다. 동물은 외계로부

〈기능순환〉

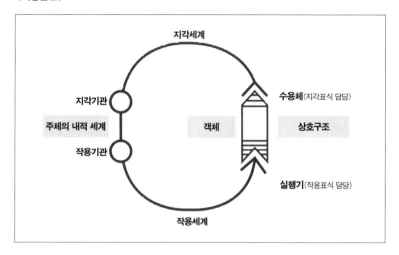

터 자극을 받는 감각기관과 외계로 작동하는 운동기관, 둘을 잇는 제
어기관으로 이루어진 단순한 기계일 뿐이었다. 이렇게 이해했을 때 동
물학의 주요 연구방법은 해부학이고, 동물의 행동을 설명하는 지배적
이론은 조건반사설이다. 당시 동물학의 이런 양상에 대해 윅스퀼이 전
혀 다른 견해를 제시한 것이다.

웍스퀼에 따르면 동물은 단순한 조직으로 이루어졌든 복잡한 구조
로 이루어졌든 단순한 기계로 존재하는 것이 아니라 주체로서 살아간
다. 동물은 수용기에서 생겨나는 감각을 지각표식으로서 외계에 이입
하고, 그것을 객체의 특성으로 파악하는 한편, 실행기를 통해 객체에
작용표식을 각인시킨다. 지각표식과 작용표식은 양자를 담당하는 하
나의 통일된 객체 속에서 결합되어 객체에 대한 주체의 관계를 가능하
게 만든다.

주체와 객체의 이러한 연관을 윅스퀼은 '기능순환'이라 부르고 그것

을 네 가지 패턴, 즉 동물의 객체를 '매질(媒質. 생활의 장을 구성하는 물질)', '적', '획득물이나 음식물', '성적 파트너'로 구분한다. 기능순환은 동물마다 고유한 것이어서, 각각의 동물은 다른 객체를 갖는다. 어떤 동물에게 적인 것이 다른 동물에게는 획득물일 수 있다. 주체로서의 동물은 모든 동물에게 공통되게 주어진 단순한 환경 속에서 살아가는 것이 아니라 오히려 지각표식과 작용표식을 환경 내의 대상에 부여해 독자적인 고리를 형성하면서 서로 연관된 지각세계와 작용세계를 만들어낸다.

어떤 동물이든 환경에 어떤 의미를 부여함으로써 각각의 고유한 세계를 형성하고 그 속에서 독자적인 생명활동을 영위한다. 따라서 개가 보는 세계는 진드기가 보는 세계와는 원칙적으로 다르다. 개에게는 개의 독자적인 세계가 있고 진드기에게는 진드기의 독자적인 세계가 존재한다. 웩스퀼은 각 동물의 이런 고유한 세계를 환경과 구별해 환경세계라고 부르며, 이러한 환경세계를 상세하게 그려내는 것이 동물학의 사명이라고 주장했다.

웩스퀼은 환경세계의 구조가 인간의 세계에도 적용될 수 있다고 생각했지만, 이러한 사고방식은 철학적 인간학을 주장한 셸러나 아르놀트 겔렌 등에 의해 강력히 비판받았다. 그들은 동물이 각각의 종마다 고유한 환경세계에 속박되어 있는 데 반해 인간에게는 그런 특정한 환경세계가 정해져 있지 않고 세계에 열려 있다(셸러는 이를 세계개방성이라고 불렀다)고 주장했다. 그렇다고 해도 웩스퀼의 환경세계이론은 그 참신한 발상과 꾸준한 관찰로 동물학을 쇄신했을 뿐만 아니라, 19세기의 기계론적이고 실증주의적인 사고방식을 해체하는 계기가 됐으며 20세기 초의 사상 조류를 크게 움직였다. (→ 철학적 인간학)

• 사코다 겐이치

참고문헌

• 마르틴 하이데거, 《존재와 시간》, 이기상 옮김, 까치글방, 1998.
• 막스 셸러, 《우주에서 인간의 지위》, 진교훈 옮김, 아카넷, 2001.
• Jakob von Uexkull, *Kompositionslehre der Natur*, Propylaen-Verl., 1980.

기억
mémoire

&

기억에는 어딘가 불가사의한 면이 있다. 지난날의 추억이 어제 일처럼 생각나는가 하면, 어제 저녁 반찬이 무엇이었는지도 생각나지 않는다. 아리스토텔레스를 따라 '기억(므네메)'과 '상기(아나므네시스)'를 구별한다면, 애당초 '기억'은 어디에 보존되어 있는 것일까. 홍차에 마들렌을 담갔을 때 '상기'는 어떤 식으로 작용하기 시작하는 것일까.

상기는 어쩐지 뚜렷하지 않은 경험이다. 내가 지금 과거에 일어난 일을 떠올릴 때, 상기된 과거는 나의 현재 속에 동화된다. 나는 내가 기억하고 있는 것만 상기할 수 있으며, 지나간 사건에는 무수한 망각의 흔적이 공동(空洞)을 만들고 있다. 나는 대체 무엇을 기억하고 무엇을 잊어버린 것일까. 나는 중요한 무언가를 망각하고 편리한 추억만을 끊임없이 되새기고 있기만 한 것은 아닐까.

기억이라는 현상은 고대 이래 철학자들의 관심사였다. 현대 철학에 한정한다면 한편에서는 베르그송이 다른 한편에서는 레비나스가 기억에 관해 독특한 사고를 전개했다. 여기에서는 우선 이 두 사람만 살펴보기로 한다.

베르그송의 경우, 혹은 기억과 습관

기억이 만일 단순히 과거에 경험한 내용의 반복에 지나지 않는다면, 기억과 지각(현재의 경험) 사이에는 기껏해야 정도의 차이(흄에 의하면 '활기의 차이')만 있을 것이다. 사실 떠올려진 기억은 현재에 속하고, 생생한 현재의 지각과는 단지 그 작용의 강도에 의해서만 구별되는 것처럼 보인다.

그렇다면 과거의 기억이 현재의 지각에 비해 생생하지 못한 까닭은 무엇인가. 기억이 물리-생리적으로 남겨진 어떠한 형태의 변화, 가령 뇌내의 물질적 흔적과 관계있다면 기억 또한 특정한 기계적 메커니즘을 통해 해명할 수 있는 것이 되고, '활기의 차이' 역시 아마도 물리-화학적 과정을 통해 설명할 수 있게 될 것이다. 예를 들면 기억이 활기를 띠지 않는 것은 그것이 과거의 지각이 작용하면서 남긴 물질적 궤적에 불과하기 때문이라는 식이다.

그러나 이러한 설명만으로는 이해할 수 없는 몇 가지 사항이 있다. 그 중 하나는 과거라는 말의 의미이다. 현재의 물질적 흔적이 과거 그 자체라면 모든 것은 현재이며 과거는 전혀 존재하지 않는 것이다. 위와 같은 설명은 또한 경험과학이 알려주는 사실과도 맞지 않는다. 정신병리학이 밝혀낸 질병의 일부 사례는 기억이 대뇌피질의 특정한 부위에 국지적으로 보존되는 것이 아님을 보여주며, 기억과 상기 사이의 기계적 결합을 부정하는 것처럼 보이기 때문이다.

베르그송은 《물질과 기억》에서 두 종류의 기억을 구별했다. 가령 시낭독을 계속 반복하면 시구는 이윽고 자동적으로 재생되기에 이르고 시행이 암기된다. 이는 일종의 습관과 같은 것이어서, 이렇게 획득된 기억은 신체의 감각-운동기능과 통합된다. 습관이란 일반적으로 행동이 반복되면 운동의 도식을 형성하고 과거의 경험을 통해 현재 상황에 적응하고자 하는 신체의 작용이다. 한편 한회 한회의 낭독 자체도 과거의 사건으로 떠올릴 수 있다. 베르그송에 따르면 이를 과거의 사건 그 자체를 보존하는 '순수기억'이라 부를 수 있다. 습관은 한번 획득되면 매번 과거로 거슬러 올라가는 작업을 필요로 하지 않는다. 반면 순수기억은 과거를 과거로서 재인식하고 표상해야만 하는 것이다. 이러한 의미에서는 순수기억이야말로 진정한 기억이며, 여기에서 과거는 그 자체로 보존된다.

이러한 구별에서 두 가지 결론을 내릴 수 있다. 첫째, 가령 뇌의 손상은 기억이 떠올려지는 것을 방해하지만 순수기억 자체는 상실되지 않는다. 뇌는 결코 기억의 용기가 아니다. 둘째, 구별된 두 종류의 기억은 이를테면 양극이어서, 현실 삶에서는 두 종류의 기억이 서로 간섭하며 현재 상황에 의미를 부여하고 행동에 방향을 제시한다.

레비나스의 경우, 혹은 기억불가능한 과거

베르그송의 기억론에는 상반되는 것처럼 보이는 두 가지 관점이 교차하고 있다. 하나는 과거가 뇌 내부에서 '현재' 보존되고 있는 것이 아니라 '그 자체'로서 존재한다는 관점이다. 또 하나는 신체는 '현재'에 닻을 내린 행동의 기관이며, 기억 또한 일반적으로 상황에 대한 현재의 적응을 위해 떠올려진다는 발상이다. 순수기억 자체는 몽상된 삶의 차원일 뿐이다. 행동의 지평은 그 자신으로서는 그저 살아지고 있는 삶일 뿐이다. 베르그송의 유명한 원뿔 그림은 이 양극을 꼭대기와

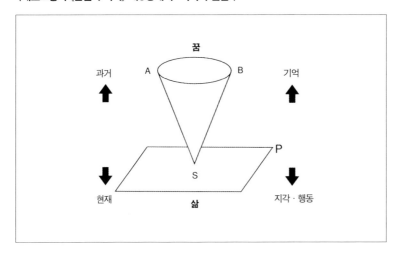

바닥에 둔다.

　베르그송이 말하듯 기억은 확실히 '현재' 자체를 구성하고 그 의미에 형태를 부여한다. 흔들리고 있는 불꽃에 똑같은 불꽃이라는 형태를 부여하는 것은 기억이며, 사라진 불을 현재에 떠올리는 것은 상기의 작용일 것이다. 오히려 순수한 현재의 지각이라는 것은 존재할 수 없으며, 지각은 반드시 기억에 침윤되어 있다.

　그런데 혹시 기억에는 반드시 어두운 부분이 존재하여 한 번도 기억되지 않고 따라서 떠올려지지도 않는 과거가 존재하는 것은 아닐까. 베르그송의 순수기억은 '나'에게 속하는 개인적인 기억이기도 하다. 하지만 '나'가 어떤 식으로 이루어졌는지 나는 알 수 없다. 나는 애당초 '기억불가능한 과거'에 '나'가 됐으며, 내가 '나'라는 것에는 원칙적으로 상기할 수 없는 과거가 처음이 아닌 처음, 원시가 아닌 원시로 얽혀 있는 것이 아닐까. 레비나스는 이러한 질문을 던진다.

과거 그 자체의 이름에 적합한 것이 존재한다면, 그것은 이러한 '기억불가능한 과거'일 것이다. 현재와 어떠한 연결도 없이 나의 현재와 단적으로 단절되어 있는 듯한 과거, 그런 의미에서 타자 그 자체와도 같은 과거야말로 내 기억의 외부로서 지나간 일에 형태를 부여한다. 이 원시가 아닌 원시에 나는 이미 타자에게 무언가를 빚지고 있는 것이 아닐까 하는 질문과 함께 레비나스의 기억론은 타자에 대한 물음으로 이어진다.

• 구마노 스미히코

참고문헌

• 앙리 베르그송, 《베르그송의 생명과 정신의 형이상학》, 송영진 편역, 서광사, 2001.
• ＿＿＿＿, 《물질과 기억》, 박종원 옮김, 아카넷, 2005.
• 엠마누엘 레비나스, 《시간과 타자》, 강영안 옮김, 문예출판사, 1996.
• 콜린 데이비스 지음, 《엠마누엘 레비나스 : 타자를 향한 욕망》, 김성호 옮김, 다산글방, 2001.
• Eugne Minkowski, *Le Temps Vecu*, Presses Universitaires de France, 1995.
• Emmanuel Lévinas, *Autrement Qu'etre ou Au-dela de L'essence*, Kluwer Academic, 1974.

크레올
creole

&

언어로서의 크레올은 모어화한 피진(pidgin)을 말한다. 피진이란 다른 언어를 말하는 사람들이 커뮤니케이션하기 위해 만들어내는 '임기응변적인 혼성어'이다. 피진은 제2언어이지만, 피진의 발화환경이 확대되고 안정되어 이를 일상적으로 말하는 부모 밑에서 성장한 아이들은 피진을 모어로서 습득하게 된다. 이것이 크레올이다.

피진은 그 도구적 성격으로 인해 문법이 간단하고 어휘도 빈곤하다. 이에 비해 크레올은 영어와 마찬가지로 완전한 문법을 갖춘 하나의 언어이다. 어휘도 풍부하고 모든 통상적인 커뮤니케이션에 사용된다. 시간이 지나면 보통의 '자연언어'와 아무런 차이도 없어진다.

중세 지중해 세계에서는 교역을 위해 로망스어나 그리스어·아라비아어 등의 혼성에서 비롯된 피진이 쓰였는데, 그것을 '링구아 프랑카(lingua franca)'라 불렀다. 그러나 그 뿌리가 되는 로망스어(이탈리아어·프랑스어 등) 그 자체도 고대 로마인이 일상회화에 사용했던 라틴어와 각지의 토착언어가 융합함으로써 생겨난 것이다. 'ㅇㅇ어'라는 언어의 아이덴티티는 긴 시간의 척도에서 보면 상대적인 것에 지나지 않는다. 모든 언어는 많건 적건 다양한 언어의 상호작용에서 생겨난 크레올이다.

크레올 현상을 사상적으로 평가할 경우, 두 가지 관점이 중요하다. 하나는 언어나 문화를 '혼혈', '잡종화(hybridzation)'를 통해 역동적으로 변화해가는 것으로 파악하고 문화적 동일성을 상대화하려는 관점이고, 다른 하나는 인간이 생득적인 언어능력(보편문법)을 공유하기 때문에 모어로서의 크레올이 자율적으로 형성된다고 생각하는 관점이다. 이 둘은 모순되는 것이 아니라, 인간의 마음이 문화를 창조하는 과정을 내용의 다양성과 구조의 공통성이라는 서로 다른 측면에서 파악하고자 하는 것이다.

• 모리모토 고이치

참고문헌

• 스티븐 핀커, 《언어본능》, 김한영·신효석·문미선 옮김, 소소, 2004.
• Derek Bickerton, *Roots of Language*, Karoma Publishers, 1985.

차이 · 차연

d i f f é r e n c e · d i f f é r a n c e

구별해서 듣는 것, 즉 이해하고 사고하는 것은 어떤 동일한 것을 표상하는 것이다. 그러나 이 표상된 동일성은 그 자체로서 존재하는 실체에 기초해 있는 것이 아니라, 하나의 체계 속에서 무엇과 무엇이 어쨌건 다른 것으로서 실제로 계속 식별된다는 1차적인 '사실'에 의거해 있다. 소쉬르가 언어의 본질로서 끌어낸 이 '차이의 체계'라는 사고방식은 그 후 구조주의나 포스트구조주의로 계승되어 신화, 경제, 무의식 등 인간이 낳은 갖가지 표상질서와 관련해 논의됐다.

데리다는 차이의 근원성을 철학적으로 가장 깊게 고민한 사상가이고, 그가 초기에 사용한 '차연(différance)'이라는 신조어는 이러한 발상을 언어유희의 형태로 상징하고 있다. 차연이라는 단어는 '다르다'나 '늦추다'를 의미하는 프랑스어 디페레르(différer)의 명사형이지만, 통상적인 '차이(différence)'와 발음은 같다. 똑같이 들리는(이해되는) 것이 실제로는 차이를 품고 있다는 아이러니인 것이다. 데리다는 동일한 것의 현전은 시간적인 지연도 포함한 다른 것과의 차이에 의해 생겨나는 '차연의 효과'에 불과하다고 주장한다. 에크리튀르, 대리보충, 흔적, 산종(散種), 반복가능성 등 탈구축을 이야기하기 위해 도입된 다양한 용어 중에서도 차연은 가장 '성공적인' 것이다. (→ 탈구축)

• 모리모토 고이치

참고문헌

• 이성원,《데리다 읽기》, 문학과지성사, 1997.
• 자크 데리다,《글쓰기와 차이》, 남수인 옮김, 동문선, 2001.

서발턴

Subaltern

서발턴은 종속민, 하층민을 의미하는 개념으로 1980년대 초 남아시아 근대사의 비판적 재검토를 시도한 '서발턴 연구' 모임에 의해 제기됐다. '서발턴 연구'라는 명칭 자체는 안토니오 그람시가 《옥중 수고》에 남긴 글의 일부(〈서발턴 계급의 역사 : 방법적 기준〉)에서 유래하며, 이 프로그램을 이어받은 것이다.

'서발턴 연구' 모임은 종래 인도사 연구에서 지배적이었던 엘리트주의적인 관점에 '아래로부터의 역사'를 대치시키며 시작했다. 근대인도사는 제국주의자든 민족주의자든 항상 엘리트 중심으로 기술해왔다. 거기에는 지배당하고 있는 민중의 사고와 활동의 자취가 완전히 지워져 있었다. 서발턴 연구는 엘리트가 아닌, 목소리를 빼앗겨왔던 사람들을 역사적 주체로서 복권하려는 노력이다.

그러나 가야트리 스피박이 개입하면서 '서발턴'이라는 용어는 탈식민적 비평의 문맥에서 주목받게 됐다. 인도 출신의 이 여성은 데리다 의《그라마톨로지에 대하여》를 영어로 번역했으며, 탈구축비평가로도 알려져 있다. 그녀는《서발턴은 말할 수 있는가》에서 서발턴 주체성의 문제를 한층 첨예화했다. 스피박에 따르면 서발턴은 사회계층이나 지위라는 형태로, 실체적으로 파악해서는 안 되며, 관계와 관점에 따라 달리 이해되어야 한다. 서발턴이란 '스스로를 말할 수 없는 사람', 설령 말하더라도 그것을 해석하는 타자의 시점과 언어에 의해 지워져버리고 마는 존재이다. 스피박은 '서발턴성(하위주체성)'이라는 표현을 즐겨 사용한다. '서발턴성'은 특수한 인간의 특수한 입장이 아니라 개체로서의 모든 인간의 사고에 관계되는 것이다.

• 오이 히데하루

참고문헌

• 가야트리 스피박, 〈하위주체가 말할 수 있는가〉, 태혜숙 옮김, 《세계사상》4호, 동문선, 1998.
• 김택현, 《서발턴과 역사학 비판》, 박종철출판사, 2003.
• 안토니오 그람시, 《그람시의 옥중수고 1 · 2》, 이상훈 옮김, 거름, 1999.

죽음
t h a n a t o s / m o r s / d e a t h

20세기 후반 의료기술이 급속히 발달하면서 지금까지는 거의 문제시되지 않았던 자명한 사항들이 새로운 문제로 제기됐다. 죽음은 무엇인가. 무엇을 기준으로 죽음을 판정해야 하는가. 과연 죽음을 개인의 권리로 인정해야 하는가. 애당초 살아갈 가치가 있는 '존엄'한 삶이란 무엇인가. '뇌사'나 '안락사', '존엄사'에 관한 이러한 문제들은 이제 우리의 삶과 죽음에 대한 기존의 태도를 재검토하고 그 전제를 다시 질문하기를 요구하고 있다.

뇌사

1950년대에 인공호흡기가 발명된 후 두 번 다시 의식이 돌아오지는 않아도 심장박동만은 계속되는 환자들이 출현했다. 1967년에 남아프리카에서 세계 최초의 심장이식수술이 행해지고 심장수술 붐이 도래하자 이러한 환자들은 갑작스레 주목받는다. 심장이식수술에 제공되는 심장은 가급적이면 심장정지 직후의 상태가 바람직하나, 아직 살아있는 환자에게서 심장을 적출할 수는 없다. 이 딜레마를 인공호흡기에 의지해 살아갈 회복 가능성이 없는 환자들이 일거에 해결해줄 수 있을 것처럼 여겨진 것이다.

그 직후에 창설된 '뇌사의 정의를 검토하기 위한 하버드대학 의학부 임시위원회(통상 '하버드뇌사위원회')'는 1968년 《미국의학잡지》에 보고서 〈불가역적 혼수의 정의〉를 발표하고, 죽음에 대한 종래의 판정기준 즉 '심장정지', '호흡정지', '동공확대' 등 세 징후 이외에 '불가역적 혼수' 즉 뇌의 모든 기능이 불가역적으로 정지한 상태를 인간의 죽음으로 간주한다는 죽음의 새로운 정의를 제안했다. 이 제안에는 무의미한 연명을 위한 노력으로부터 환자와 그 가족을 해방하고 의료자원을 절약한다는 의도 외에도 이식용 장기를 보다 원활히 획득한다는 목적이 숨겨져 있었다.(싱어, 《삶과 죽음》, 1994 참조) 이때 제안된 '뇌사'라는 개념은 1980년대 이후 선진국에서 널리 채용됐다.

의료기술의 진보는 인간의 죽음을 자연적 선택에서 도덕적 선택으로 바꾸었다고들 한다. 어떤 시점에서 연명치료를 중지하고 어떤 시점에서 환자를 '죽었다'고 간주할 것인지가 윤리적으로 선택가능한 문제가 된 것이다. 물론 의사 혼자 환자의 죽음을 결정해서도, 공리주의적인 장기이식의 요청만이 앞서나가서도 안 된다.

'생명윤리학(bioethics)'이라는 말은 1971년 포터가 쓴 책제목으로 처음 사용된 후 1973~78년에 미국 조지타운대학의 케네디윤리연구소가 간행한 《바이오에식스백과사전》에 실리면서 정착된 비교적 새로운 개념이다. 이 연구 분야는 생명과학과 의료에서 인간이 하는 일들을 도덕적 가치나 원칙에 비추어 체계적으로 분석한다.

E. W. 카이저링크가 '생명의 존엄(sanctity of life = SOL)'과 '생명의 질 (quality of life =QOL)'을 구별하여 전자를 'SOL', 후자를 'QOL'이라는 약칭으로 표기한 이래(〈생명의 존엄과 생명의 질은 양립가능한가〉, 1983) 이 구별이 널리 보급됐다. 'SOL'의 관점에서 보는 한 모든 생명은 신성하며 평등하고, 누구도 이를 침해해서는 안 된다. 다분히 유대기독교적인 이 윤리에 따르는 한 어떠한 상태에 있더라도 환자에게 연명조치를 취해야만 한다. 경우에 따라서는 무의미한 생명지상주의로도 바뀔 수 있는 이 윤리에 비해, 'QOL'이라는 관점은 그러한 경직화를 막는 원리가 될 수 있다. 즉 이 관점에 따르면 뇌사환자의 삶은 더 이상 살아 있을 만한 가치가 없으며 존엄을 결여한 것이라고 간주되기 때문에 치료를 중단하는 것도 정당화될 수 있다.

카이저링크는 이 두 가지 관점이 상호규제적인 것으로 양립가능하다고 생각했지만(〈생명의 존엄과 생명의 질은 양립가능한가〉), 후자의 관점을 특히 강조하는 입장도 등장했다. 그러한 입장의 대표라고 할 수 있는 것이 '인격(person)론'이다. 이 입장은 인간의 삶이 갖는 존엄의 기준을 신체적 활동에서가 아니라 '인격'으로서의 활동 여부에서 찾고자 한다(툴리, 엥겔하트, 싱어 등). 이 입장은 자칫하면 '인격'을 갖추지 못한 인간(가령 태아, 중증 장애를 가진 신생아, 지적 장애자, 치매성 노인 등)을 배제할 위험도 갖고 있으나, 엥겔하트는 '존엄한 의미에서의 인격'과 '사회적인 의미에서의 인격'을 구별하고 후자의 외연을 넓힘으로써 이러한 위험성을 피할 수 있다고 생각한다.(〈의학에서의 인격 개념〉, 1982) 그러나 어떻든지 간에 '인격'은 쉽게 정의할 수 없는 것이므로, 이후의 '인격론'은 'QOL'을 보다 섬세하게 검토하는 방향으로 향할 것이다.

안락사와 존엄사

　제2차 세계대전 중에 나치나 일본이 했던 인체실험에 대한 반성에서(〈뉘른베르크 강령〉, 1947, 〈헬싱키 선언〉, 1964), 또한 1960년대 후반부터 일어난 미국의 공민권운동이나 소비자운동을 계기로 의료 현장에서도 1970년대부터 의사와 환자의 관계에 변화가 생겼다. 의사가 일방적으로 치료방침을 결정하는 의료의 이른바 '부권주의·후견적 간섭주의(paternalism)'에서 환자나 그 가족에게 충분한 정보를 주고 동의를 구한 후에 치료방침을 결정하는 '인폼드 콘센트(informed consent)'로의 이행이 그것이다. 이렇게 의료에서 환자의 뜻을 존중하는 것은 후에 '안락사', '존엄사'의 용인으로 이어지는 계기이기도 했다.

　'안락사'에는 크게 나누어 '소극적 안락사'와 '적극적 안락사' 두 종류가 있다. 전자는 회복가능성이 없고 참기 어려운 말기적 고통으로 괴로워하는 환자에 대한 연명치료 중지를 의미한다. 후자는 그러한 환자에 대해 적극적으로 죽음을 앞당기기 위한 조치를 취하는 것이다. 어떤 경우에도 환자 본인이 그것을 바라는지의 여부가 필요조건이나, 최근 통증 클리닉(pain clinic)이 발달하면서 '적극적 안락사'가 허용되는 사례는 극히 드물어졌다.

　'존엄사'는 연명치료 중지의 기준을 환자의 참기 어려운 고통이 아니라 환자의 '인격'으로서의 존엄이 유지되는지 여부에 둔다는 점에서 '안락사'와는 구분된다. '존엄사'가 본인의 요청일 경우에 문제는 비교적 단순하나, 실제로 '존엄사'가 요구되는 사례에서는 본인이 이미 그러한 의지표시조차 할 수 없는 경우(가령 지속적인 식물인간 상태)가 적지 않다. 따라서 그러한 경우에도 대응할 수 있도록 '생전유언(living will)'이 점차 중요시되는 경향이 있다. (→ 응용윤리학)

　　　　　　　　　　　　　　　　　　　　• 히라타 히로유키

참고문헌

• 구영모 외,《생명의료윤리》, 동녘, 2004.
• 피터 싱어,《사회생물학과 윤리》, 김성한 옮김, 인간사랑, 1999.
• _____,《삶과 죽음》, 장동익 옮김, 철학과현실사, 2003.

젠더
gender

여자와 남자의 생물학적이고 자연적인 차이가 '섹스'라면, 남자와 여자 사이에 문화적 사회적으로 형성된 차이가 '젠더'이다. '남성다움'이나 '여성다움'이라는 개념으로 표현되는 특성이지만, 젠더(사회적 성별)가 섹스(생물학적 성별)와 반드시 일치하는 것은 아니다. 또한 젠더는 역사적으로 형성된 것임에도 마치 자연적인 특성인 양 자명하게 여겨져왔기 때문에 성차별의 원천이 되기도 했으며, 따라서 성차별을 비판적으로 해체하는 페미니즘의 문맥에서는 중요한 키워드이다.

페미니즘은 남성중심적 지배관계가 문화나 사회의 다양한 분야에서 남성다움, 여성다움을 고정하는 방식으로 작동한다고 지적한다. 젠더 이론은 여성의 성적 욕망의 소외를 문제삼는 섹슈얼리티론, 여성의 재생산 능력의 억압을 문제삼는 재생산이론과 함께 페미니즘에서 가장 중요한 논점을 제기하고 있다. 기성문화와 사회의 도처에서 젠더는 고

정화되고 구조화되어 암묵적인 지배질서로 기능한다. 따라서 페미니즘이란 '젠더' 혹은 '젠더화'를 다양한 영역에서 따져 묻고 고발하는 지속적인 노력이라고도 할 수 있다. 젠더이론은 현실사회의 제도적 성차별을 문제삼는 실제적인 정치비판을 비롯하여 특정 문화의 상징체계(언어, 예술, 종교상징 등)에 무의식적으로 잠재해 있는 젠더적 지배질서의 폭로, 나아가 철학, 인문사회과학, 자연과학, 법률, 의학 등 학문기술에 반영되어 있는 젠더화의 권력작용에 대한 해체·탈구축 등 다양한 형태로 오늘날에 전개되고 있다. '젠더' 개념을 사회학이나 역사학의 중립적이며 객관적인 범주로서 정태적으로 다룰 것인지, 어디까지나 비판적 개념으로서 전투적으로 파악할 것인지 등 젠더 개념의 방법적 의미에 관한 논의는 분분하다. (→ 페미니즘)

• 스다 아키라

참고문헌

• 우에노 치즈코, 《내셔널리즘과 젠더》, 이선이 옮김, 박종철출판사, 1999.
• 주디스 로버, 《젠더 불평등》, 최은정 옮김, 일신사, 2005.
• 일레인 김·최정무, 《위험한 여성》, 박은미 옮김, 삼인, 2001.
• 크리스티나 폰 브라운 외, 《젠더연구》, 탁선미 외 옮김, 나남, 2002.

소진

dépense/consumation

소진은 '순수한 증여'라는 비생산적 노동활동을 표현하기 위해 프랑스 사상가 바타유(1897~1962)가 《저주의 몫》 3부작(1949~54)에서 제기한 개념이다. 보통 노동이란 자신이 생산한 물건을 자신이 소비하는 형태로 무한히 되풀이되는, 의미있고 주체적인 인간활동이라고 간주된다. 그 경우 가치는 주체가 자신의 부나 재산을 축적해가는 것에 놓인다. 만약 자신이 직접 생산물을 소비하지 않고 다른 물건과 교환하거나 혹은 타인에게 증여하더라도 그 물건의 가치 또는 유용성이 사라지지 않도록 배려하는 것이 보통이다.

그래서 가령 모스(1872~1950)가 《증여론》(1925)에서 분석한 포틀라치처럼 생산물을 자신이 파괴하는 경우에도 순수한 증여는 아니며, 그 행위에 의해 '위신' 같은 정신적 우위의 획득이 기대되는 이상, 바타유에 의하면 그것은 회수가 연기된 교환의 한 형태에 불과하다.

이러한 생산-증여(혹은 교환)-소비-재생산이라는 순환적 회로를 부수고 그 외부로 나아가려는 운동을 지시하기 위해, 바타유는 자신이 소유한 모든 힘과 자원을 그 순간에 써버리는 행위로 '소진'이라는 개념을 제안한다. 이 '소진'은 어떤 대가도 요구하지 않고 줘버리는 '순수한 증여'이기 때문에, 유용성의 차원을 뛰어넘어 성스러운 차원을 드러낼 수 있다. 또한 '소진'은 등질적인 것의 교환에 그치지 않고 끊임없이 이질적인 것들에게 열릴 가능성을 간직하고 있다는 점에서 에로티시즘의 경험과 통하는 측면도 있다. 이렇듯 바타유에게 '소진'이라는 개념은 필요를 만족시키는 행위로서의 생물적 욕구와는 본질적으로 다른, 인간적인 욕망의 비밀에 빛을 비추려는 하나의 시도이다. (→ 경제인류학, 증여)

• 고스다 겐

참고문헌

• 마르셀 모스, 《증여론》, 이상률 옮김, 한길사, 2002.
• 조르주 바타유, 《저주의 몫》, 조한경 옮김, 문학동네, 2000.

상징

s y m b o l

일반적으로 상징이란 왕관이 군주정치를 나타내고 비둘기가 평화를 나타내듯 한 사물을 다른 매개를 통해 표현하는 것을 말한다. 이것은 연기와 불처럼 자연적인 관계에 있는 것이 아니라(이 경우는 상징과 구별하여 '기호'나 '신호'라고 부른다) 자의적인 관계에 있다. 상징의 대표적 예는 언어이며, 상징작용은 기호와 달리 인간만이 갖는 능력이다.

20세기와 '상징의 복권'

상징이라는 개념은 사상사적으로 보아도 현대의 우리에게 극히 중요한 개념이다. 유럽은 19세기 말에서 20세기 초에 심각한 지적 변혁을 맞이하는데, 이 변혁은 '상징의 복권'이라고 부를 수 있기 때문이다. 그때까지만 해도 미개한 신화적 사고의 산물이거나 기껏해야 문학적 수사의 도구에 지나지 않았던 상징이 갑자기 인식의 도구로서 재평가받기 시작한 것이다.

　프로이트의 정신분석은 인간심리의 심층에서 무의식을 발견하고, 이 무의식이 상징에 지배되고 있어 상징을 통해서만 접근할 수 있다는 것을 밝혀냈다. 르 봉(1841~1931)의 《군중심리》(1895)는 현대가 군중의 시대이며 군중을 움직이는 것은 이성이나 개념이 아니라 이미지와 상징임을 가르쳐주었다. 레비브륄(1857~1939)의 《미개인의 사고》(1910)는 '원시심성'을 체계적으로 연구하여, 구전사회를 이해하기 위해서는 그들의 상징체계를 이해하는 것이 불가결함을 보여주었다.

　랭거(1895~1985)가 《상징의 철학》(1957)에서 주장하듯이, 상징이 20세기의 가장 창조적인 개념이라는 것은 그것의 다채로운 성과가 증명하고 있다.

　융의 심층심리학, 라캉의 정신분석, 소쉬르나 야콥슨의 언어학, 겔프와 골트슈타인의 신경생리학, 레비스트로스나 빅터 터너의 문화인류학, 엘리아데의 종교학, 파노프스키나 작슬의 미술사, 바슐라르의 과학론, 셀러나 메를로퐁티의 현상학적 인간학 등 대부분의 학문영역에서 상징 개념은 결정적 역할을 수행하고 있다.

19세기 실증주의의 파탄과 과학적 인식론의 위기

　상징에 대한 이러한 재평가는 19세기를 석권한 실증주의와 과학주의의 파탄에서 유래한다.

　실증주의는 고전적 수학과 물리학이 상정하는 세계 즉 절대적인 공간과 시간 속에 있으며 일의적인 인과율에 의해 규정되는 세계가 유일하게 실재하는 세계라고 보고, 이 실재적 세계를 충실히 옮기는 것이 객관적 과학의 사명이자 과학의 진리성에 대한 보증이라고 생각했다.

　그러나 로바체프스키와 리만이 비유클리드기하학을 발견하고, 프레게, 화이트헤드, 러셀 등이 수학을 논리적으로 분석한 결과, 기하학과 수 체계가 가설적 원리에 근거한 추론체계에 지나지 않다는 것이 밝혀졌다. 또한 아인슈타인의 상대성이론은 절대시간의 개념을 타파했고, 플랑크의 양자론, 하이젠베르크의 불확정성원리는 입자의 미래 위치와 속도는 결코 정확히 측정할 수 없다면서 일의적인 인과율을 무너뜨렸다.

이러한 일련의 발견은 수학과 물리학 분야에 혁명적인 전환을 가져왔을 뿐만 아니라, 인문학에도 심각한 충격을 주었다. 왜냐하면 그때까지 인문학과 인문학의 인식론은 자연과학을 이상적인 모델로 삼아 스스로를 만들어왔기 때문이다. 과학의 개념체계가 임의로 선택할 수 있는 상징(기호)의 체계에 불과하다면, 각 학문적 인식의 진리성은 어떻게 보증할 수 있을 것인가.

에른스트 카시러의 《상징형식의 철학》

이러한 인식론적 위기를 누구보다 빨리 감지하고 상징의 인식기능을 체계적으로 고찰함으로써 이 위기를 넘어서고자 했던 것이 바로 독일 철학자 에른스트 카시러(1874~1945)이다. 그리고 그 노력의 성과는 《상징형식의 철학》(전3권)으로 나타났다.

카시러는 실증주의의 파탄에서 인간인식의 해방을 본다. 그는 어떤 특정한 세계로 접근하는 것만을 과학적인 인식의 방식으로 특권화해서는 안 된다고 한다. 세계와 다양한 관계가 가능하며 그 관계는 모두 나름의 의미를 지니고 있다는 것이다. 세계와의 다양한 관계를 가능하게 하는 것이 바로 상징의 기능이고, 이 관계의 형식이 '상징형식'이다. '상징형식'의 철학은 과학뿐만 아니라 언어, 신화, 예술, 종교 등에서도 고유한 상징형식을 인정하여 현대사회에 문화적 다원성을 회복하고자 한다.

《상징형식의 철학》은 3권으로 이루어져 있는데, 제1권(1923)은 '언어'를, 제2권(1926)은 '신화'를 다룬다. 이것이 먼저 다루어져야만 하는 이유는 그리스 이래의 '로고스중심' 철학이 언어와 신화를 혼란스러운 비합리적 표상이라고 간주하여 경시해왔기 때문이다. 하지만 예술이나 종교, 과학뿐만 아니라 인간의 모든 문화적 활동의 고향은 언어와 신화이다. 따라서 인간정신의 이러한 기층을 지배하는 상징형식을 알 필요가 있다.

제3권 《인식의 현상학》(1929)에서는 인간의 상징기능에 근거하여 새로운 인식이론을 구축한다. 카시러는 표현기능, 서술기능, 순수의미기능이라는 세 가지 기본적인 상징기능을 구별한다.

'표현기능'의 특징은 상징이 그것이 나타내는 현상과 구별되지 않는다는 것이다. 이 기능의 기원은 인간의 '표정'이다. 우리는 기뻐하는 얼굴을 하나의 전체로서 경험하고, 기쁨이라는 내면과 웃는다는 외면을 구별하지 않는다. 표현기능에서는 아직 사물과 속성의 관계, 인과관계는 개입할 여지가 없고, 우리는 세계와의 공감적 관계 속에서 살고 있다. 신화적 형상이나 종교적 제사에서는 이 기능이 지배적이다. 예를 들어 제사에서 무희가 쓰는 신의 가면은 신을 지시하는 것이 아니고 오히려 가면 그 자체에 신의 권위가 깃드는 것이다.

상징이 그것과 구별되는 대상을 표시하게 되면 '서술기능'이 등장한다. 이 기능은 '사물'과 '속성'을 구별하고 특정한 객관적 사태를 확정할 수 있다. '외면'과 '내면'의 구별도 나타나 우리는 '반성'이라는 태도로 세계와 마주보게 된다. 이 기능의 대표적 담당자는 언어이다.

마지막으로 '순수의미기능'의 경우 상징은 대상세계에서 해방되어 자신의 의미세계를 자유로이 창조할 수 있게 된다. 표현기능과 서술기

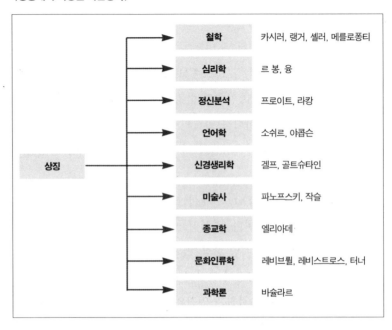

철학	카시러, 랭거, 셸러, 메를로퐁티
심리학	르 봉, 융
정신분석	프로이트, 라캉
언어학	소쉬르, 야콥슨
신경생리학	겔프, 골트슈타인
미술사	파노프스키, 작슬
종교학	엘리아데
문화인류학	레비브륄, 레비스트로스, 터너
과학론	바슐라르

능이 스스로가 형성하는 세계에 사로잡혀 있는 데 반해, 순수의미기능은 구체적 현실로부터 순수한 사고관계를 해방시켜 자발적으로 상징의 나라를 건설한다. 이러한 기능을 가장 순수한 형태로 보여주는 것이 현대수학과 현대물리학이다.

현대사회와 상징

상징기능을 통해 문화적 다원성이 회복될 것이라는 카시러의 낙관적 예상을 현대사회가 뒷받침하고 있다고 보기는 어렵다. 오히려 현대사회에 나타난 매스미디어의 경이로운 발달과 고도화된 선전기술은 상징조작의 위험성을 두드러지게 했다. 조직적인 커뮤니케이션 활동을 통해 많은 사람들의 행위나 가치관을 일정한 방향으로 유도할 수 있게 된 것이다.

　상징조작을 자신의 정치선전에 철저하게 이용한 사례가 나치즘이다. 나치즘은 철십자와 제복, 파시즘풍의 경례와 행진, 음악, 조명으로 의해 축제화된 정치집회 등 정치상징을 완벽하게 사용하여 민중을 도취시키고 철저하게 조작했다. 그리고 그 참담한 결말은 우리 모두가 알고 있다.

　이러한 상징조작의 현 상황과 위험성에 관해서는 다양한 방면에서 연구가 진행되고 있으나, 여전히 카시러의 《상징형식의 철학》과 같은 잘 정리된 철학적 성과는 나오지 않고 있다.

• 무라오카 신이치

참고문헌

- 알프레드 화이트헤드, 《상징활동 그 의미와 효과》, 문창옥 옮김, 동과서, 2003.
- 에른스트 캇시러, 《인문학의 구조 내에서 상징형식 개념 외》, 오향미 옮김, 책세상, 2002.
- Ernst Cassirer, *The Philosophy of Symbolic Forms*(Volume 1~3), Yale University Press, 1965.
- Suzanne Langer, *Philosophy in a New Key : A Study in the Symbolism of Reason, Rite, and Art*, Harvard University Press, 1957.

생활세계

Lebenswelt

&

생활세계는 현상학의 창시자 후설(1859~1938)의 후기사상 가운데 중심 개념이다. 일상적으로 살아가는 그대로의 세계를 의미한다. 원래 현상학이란 세계의 존재를 그것을 의식하는 주관과의 상관관계에서 기초지으려는 시도였다. 그러나 그 분석의 전개과정에서 의식과의 상관관계라는 틀을 초과하는 문제가 불거져 나왔다. 이를테면 상호주관성이나 수동적 종합, 시간의식의 문제이다. 이 문제들을 후설은 '생활세계'라는 개념 아래 포괄해 분석했다.

그러나 후설 자신의 사상전개 속에서 이 개념의 착상은 의외로 이른 1910년대 중반의 《이데인》 초고까지 거슬러 올라간다. 그리고 1920년대 중반에는 모든 정신활동의 기반을 형성하는 궁극적인 경험적 지반으로서 생활세계에 대한 구상을 확고히 했다. 그렇다면 그 착상의 계기는 무엇이었을까. 그 점에서 무시할 수 없는 것이 아베나리우스

(1843~96)의 '자연적 세계 개념'의 영향이다. 아베나리우스는 주관-객관이 분리되기 이전의 순수경험에서 모든 지식의 원천을 구하고, 이 차원에서 경험된 세계의 상태를 '자연적 세계 개념'으로 포착하려고 했다. 후설의 생활세계도 모든 대상적 경험의 배후에 바탕으로 작용하는 전체 지평을 의미한다. 이런 점에서 아베나리우스의 '자연적 세계 개념'을 비판적으로 이어받아 다듬어가는 과정을 통해 '생활세계'라는 발상이 가능했다고 볼 수 있다.

생활세계는 모든 학문적 세계이해에 앞서 항상 이미 자명한 것으로 주어져 있는 세계이다. 후설은 이러한 생활세계가 '이념' 조작되면서 자연과학적인 객관적 세계상이 구성된다고 한다. 과학이란 어떤 특정한 주제로 추상된 '특수세계'에 불과하며, 생활세계 수준에서의 지각적인 의미형성 및 그 전(前) 논리적 타당성을 전제한다. 그런데 근대과학은 방법적 산물인 수학적으로 객관화할 수 있는 세계와 생활세계를 구분하지 못해 자신의 원천인 생활세계를 은폐하고 망각해왔다. 《유럽 학문의 위기와 선험적 현상학》(1936, 54)에서 후설은 이러한 오해야말로 현대 학문이 위기에 빠지게 된 원인이라고 지적했다. 이런 '생활세계'는 유럽 학문의 위기를 자각하고, 그것을 극복하는 과정에서 중요한 역할을 했다.

생활세계 개념의 양의성

그러나 이 개념을 엄밀하게 이해하려 들면 어떤 애매함이 드러난다. 과학적 진리가 에피스테메로서의 학문을 구성한다면, 항상 주제화되지 않는 방식으로 지반을 구성하는 생활세계는 그 성격상 독사(doxa, 억견)의 지위에 그치고 만다. 학문의 진리에 기초가 되어야 할 생활세계는 언제나 그 자신이 기초짓는 것을 필요로 한다. 생활세계는 한편으로 문화적 상대성에 좌우되지 않는 모든 의미형성의 궁극적 지반으로서 직접적인 지각경험의 세계이지만, 다른 한편으로 과학이나 기술의 진보와 성과가 항상 흘러드는 유동적인 역사적 세계이기도 하다. 생활세계에는 우리 경험의 최종적인 '지반'으로 기능하는 면과 경험분석의 '매개'로 작용하는 면이 있다. 즉 생활세계 차원에서 명확해진 앎은 모든 앎의 원천으로서의 '근원지(根源知)'인 것인지 아니면 학적 반성이 진행되면 이윽고 넘어설 수 있는 '선행지(先行知)'에 불과한 것인지 하는 딜레마가 여기에 있다. 그러나 어떻게 이해하든 후설이 생애를 걸고 지향했던 모든 앎을 궁극적으로 기초짓는다는 목표가 벽에 부딪혔던 것은 사실이다. 후설은 이러한 양의성을 자각하고 있었다. 그래서 《유럽 학문의 위기와 선험적 현상학》에서 후설은 이러한 생활세계를 매개로 삼아 다시 초월론적 주관성으로 역행하는 제2단계 환원의 필요성을 주장했다.

그러나 이 양의성 속에서 드러난 기초짓는 일의 파탄을 받아들이고 생활세계 개념이 탐구되어야 할 방향을 제시한 사상가는 《지각의 현상학》(1945)에서 "환원의 가장 위대한 교훈은 완전한 환원이 불가능하다라는 점이다"라고 단언한 메를로퐁티(1908~61)였다. 또한 슈츠(1899~1959)는 자연적 태도에 입각한 기존 현상학의 입장에서 생활세계를 일상적인 사회적 세계로 분석했다. 슈츠가 그려낸 현상학적 사회학으로의 길을 계승한 버거(1929~)와 루크만(1927~)도 주관적 현실인 사회를 해명하고자 했으며, 마찬가지로 슈츠의 영향을 받은 가핑켈(1917~)의 민속방법론은 일상적 세계의 자명성에 대한 분석으로서 여전히 활발히 연구되고 있다. (→ 현상학)

• 고스다 겐

참고문헌

- 모리스 메를로퐁티, 《지각의 현상학》, 류의근 옮김, 문학과지성사, 2002.
- 에드문트 후설, 《유럽 학문의 위기와 선험적 현상학》, 이종훈 옮김, 한길사, 1997.
- Alfred Schutz, *Phenomenology of the Social World*, Northwestern University Press, 1967.

타자성

Fremdheit / otherness

타자의 다름 즉 타자가 나와는 진정 다른 존재라는 것, 그런 의미에서 타자가 타자임을 타자성이라고 부르기로 하자. 현대철학에서 타자성을 극단적인 형태로까지 사고하여 문제의 소재를 밝힌 철학자 중 한 명이 리투아니아에서 태어나 프랑스에 귀화한 유대인 레비나스이다. 레비나스의 사고를 따라가며 이 문제를 생각해보자.

이해 밖으로 흘러넘치는 것

하이데거가 주도면밀하게 분석했듯이 존재자와의 관계는 그 존재자를 '이해'하는 것이 뒷받침되어야 하며, 이 이해 속에서 존재자는 그 존재자로서 존재지어진다. 가령 망치와 관계한다는 것은 무엇보다 먼저 망치를 손에 쥐고 그것이 손에 맞는지 확인하고 그것으로 못을 치는 것이다. 이런 식으로 망치는 '손에 있는 것(zuhandenes)'으로 장소를 할당받고 도구적인 존재자로서 존재지어지게 된다.

타자 또한 확실히 '이해(comprendre)'된다. 타자는 가령 남자나 여자로, 적이나 아군으로, 경관이나 학생으로 이해된다. 타자들은 그런 한에서만 나와의 관계에서 적당한 가까움과 거리를 두고 이해될 것이다. 하지만 '타자와의 관계'는 그러한 이해 밖으로 흘러넘친다. 이해한다는 것이―망치가 손에 맞는 도구로, 특정한 타자가 내 편으로 이해되는 경우처럼―어느 정도 내가 '포괄(comprendre)'하는 것이라면, 타자는 결코 내가 포괄할 수 없는 존재이다. 타자를 이해할 때 나는 이미 타자가 타자임을, 타자는 내가 아는 모든 것을 벗어나는 존재자임을 이해하고 있는 것이다.(〈존재론은 근원적인가〉,《우리들 사이에서》에 수록)

레비나스에 따르면 모든 존재자와의 관계가 이해로 귀결되는 존재론적 사고는 이 때문에 타자와의 관계, 결코 내가 포괄할 수 없는 이 '윤리적 관계'를 앎의 관계에 종속시키려는 시도와 다름없다. 그러므로 하이데거적인 존재론은 레비나스에게는 일개 '부정의 철학'에 지나지 않게 된다. 타자 역시 나의 앎을 통해 소유하고자 하는 철학인 것이다. 레비나스가 존재론의 우위에 이의를 제기하고 오히려 윤리학이야말로 제일차적인 철학임을 주장하는 것은 그러한 연유에서이다.

무한으로서의 타자

타자는 이해되지 않는다. 혹은 이해를 통해 완전히 음미될 수 없다. 이해가 앎을 통한 소유를 의미한다면, 타자는 소유되지 않는 자이다. 나는 나와는 완전히 다른 것 혹은 절대적으로 격리되어 있는 것을 소유할 수 없다. 타자란 우선 나와 절대적으로 격리되어 있는 것, 나와의 절대적인 차이, 즉 나와는 단적으로 다른 것을 의미한다.

타자가 나와의 차이인 한 "타자는 타자에 관해 내가 가질 수 있는 모든 관념에서 언제나 흘러넘친다."(《전체성과 무한》) 그럼에도 불구하고 나는 타자를 '욕망(désir)'한다고 레비나스는 말한다. 타자는 결코 '욕구(besoin)'되지 않는다. 하지만 타자는 무한한 욕망을 불러일으킨다. 왜인가.

욕구되는 것은 소유의 대상이 될 수 있다. 가령 과실은 그것을 나뭇가지에서 따는 손에 의해 점유되고 소비된다. 즉 먹히고 음미된다. 이에 반해 욕망하는 것은 결코 소유할 수 없다. 그렇기에 소유에 의해 채워지지 않는다. 욕망하는 것 자체가 오히려 욕망을 점점 더 자극한다. 채워지지 않는 욕망을 불러일으킨다. 욕망하는 것이 나에게서 한없이 벗어나는 것, '타자, 즉 무한한 것'이기 때문이다. 타자는 내 손 안에 완전히 들어오지 않는다. 타자란 즉 나에게 '무한'한 것이다. 그리고 레비나스에 따르면, '내 안에 있는 타자의 관념을 넘어서 타자가 현전하는 방식', '욕망에 의해 측정되는 측정 불가능한 것'이 '얼굴'이다. 하지만 왜 얼굴일까. "얼굴은 말한다. 얼굴의 드러남은 이미 담론이다."(같은 책) 게다가 레비나스에 따르면 얼굴은 결코 보이는 법이 없다. 얼굴은 시각의 대상이 아니다. 왜인가.

먼저 목소리와 비교하여 생각해보자. 목소리는 우선 음인 것처럼 여겨진다. 실제로 목소리는 음향으로서 들리고 공기의 밀도로서 청각을 자극한다. 하지만 목소리가 목소리인 것은 그것이 음이라는 형태를 가진다는 것이 전부가 아니다. 그것이 언어적으로 유의미한 음성이라는 사실로도 충분치 않다. 목소리는 언어음이기 이전에 나를 촉발하는 비명이자 알아듣기 힘든 한숨일 수도 있다. 그때 목소리는 '맥락 없이 의미하는 것(《존재와는 달리 혹은 존재의 저편에서》)'일 수도 있다. 마찬가지로 얼굴이 얼굴인 것은 시각을 벗어나 있기 때문이다. 정적이 무언가를 의미할 때 정적 자체가 무음(無音)에 대해 잉여를 가지고 있고,

희미한 한숨이 날숨과의 차이를 분명히 보여주듯이, 무언의 얼굴은 시각으로부터 잉여를 가지고 있다. 얼굴 또한 그 벌거벗은 형태도 "맥락 없이 의미하고 있다." 그때 오히려 '귀'야말로 얼굴의 말을 읽어내게 된다. 즉 맨얼굴이 이야기하는 "살인하지 말라"라는 말을 듣고 있는 것이다.

흔적으로서의 타자

하지만 타자가 '얼굴'로 현전한다는 표현은 몇 가지 의문을 불러일으킨다. 우선 타자가 나에게 절대적인 타자라면 그러한 타자가 어떻게 '나'와 관계를 맺게 되는가라는 문제가 생긴다. 또 하나는 타자가 '현전'한다면 타자 또한 결국은 나의 '현재'에 속하게 되고, 따라서 또 나에 의해 어떠한 형태로든 소유되고 있는 것이 아닌가 하는 의심이다. 이 두 가지 논점은 데리다가 자신의 첫 레비나스론에서 제기한 물음과도 이어진다고 할 수 있다.

《존재와는 달리 혹은 존재의 저편에서》에서 레비나스는 이러한 의문에 대답이라도 하듯이 몇 가지 키워드를 변용하고 있다. 첫째, 타자는 이제 현전하지 않는다. 타자는 매번 이미 지나가버려서, 우리의 현재와는 단절된 형태의 '흔적'으로서 문제시된다. 둘째, 그러나 그러한 타자가 나에게는 '기억불능한 과거'로 부단히 나와 관계를 맺게 된다. 나라는 자기동일성이 뜯어지는 곳에서 '같음에서의 다름'으로 엮이게 되는 것이다. 나와의 절대적 차이이면서 동시에 나와는 단적으로 격리되어 있는 타자가 그럼에도 불구하고 혹은 그 때문에 끊임없이 '나'와 관계하고 있다. 레비나스의 사고는 그러한 역설, 그러나 실제로 성립되고 만 역설을 그려내고자 하는 끊임없는 시도이기도 했다.

• 구마노 스미히코

참고문헌

- 김연숙, 《레비나스 타자윤리학》, 인간사랑, 2001.
- 엠마누엘 레비나스, 《시간과 타자》, 강영안 옮김, 문예출판사, 1996.
- _____, 《존재에서 존재자로》, 서동욱 옮김, 민음사, 2003.
- Emmanuel Lévinas, *Autrement Qu'etre ou Au-dela de L'essence*, Kluwer Academic, 1974.
- _____, *Entre Nous*, Columbia University Press, 2000.
- _____, *Totalite et Infini : Essai sur L'exteriorite*, Springer, 1984.

탈구축

déconstruction

탈구축이란 자크 데리다의 사상과 그 영향을 받아 철학·문학비평·정치론 등의 영역에서 전개된 일련의 사상 혹은 텍스트 독해의 실천을 가리킨다. 데리다가 철학적으로 주목받은 것은 1960년대 후반 이후인데, 《그라마톨로지에 대하여》나 《철학의 가장자리》 등 초기 저작에서는 비교적 직접적으로 탈구축 개념을 이야기하고 있다.

그러나 데리다는 사상을 독자적 체계로 개진하기보다는 과거나 현재의 다양한 텍스트를 탈구축적으로 정밀독해하는 데에 주안점을 둔다. 이러한 정밀독해는 당연히 문학적인 읽기 작업에도 적용할 수 있다. 폴 드 만을 통해 미국에 도입된 탈구축은 드 만이나 J. 힐리스 밀러 등 이른바 '예일학파'를 중심으로 구조주의·기호론 이후 새로운 문학비평의 조류로서 커다란 영향력을 끼쳤다.

1983년에 드 만이 죽은 후 그가 젊은 시절 친나치적인 저널리즘에 관여했던 것이 알려지면서 탈구축 비평 그 자체는 와해되지만, 기존의 표상질서에 기반한 해석을 내부해체로 몰아넣는 정밀독해 방식은 이후의 신역사주의나 페미니즘 비평 등으로 이어졌다.

데리다가 독해의 대상으로 삼은 것은 플라톤에서 레비나스에 이르는 유럽철학, 소쉬르와 오스틴의 언어이론, 프로이트 등의 정신분석, 말라르메나 첼란과 같은 시인 등 다양한 분야에 걸쳐 있으며, 미술에 관한 언급도 많다. 데리다 철학 전체를 평가하는 것은 아직 시기상조일지도 모르지만, 데리다 철학의 기본적인 동기는 전체성과 지배에 대한 저항이라는 관점에서 이야기할 수 있다. 1980년대 이후 데리다가 급속히 '정치화'한 것도 데리다 철학의 직접적인 표현이며, 홀로코스트를 유럽사상의 귀결이라 생각하는 그의 감수성이 그런 유럽사상을 근원적으로 비판하고자 시도한 성과가 바로 탈구축이라고 할 것이다. 더욱이 그것은 종래의 좌파처럼 자신들의 위치를 비판대상의 외부에 두는 편안한 이항대립적 논의가 아니라, 관찰자적인 시점의 설정이 불가능하다는 것을 받아들이면서 자기와 타자의 관계를 철저히 주시하려는 극히 섬세하고 복잡한 시도였다. 이 섬세함에 따르는 힘겨움이 탈구축을 가까이하기 어렵게 만드는 가장 큰 이유일 것이다.

여기에서 말하는 자기와 타자란 인칭상의 나와 너에 그치는 것이 아니다. 무릇 존재하는 것(존재자)은 어떤 '스스로 고유한 것', '본질적인 것'을 핵심으로 하여 '무언가'로 식별된다. 고유성에 기반한 '경계'의 확정이 자타의 분절 즉 타자의 부정을 통해 자기동일성을 확립하게 한다. 대상의 의미도 나의 의식도 공동체의 결속도 모두 그러한 동일성의 확증에 의해 비로소 존재한다. 고유성의 수립은 또한 전체화와 지배의 시작이기도 하다. 예를 들어 현상의 개별성이 사라진 이념으로서의 '의자' 즉 의자의 '의미' 또는 '개념'이 존재론적으로 '선행하는 것'

으로서 그때그때의 '의자' 인식을 통괄하고 있는 한에서만, 개별적으로 현상하는 어떤 존재자가 '의자'일 수 있다. 개념화한다는 것은 현상하는 것을 일정한 집합으로 정리해내는 것이며, 그 경계를 확정하는 기능을 통해 현상을 지배하는 것과 다름없다. 또한 개념(혹은 의미)은 고립적으로 존재하는 것이 아니라 서로 인접하고 연합하는 관계를 통해 세계의 현현을 전체로서 통제·지배하는 표상질서를 엮어내고 있다. 이 같은 동일화적 질서형성은 간단없는 표상의 흐름을 묶어 경험의 통일성을 보증하는 '나'의 의식에서도, 개개의 신념이나 행위를 제어하는 공동체적 구상인 신화나 법에서도 발견할 수 있다. 이러한 전체화와 지배의 기획이 바로 데리다가 '현전의 형이상학'이라고 비판한 사고방식인 것이다.

하이데거는 존재자가 존재한다는 것이 '무언가'로서 현전하는 것이라고 보는 존재관은 특수한 유럽적 형이상학이라며 비판했다. 그는 그러한 전통의 내재적인 '파괴(Destruktion)'를 시도했는데 '탈구축'이란 이 '파괴'의 사고방식을 데리다 나름대로 계승하고 발전시킨 것이다. 탈구축의 '탈(de-)'은 단순한 부정이 아니라 존재자를 표상하는 '구축' 작용 그 자체의 내부에 그것을 흔들고 해체하는 계기가 필연적으로 내포되어 있음을 암시한다. 구축이 어떻게 짜여져 있는지를 정밀히 독해함으로써 그 자신이 탈-구축임을 저절로 드러나도록 하는 것, 이것이 데리다 이론의 기본적인 전략이다.

이러한 자기해체의 절차는 다양한 이항대립에 주목하면 알기 쉽다. 가령 개념이라는 이념적인 존재자가 의식에 현전할 수 있는 것은 그것이 질료적인 것(이른바 시니피앙)을 통해 표시되기 때문이다. 순수한 영혼이 아니라 신체로 살고 있는 인간의 경우, 내면에 있는 이념적인 것은 물질적인 외면성을 매개로 하지 않으면 그 자체로 현전시킬 수 없다. 그러나 질료는 영혼이 없는 것이므로 이념이라는 정신적인 실체에서 보면 '죽음'일 뿐이다. 이리하여 정신·이념·의미는 신체·물질성·시니피앙이라는 '타자'가 엉겨 붙는 한에서만 '자기'를 수립할 수 있다는 탈구축적 상황이 나타난다. 존재자의 전체를 통괄하고 지배하는 정신의 '삶'에는 항상 '죽음'이 이미 각인되어 있는 것이다.

사실 플라톤도 헤겔도 후설도 이 문제를 깨닫고 있었지만, 그들은 영혼이 가장 질료성·외면성의 정도가 적은 매체를 이용하여 이 문제를 해결할 수 있다고 보았다. 이 특권화된 매체가 바로 감각에서 들리는 순간 소멸하는 '소리'이다. 개념＝말(로고스)로서 세계가 현전한다는 것은 정신이 자신의 이야기 소리를 듣고 있다는 것이다. '현전의 형이상학'은 '로고스＝음성중심주의'이기도 하다. 그러나 데리다는 아무리 은폐하려고 해도 음성 그 자체가 시니피앙이자 기호로 쓰여진 것(넓은 의미의 에크리튀르)이라는 사실에는 변함이 없다고 한다. 그러한 이상, 의미의 동일성은 기호가 기호이기 위한 유일한 근거인 '차이'와 '반복가능성'에 의해 이미 오염되어버린 것이다.

여기까지만 보아도 탈구축이 단순히 전통적인 이항대립을 역전시켜 시니피앙이나 신체의 가치를 앞세우는 식의 논의가 아님은 명백하다. 고유한 자기동일성은 차이로서의 타자에 의해 이미 제약되어 있다. 그러나 이 제약을 벗어난 '외부'가 있는 것은 아니다. 언어를 가진 사회적 존재자인 인간이 의미나 의식이나 법의 동일성에 의지하는 것은 살아남기 위해 불가피한 것이다. 다만 그 불가피함에 안주하는 것은 전체화와 지배에 대한 긍정이며, 또한 배제하면 자기 역시 상실될 것이 분명한 타자를 제거하려 하는 어리석은 행동일 뿐이다. 탈구축이 고행에 가까운 텍스트 독해를 반복하면서 전하고자 하는 것은 결국 철학의 원점에서 분명히 들었을 '너 자신을 알라'라는 메시지인 것이다. (→

포스트구조주의, 에크리튀르, 차이 · 차연)

• 모리모토 고이치

참고문헌

• 자크 데리다, 《그라마톨로지에 대하여》, 김웅권 옮김, 동문선, 2004.
• _____, 《입장들》, 박성창 옮김, 솔, 1992.
• _____, 《해체》, 김보현 편역, 문예출판사, 1996.
• 페터 지마, 《데리다와 예일학파》, 김혜진 옮김, 문학동네, 2001.

지식의 고고학

l'archéologie de savoir

지식의 고고학은 미셸 푸코가 사용한 표현이다. 이를 제목으로 한 《지식의 고고학》(1969)이라는 책도 있지만, 1960년대 푸코의 역사분석 방법을 총칭하는 것으로 이해할 수 있다. '고고학'이라는 개념 자체는 이미 '침묵의 고고학(《광기의 역사》의 서문)', '의학적 시선의 고고학(《임상의학의 탄생》의 부제)', '인문과학의 고고학(《말과 사물》의 부제)'이라는 형태로 사용됐다.

지식의 고고학은 우선 학적 인식가능성의 조건을 다룬다. 광기는 어떻게 19세기 초에 과학적 담론의 대상이 될 수 있었을까. 서양의학은 19세기 이후 급격히 발전했는데, 이러한 발전은 인식상의 어떠한 변용 때문에 가능했던 것일까. 인문과학 또는 인간과학이 근대에 성립된 것은 어떠한 인식론적 배치에 근거한 것일까. 지식의 고고학은 이렇듯 학적 인식가능성의 조건, 그것도 역사적인 조건을 문제삼는다.

그러나 지식의 고고학은 역사를 다루면서도 사상사나 과학사와 구별된다. 종래의 역사기술은 의식적이든 무의식적이든 연속성을 전제해왔다. 합리성과 진리의 연속적인 발전을 기술했으며, 또한 학자 간의 영향 관계나 은밀한 철학적 전제, 나아가 진리에 장애가 되는 관념들을 분명히 해왔다. 그런데 지식의 고고학은 인식의 진리성을 문제삼아 인식이 출발하고 산출되는 규칙을 밝혀내려 한다. 또한 인식의 과정에서 그 앞에 있다고 상정되는 인식주관으로 거슬러 올라가지도 않는다. 주관을 괄호에 넣는 것이다. 그렇게 함으로써 지식의 고고학에서 말하는 '지식'은 인식 자체가 아니라, 주관성과 객관성으로부터 벗어날 때 드러나는 '인식의 토대'를 의미하게 된다.

지식의 고고학은 어떤 '지식'도 다룰 수 있지만, 실제 푸코는 어떤 특권적인 영역에 한정했다. 그 특권적인 영역이란 바로 '인간'에 대한 지식이다. 근대 초에 인간은 세계의 경계에 위치하는 인식주체(철학적으로 말하자면 초월론적 주관성)가 됐다. 다른 한편 인간은 과학적으로 인식되어야 할 특권적인 객체(인간과학의 객체)가 됐다. 이러한 사태는 도대체 어떠한 조건, 어떠한 지식의 변용에 의해 가능했을까. 이 대목이 푸코에 의해 제기된 문제의 지점이다.

《말과 사물》은 '인간의 종언'이라는 표현으로 유명하다. 그러나 소멸되는 '인간'은 물론 '인류'가 아니라 '인간과학'의 대상인 '인간'이다. 인간지(人間知)나 인간에 대한 인식과 같은 것은 어느 시대에나 있었다. 그러나 인간에 대한 '과학'은 아득한 옛적부터 존재한 것이 아니라 극히 최근에 시작됐다. 상식과는 달리 과학의 대상은 자연발생적인 것이 아니다. 그것은 '단절'에 의해 성립하며, '인간' 역시 그 사례에 불과하다. (→ 안티휴머니즘)

지식의 고고학은 '에피스테메'라는 개념을 사용한다. 에피스테메란 인식론적 배치를 의미한다. 모든 학문이 형태화되는 장이다. 푸코는 서구의 에피스테메에서 중요한 불연속이 두 차례 있었다고 한다. 하나는 프랑스인의 '고전주의시대(17세기 후반)'이며, 또 하나는 19세기 초 근대성의 발단이다. 불연속성에 대한 이러한 강조는 토머스 쿤의 '패러다임'이라는 개념과 유사하다. 에피스테메는 종종 '확대된 패러다임'으로 간주되어왔다. (→ 패러다임)

그러나 쿤의 패러다임에는 '과학자 공동체가 공유하는 모델'이라는 설명처럼 심리학적이고 사회학적인 의미가 있다. 그러나 앞서 보았듯 이 지식의 고고학은 공동주관성도 포함하여 일반적으로 모든 주관성을 괄호에 넣는다. 의식주체를 묻지 않는다는 점에서 에피스테메는 패러다임과 구별된다. 에피스테메는 '의식'이 아니라 오히려 '무의식'에 속한다. 그러나 그것은 가스통 바슐라르가 말했던 과학적 인식에 장애가 되는 무의식이 아니라 긍정적이며 적극적인 무의식이다. (→ 인식론적 단절)

에피스테메라는 개념은 유명해졌지만 푸코 자신은 그 후에 다시 사용하지 않았다. 이 개념이 '시대정신'이나 '세계관'과 지나치게 혼동됐기 때문이다. 또 하나의 이유는 푸코의 관심이 '지식의 고고학'에서 지식과 권력의 관계를 분석하는 '계보학'으로 이동했기 때문이기도 하다.

• 오이 히데하루

참고문헌

• 미셸 푸코, 《말과 사물》, 이광래 옮김, 민음사, 1986.
• _____, 《지식의 고고학》, 이정우 옮김, 민음사, 1992.

철학적 인간학

philosophische Anthropologie

철학적 인간학은 19세기 후반부터 폭발적으로 늘어난 인간에 관한 실증적인 지식을 포괄적인 견지에서 체계화해 기초를 세우려는 학문이다. 1920년대 독일 사상계에서 주요한 흐름을 형성했고, 대표적인 학자로 막스 셸러, 헬무트 프리즈너, 아르놀트 겔렌 등이 있다. 넓은 의미에서 보면 실존철학을 주장한 카를 야스퍼스(《세계관의 심리학》, 1919; 《철학》, 1932), 상징을 형성하는 능력에서 인간의 독자성을 발견한 에른스트 카시러(《상징형식의 철학》, 1923~29), 존재론을 준비하기 위해 인간존재의 분석을 시도한 마르틴 하이데거(《존재와 시간》, 1927) 등도 포함된다.

인류학의 발전과 철학적 인간학

19세기 중반 이후 찰스 다윈의 진화론의 영향 아래 생물로서의 인간을 연구하는 자연인류학과 인간을 민족적 사회적 측면에서 고찰하는 문화인류학은 인간에 관해 확장된 지식을 유럽에 가져왔다. 그러나 이런 인류학들이 생물로서의, 혹은 사회적 존재로서의 인간에 관해 다양한 데이터를 가져오면 가져올수록 그 기초에 있는 '인간'에 관한 통일된 이미지는 점점 더 흔들렸고 새로운 인간상이 요구되기 시작했다. 실증과학 영역의 이러한 움직임에 맞춰 철학의 영역에서도 인간의 본질을 되묻는 인간학의 필요성이 부각됐다.

여기에 박차를 가한 것이 제1차 세계대전이다. 이성적인 존재임을 의심하지 않았던 인간이 바로 가장 야만적인 존재임이 드러난 미증유의 파괴와 그 후의 혼란은 특히 패전을 경험한 독일 지식인들에게 심각한 타격을 주었고, 그들을 '인간이란 무엇인가'라는 기본적인 질문에 파고들게 했다.

셸러의 철학적 인간학—환경세계 계박성(繫縛性)과 세계개방성

1900년대에 에드문트 후설 밑에서 현상학적 방법을 몸에 익히고 1910년대에 논리학과 사회학에서 활발한 집필활동을 전개한 셸러는 일찍이 이 시기에 철학적 인간학의 필요를 예고했다.(〈인간의 이념에 관하여〉, 1915 참조) 그는 1920년대의 강의를 통해, 특히 가장 만년의 저작 《우주에서 인간의 지위》(1928)로 철학의 중심적 과제가 '인간이란 무엇인가'라는 문제에 있음을 선언하고, 이로써 철학적 인간학의 대표적 인물이 됐다. 그는 '철학적 인간학'이라는 표제의 저작을 간행할 예정이었지만 그 전에 죽어 실현되지 못했다.

《우주에서 인간의 지위》의 의도는 생명계 전체를 그 하위단계부터 차례로 되짚어 생명을 넘어선 곳에 '정신'이라는 원리가 있음을 드러내고, 정신이 머무는 '인격'이 인간의 형이상학적 지위를 특징짓는다

〈철학적 인간학을 둘러싸고〉

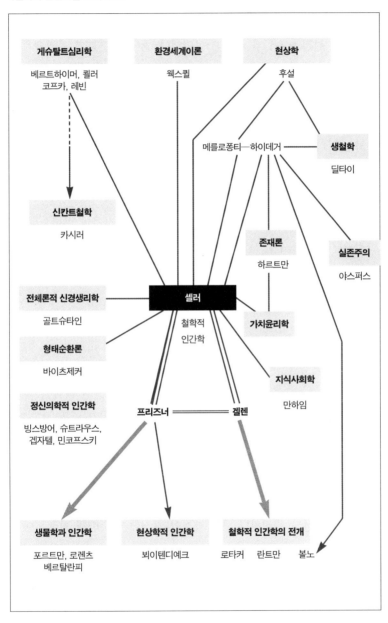

게슈탈트심리학
베르트하이머, 쾰러
코프카, 레빈

환경세계이론
웩스퀼

현상학
후설

메를로퐁티—하이데거

생철학
딜타이

신칸트철학
카시러

존재론
하르트만

실존주의
야스퍼스

전체론적 신경생리학
골트슈타인

셸러
철학적
인간학

가치윤리학

형태순환론
바이츠제커

지식사회학
만하임

정신의학적 인간학
빙스방어, 슈트라우스,
겝자텔, 민코프스키

프리즈너 ═══ 겔렌

생물학과 인간학
포르트만, 로렌츠
베르탈란피

현상학적 인간학
뵈이텐디예크

철학적 인간학의 전개
로타커   란트만   볼노

는 사실을 밝히는 것이었다. 동물학자 웩스퀼의 환경세계이론을 비판적으로 계승하면서 셸러는 인간의 이런 독자성을 동물이 환경세계에 구속받는 성질(繫縛性)과 대비해 설명했다. 동물은 본래의 환경세계에 얽매여 그에 적응해야 하지만 인간은 자신의 환경세계로부터 자유로우며, '세계'에 열려 있는 구조 즉 '세계개방성'을 가졌다. 셸러의 이 '세계개방성'은 하이데거가 인간의 기본구조를 '세계 내 존재'라고 포착하는 하나의 계기가 됐다.

철학적 인간학의 전개

셸러의 이런 착상을 기본적으로 받아들이면서 각자의 방향으로 철학적 인간학을 탐구한 사람이 프리즈너와 겔렌이다.

프리즈너는 셸러나 딜타이의 영향으로《유기적 생물의 각 단계와 인간》(1928)을 썼는데, 이 책으로 셸러와 함께 철학적 인간학의 창시자라고 불리게 됐다. 그는 동물이 환경세계의 중심에 머무는 데 반해 인간은 자신이 위치하는 중심에서 한 발 물러서서 자기자신과 관계를 가질 수 있다고 주장하며 그 지점에 인간의 독자성이 있다고 본다.

겔렌은《인간 : 그 본성과 세계에서의 위치》(1940)에서 동물이 환경세계 속에서 부족함 없이 생명활동을 영위하는 것에 비해, 살아 있는 인간은 적당한 생존조건을 지니지 못한 '결함동물'이라고 주장한다.

그러나 인간은 이러한 결함으로 인한 문제들을 언어, 사고, 행위를 통해 극복한다. 이 부분은 셸러뿐만 아니라 칸트와 동시대의 철학자 헤르더의 영향도 뚜렷하다. 생물학적인 관점에서 출발해 최종적으로 문화에서 인간의 독자성을 찾고자 하는 겔렌의 이런 태도는 인간의 역사성을 중시하는 미카엘 란트만이나 에릭 로타커 등이 계승했다.

그 밖에도 프리즈너와 공동 연구를 했던 뵈이텐디예크, 다른 포유류와 비교해 인간이 거의 일년 정도 조산임을 생물학적으로 확증한 아돌프 포르트만, 하이데거와 딜타이의 영향 아래에 '마음'의 문제를 탐구한 오토 프리드리히 볼노, 정신의학적 인간학에 접근한 루트비히 빈스방어, 프리드리히 슈트라우스, 에리히 폰 겝자텔 등이 각각 독자적인 인간학을 펼쳤다. (→ 환경세계이론)

• 사코다 겐이치

참고문헌

• 마르틴 하이데거, 《존재와 시간》, 이기상 옮김, 까치글방, 1998.
• 막스 셸러, 《우주에서 인간의 지위》, 진교훈 옮김, 아카넷, 2001.
• 에른스트 캇시러, 《인문학의 구조 내에서 상징형식 개념 외》, 오향미 옮김, 책세상, 2002.

살

c h a i r

ᐬ

살은 후기 메를로퐁티(1908~61)의 존재론적 사색에 자주 나타나는 주요한 개념이다. 신체와 세계가 거기로부터 파열해서 열리는 공통의 바탕을 의미한다.

원래 메를로퐁티는 주관주의적인 관념론과 객관주의적인 실재론을 비판적으로 극복하기 위해, 초기 대표작인 《지각의 현상학》(1945)에서는 육화(肉化)한 주관으로서의 '신체'에 주목했다. 하지만 메를로퐁티는 만년에 자신의 초기 사색을 다시 다듬고자 했는데, 그 작업의 중심 개념이 '살'이다.

《지각의 현상학》에서 메를로퐁티는 먼저 세계의 근본경험의 당사자는 초월론적인 의식주관이나 생리학적인 신체를 갖춘 경험론적 주체가 아니라, 지각적으로 세계와 관여하는 육화한 신체적 주관이라고 주장했다. 그러면서 이 신체에 관하여 당사자가 내부에서 느끼는 '현상적 신체'와 제3자적으로 대상화할 수 있는 '객관적 신체'를 구별하여, 《지각의 현상학》에서는 주로 세계를 느끼는 주체인 현상적 신체에 초점을 두어 육화한 신체와 그 주관이 살아가는 세계의 상관관계를 현상학적으로 기술했다. 하지만 자신이 타성적으로 느끼고 대상화할 수 있는 객관적 신체에 대한 존재론적 규정은 충분히 이루어지지 않았다.

신체란 내가 그것을 통해 세계를 느끼는 능력인 동시에 일개 사물처럼 느껴지는 것이기도 하다. 내 왼손을 만지는 내 오른손은 만지는 존재이지만, 마음만 먹으면 만져지는 내 왼손이 오른손을 느끼는 것도 가능하다. 이때 내 오른손은 만지는 것에서 만져지는 것으로 전환한다. 신체는 느끼고 느껴진다는 재귀적인 구조를 갖추고 있다. 후기 메를로퐁티는 이 지점에서 반성성(反省性)의 맹아를 발견한다. 만지는 신체가 자신을 만지는 존재, 즉 만져지는 존재이기도 하다는 재귀적인 반성능력을 통해, 정신과 신체, 능동과 수동, 자기와 타자 같은 관계를 하나의 근원적인 장소에서 상호 전환가능한 관계로 파악할 수 있는 가능성이 열린다. '살'이라는 개념은 초기 사색 이래 메를로퐁티 사상의 중심축이었던 신체 개념을 깊이 파고드는 과정에서 생성됐다.

'살' 개념의 확장

유고가 된 《보이는 것과 보이지 않는 것》(1964)에 등장하는 '세계의 살'이나 '존재의 살'과 같은 표현에서도 알 수 있듯이, '살'은 신체의 모양을 가리키는 개념에 그치지 않고 모든 존재자에게 형태를 부여하는 '존재의 원소'이기도 하다. 즉 '살'은 어떤 실체적인 것을 가리키는 게 아니라, '살은 존재의 원소이다'라는 표현에서도 알 수 있듯이 세계가 존재한다는 상황 그 자체이다. 그것은 느끼는 것과 느껴지는 것이 거기로부터 파열해 나오는 하나의 똑같은 바탕인 세계이자, 신체와 세계의 감수성 일반을 보편적으로 매개하는 존재이기도 하다.

　내가 사물을 본다는 것은 보이는 것의 한가운데에 스스로 하나의 보이는 것이기도 한 내가 보이는 것을 본다는 상황을 의미한다. 많은 화가들이 사물이 자신을 보고 있는 것처럼 느꼈던 순간을 이야기한다. 그러한 증언을 인용하면서 메를로퐁티는 "지각하는 것은 우리가 아니다. 저기서 사물이 우리를 지각하고 있다"라고 단언한다. 여기에서 메를로퐁티는 원초적인 가시성이라고 부를 만한 상황을 말하고자 한다. 사물이 지각적으로 나타나는 근원적인 장면에서 후설은 사물의 유체적(leibhaft)인 현전이라는 표현을 썼는데, 이 '살아 있는 몸으로(en chair et en os)'라는 성격은 살 안에서도 반향하고 있다.

　'존재'라는 용어가 자주 등장하는 데서도 알 수 있듯이 후기 메를로퐁티의 사색이 하이데거의 영향을 받았음은 간과할 수 없다. 하지만 하이데거가 존재의 근원을 역사적 기원인 고대 그리스에서 구하는 것과 달리 메를로퐁티는 존재의 근원을 지금 여기에 있는 신체의 감각능력의 근원 속에서 찾는다. 또한 메를로퐁티는 프로이트의 사상을 '살의 철학'이라는 관점에서 재고하려는 기획도 했다.

　이처럼 만년의 메를로퐁티는 '살'이라는 개념을 통해 무의식과 자연의 문제에까지 고찰을 넓히려고 했으나, 그 가능성은 그의 너무나도 이른 죽음 때문에 결국 실현되지 못했다.

• 고스다 겐

참고문헌

• 메를로퐁티, 《간접적인 언어와 침묵의 목소리》, 김화자 옮김, 책세상, 2005.
• _____, 《보이는 것과 보이지 않는 것》, 남수인 옮김, 동문선, 2004.
• _____, 《지각의 현상학》, 류의근 옮김, 문학과지성사, 2002.
• 조광제, 《몸의 세계, 세계의 몸》, 이학사, 2004.

인식론적 단절

c o u p u r e   é p i s t é m o l o g i q u e

인식론적 단절은 프랑스의 과학철학자 가스통 바슐라르가 만들고, 루이 알튀세르가 널리 유포시킨 용어이다. '새로운 과학적 인식이 돌연히 발생하는 순간'을 의미한다.

바슐라르에 의하면 과학사는 단순한 과학적 발견의 연대기가 아니며 누적된 진보의 과정을 기술한 것도 아니다. 오히려 과학이 진정 객관적인 '인식'이 되기 위해서는 몇 가지 '인식론적 장애'를 뛰어넘어야만 한다. 이 장애를 넘어서는 순간이 '인식론적 단절'이며, 이러한 단절에 의해 비로소 새로운 과학적 인식이 발생한다. 바슐라르는 지금의 과학적 인식이 어떻게 새로운 지반 위에서 성립했는지를 분석했다. 또한 그는 《과학적 정신의 형성》(1938)에서는 역으로 새로운 인식을 향해 열린 정신(즉 과학적 정신)의 형성을 방해하는 '인식론적 장애'를 일종의 정신분석을 통해 배제하려고 시도했다.

바슐라르의 인식론적 단절은 과학사의 불연속성을 강조한다는 점에서 토머스 쿤의 '과학혁명' 개념과 유사하지만, 역사적 상대주의를 주장하는 것은 아니다. 오히려 그것은 현재의 과학을 과학이게끔 하는 규범성을 명백하게 밝힌다. 여기서 말하는 과학이란 과학이 자신의 산물에 대해 그 진위를 결정하는 내적 기준을 가지고 자신의 진리를 수정하고 갱신할 수 있다는 것을 의미한다.

알튀세르의 일관된 목표는 마르크스의 사상이 어떤 관념론적 요소와도 절연한, 전례 없는 '역사과학'이라는 점을 밝히는 데에 있다. 그는 바슐라르의 '인식론적 단절'을 도입해 마르크스의 과학성을 증명하려고 했다. 알튀세르에게 '인식론적 장애'에 해당하는 것은 '이데올로기'이다. 알튀세르가 말하는 단절은 이데올로기에서 과학으로 이행하는 것이다. 종래의 인간학적인 마르크스 독해는 1844년의 《경제학 · 철학초고》를 중시해왔다. 그러나 이 단계의 마르크스는 헤겔과 포이어바흐의 토대 위에서 이야기하고 있다. 여기에서는 진정한 마르크스의 사상을 발견할 수 없다. 알튀세르는 1845년의 텍스트에서 인식론적 단절이 발생한다고 주장한다. 이때의 텍스트(〈포이어바흐에 관한 테제〉와 《독일 이데올로기》)에서는 마르크스가 이론구성 또는 문제구성 상의 변화를 겪고 있었음을 알 수 있다. 이 변화야말로 이데올로기(즉 헤겔이나 포이어바흐의 철학)에서 과학('역사적 유물론')으로 이행하고 있음을 보여준다.

그러나 알튀세르가 말하는 단절은 바슐라르와는 다르다. 알튀세르는 이데올로기적 전사(前史)에서 한 가지 과학의 출현을 묘사하는 것에 그치지 않는다. 그것은 동시에 새로운 철학을 만들어낸다. 즉 마르크스의 인식론적 단절은 역사적 유물론이라는 역사의 '과학'뿐만 아니라 변증법적 유물론이라는 '철학'도 산출했다.

알튀세르의 단절은 1845년이라는 연도를 지정하고 있지만, 결코 일회적인 사건으로 생각해서는 안 된다. 그것은 하나의 과정이자, 불가역적인 무언가의 시작으로 이해되어야 한다. 알튀세르는 그것을 '부단한 단절'이라고 했다.

인식론적 단절은 과학을 만들어내는 것이기 때문에 마르크스 '과학'의 과학성을 분명히 해야만 한다. 그런데 알튀세르와 그 학파는 이 점에서 성공하지 못했다. 과학성의 기준은 반증가능성이나 공리로부터 출발해 자신의 인식을 수정한다는 점에 있다. 오류가 있을 수 없는 과학은 과학이 아니다. 그런데 알튀세르는 마르크스의 인식에서 출발해 마르크스의 어디가 여전히 불완전한지 전혀 지적하지 않는다. 그렇기 때문에 마르크스의 '과학'은 작은따옴표가 붙은 '과학'에 불과한 것이다.

알튀세르의 제자이기도 했던 미셸 푸코는 '인식론적 단절'의 구상을 이어받았지만, 그것을 이중으로 전위시켰다. 첫째로 푸코는 과학에 앞선 단계에서 과학의 출현을 분석하지 않고 '지식'의 변환을 분석한다. 둘째로 푸코는 복잡한 학문의 동시적 변용을 분석한다. 푸코에 의하면 모든 과학은 어떤 공통의 인식론적 기반 위에 성립해 있다. 개개의 과학은 무심결에 하나의 인식론적 배치에 의해 규정된다. 푸코는 이러한 인식론적 배치를 '에피스테메'라고 불렀다. '에피스테메'는 과학을 과학이게 하는 기준보다 깊은 수준에 위치한다. 푸코는 이 수준에서 역사적인 '지식'의 변동을 탐구했다. (→ 지식의 고고학, 마르크스주의, 구조주의)

• 오이 히데하루

참고문헌

• 가스통 바슐라르, 《새로운 과학정신》, 김용선 옮김, 인간사랑, 1990.
• 루이 알튀세르, 《맑스를 위하여》, 이종영 옮김, 백의, 1997.
• 칼 마르크스·프리드리히 엥겔스, 〈독일이데올로기〉, 《칼 맑스·프리드리히 엥겔스 저작 선집 1》, 박종철출판사 편집부 엮음, 김세균 감수, 박종철출판사, 1997.

노이즈
n o i s e

노이즈는 원래 잡음이나 소음이라는 뜻이지만, 정보이론에서는 정보의 일의성을 방해하는 것을 의미한다. 고전적인 철학 개념으로 말하자면 노이즈는 '명석', '판명'에 반대되는 '애매', '혼잡'에 해당할 것이다. 명석한 것은 분절화된 것이지만 그 세부는 혼잡하다. 이 세부가 식별되는 것이 판명이다. 한편 애매한 것은 분절되지 않은 것이지만 명석함이 떠오르는 바탕이기도 하다. 혼잡함이 외부 노이즈라면 애매함은 배경 노이즈이다. 외부 노이즈는 배제할 수 있지만 배경 노이즈는 배제할 수 없다.

노이즈문제는 플라톤까지 거슬러 올라갈 수 있다. 왜냐하면 이데아는 노이즈를 일절 배제한 순수 '정보', 혹은 이상적인 커뮤니케이션의 장일 것이기 때문이다(참고로 '정보(information)'란 단어의 어원은 '형식을 부여한다'이므로 플라톤주의와 무관하지 않다). 그러므로 플라톤에게 노이즈의 원천은 질료 혹은 감성적인 것 내부에 있다. 모든 경험은 질료를 포함한 이상, 정도의 차는 있어도 노이즈를 항상 내포하고 있다. 음성이든 문자든 구체적인 전달이란 노이즈에 몸을 드러내는 일이다(말실수나 술주정은 노이즈이고, 프로이트의 정신분석은 노이즈에 귀기울이는 기법이다. 또한 서도(書道)의 '아름다움'도 정보전달의 관점에서는 노이즈일 뿐이다).

현대의 자기조직화이론에서 '비평형계에서의 진동(프리고진)'이나 '노이즈(아트랑)'는 중요한 의의를 지닌다. 바로 근대과학 안에 여전히 뿌리깊게 남아 있는 플라톤주의적인 질료-형상모델로부터 벗어나려는 시도이기 때문이다. 자기조직화이론에 따르면 노이즈는 조직을 저해하는 요인이지만 그 이상으로 조직의 다양성, 복잡성을 만들어내는 요인이기도 하다.

• 오이 히데하루

참고문헌

• 미셸 세르, 《헤르메스》, 이규현 옮김, 민음사, 1999.

노마돌로지
n o m a d o l o g i e

노마돌로지는 질 들뢰즈와 펠릭스 가타리가 만든 용어로 노마디즘
이라고도 한다. 유목민적인 존재방식을 뜻하므로 '유목론'이라고도 번
역된다.

《천 개의 고원》(1980)에서 들뢰즈와 가타리는 "역사는 항상 정주민
의 시점에서 국가장치의 이름으로 씌어졌다"고 한다. 유목민을 말할
때에도 역시 이 장치가 작동한다. 지금 노마돌로지를 이야기하는 것은
노마드를 복권하고 역사에 통합하기 위해서가 아니라, 노마드적인 존
재방식을 정주민적 존재방식과 국가장치에 대립시키기 위해서이다.

들뢰즈와 가타리는 다음과 같은 낯선 개념을 창조했다. 그들의 책은
놀랄 만한 개념창조의 실험실이다. 《앙티오이디푸스》(1972)의 '욕망하
는 기계'와 '기관 없는 신체', 《천 개의 고원》의 '노마돌로지'와 '리좀'
등이 그런 새로운 개념들이다. 들뢰즈와 가타리는 이항대립 또는 두

항간의 구별을 활발히 사용해 자신들의 개념을 만들었다. 노마드적인 존재방식은 정주민적인 존재방식과의 차이를 통해 분명해진다.

저자 중 한 사람인 들뢰즈는 이미 《차이와 반복》(1968)에서 '유목적 배치'와 '정주적 배치'에 관해 이야기했다. 정주적 배치는 공간을 잘게 분절해 그것을 사람마다 각각 소유하는 존재방식이다. 그러나 유목적 배치는 경계도 울타리도 없는 열린 공간에서 모두에게 분할 없이 분배되는 존재방식이다.

이 관점은 《천 개의 고원》에서도 계승됐다. 유목민과 정주민은 무엇보다 먼저 그들이 어떻게 공간을 점유하는가로 정의된다. 정주적으로 배치된 공간은 '홈패인 공간'이라고 불린다. 홈패인 공간은 바둑판처럼 정리되고 코드화된 공간이다. 국가가 통치하고 기능하는 것은 이 공간에서이고, 정주도 여기서 이루어진다. 사람은 공간을 점유하기 위해 숫자로 세어지고 점에서 점으로 나아가며 선은 점에 종속되어 있다. 이 '홈패인 공간'의 대립항이 유목민이 점유하는 '매끄러운 공간'이다. 이 공간은 바다나 사막, 혹은 초원으로 상상할 수 있다. 매끄러운 공간은 홈패인 공간과 홈패인 공간의 '사이'에 넓게 열린 공간으로 매끄럽지만 등질이 아니라, 오히려 '무형'을 의미한다. 이 공간에서 사람은 '셀 수 없는 공간을 점유하고', 홈패인 공간과는 반대로 점이 선에 종속되어 있다.

유목민이란 단어에서는 이주나 방랑이 떠오르기 쉽다. 그러나 들뢰즈와 가타리는 실제로 노마드가 끊임없이 이주하고 방랑하는 것이라 해도, 노마드는 이민자나 방랑자와는 정의부터 다르다고 지적한다. 노마돌로지는 방랑에 대한 권유나 여행에 대한 유혹이 아니다. 유목은 그들이 점유하고 있는 유목적 공간, 즉 매끄러운 공간에 의해 정의된다. 따라서 얼핏 보면 역설적이지만 '유목민들은 오히려 움직이지 않는 자'이다. 계량이 가능한 운동은 홈패인 공간에 속해 있기 때문이다. 이에 반해 매끄러운 공간은 강밀도가 중요하다.

그런 까닭에 들뢰즈와 가타리는 두 종류의 여행을 구별해야 한다고 한다. 하나는 홈패인 공간을 이동하는 정주민적인 여행. 또 하나는 매끄러운 공간에서 유목적으로 '그 장소에서 하는 여행.' 이러한 구별은 '이념적인' 구별이다. 실제로 유목민과 정주민은 늘 섞여 있고, 한쪽에서 다른 한쪽으로의 이행이 존재한다. 매끄러운 공간과 홈패인 공간도 언제나 혼합되어 있을 뿐 아니라 '매끄러운 공간은 끊임없이 홈패인 공간으로 계속 변화한다.' 바다는 매끄러운 공간이지만 그렇기 때문에 사람들은 바다를 다른 어떤 매끄러운 공간보다 더 홈패인 공간으로 만들고자 한다. 사막이든 바다든 그곳을 패인 공간으로 만들어 정주민으로서 살 수 있는 것이다. 거꾸로 사람은 도시에서도 매끄럽게 살면서 도시의 유목민이 될 수 있다.

노마돌로지에서 중요한 점은 공간화의 양태, 요컨대 매끄러운 공간과 홈패인 공간, 서로의 이행 또는 반전, 서로의 결합과 융합이다. 저자들은 '우리가 매끄러운 공간 하나로 충분히 구원받을 것이라고는 결코 믿지 말라'고 당부했다.

• 오이 히데하루

참고문헌

• 이진경, 《노마디즘 1 · 2》, 휴머니스트, 2002.
• 질 들뢰즈, 《차이와 반복》, 김상환 옮김, 민음사, 2004.
• 질 들뢰즈 · 펠릭스 가타리, 《천 개의 고원》, 김재인 옮김, 새물결, 2001.

반철학

anti-philosophie

현대의 서양철학자들은 기묘하게도 자신들의 사상적 영위를 더 이상 '철학'이라고 부르지 않는다. 그들에게 '철학'은 '서양'이라고 불리는 문화권의, 그것도 특정한 시대를 지배했던 특수한 사고양식일 뿐이며, 그들은 그 극복을 꾀하고 있는 것이다.

예를 들어 하이데거는 '철학'을 플라톤에서 시작해 마르크스와 니체에서 종국에 이른 앎의 양식이라고 생각한다. 〈철학의 종언과 사색의 과제〉에서 그는 "철학이란 형이상학이다"라고 규정하고는 다음과 같이 말한다.

"철학의 역사 전체를 통해 플라톤의 사고가 모습을 달리하며 지배하고 있다. 형이상학은 플라톤주의이다. 니체는 자신의 철학을 전도된 플라톤주의라고 부른다. 이미 마르크스가 수행한 형이상학의 역전에 의해 철학은 극한의 가능성에 이르렀다. 철학은 그 종국에 달한 것이다."

그리고 하이데거는 자신의 사상적 영위를 '존재로의 회귀'라고 부른다. 형이상학에 의해 은폐된 시원의 존재로 사유를 되돌리려는 것이다.

메를로퐁티도 1960~61년도 콜레주 드 프랑스에서의 강의 〈헤겔 이후의 철학과 비철학〉에서 이렇게 말하고 있다.

"문제가 되는 것은 철학과 그 적대자(실증주의) 사이의 전투가 아니라 비철학이면서 철학이고자 하는 철학이다. 즉 '피안'이자 제2의 긍정적 질서로서의 절대자가 아니라 피안을, 모사를 요구하고, 그것을 통해서만 다가갈 수 있는 또 하나의 질서로서 절대자로 향하는 길을 여는(' 부정신학'과 같은 의미의) '부정철학'이다. 진정한 철학은 철학을 조롱한다. 그것은 부(不)철학이다."(《강의 노트, 1959~61》)

그리고 메를로퐁티 또한 마르크스, 키에르케고르, 니체의 이름을 들며 그러한 사상적 시도를 '반철학'이라고 부르고 자신도 그것을 계승하고자 한다. 데리다의 '형이상학의 탈구축'이라는 시도까지 포함해, 이들 현대 사상가들의 사상적 영위를 마르크스가 '경제학'이 아니라 '경제학비판'이라고 말했던 의미에서 '철학비판'이라고, 또는 메를로퐁티가 말했던 의미에서 '반철학'이라고 부를 수 있겠다.

나아가 우리는 비트겐슈타인의 후기 사색도 이러한 '반철학'에 포함시킬 수 있다. 그가 철학을 재개한 이후인 1932~33년에 케임브리지대학에서 진행됐던 강의를 들은 G. E. 무어는 이렇게 술회한다.

"나(무어)는 그(비트겐슈타인)의 작업을 '철학'이라고 불러도 상관없다고 생각했다. 그런데 그가 '철학(그는 이것을 '현대철학'이라고 불렀다)'과 전통적으로 '철학'이라고 불려지던 것과의 차이에 대해 언급한 몇 가지 대목에 매우 놀랐다. 그가 말하는 바에 따르면 자신이 하는 것은 '새로운 주제'이지, 그저 (철학의) '연속적 전개'의 한 가지 과정이 아니었다."

비트겐슈타인은 이러한 사고전개의 '비틀림'을 역학의 발명이나 연금술에서 화학으로 발전하던 시기의 상황에 빗대고 있다. 이미 1930년에 《철학적 탐구》 서문에서 다음과 같이 썼던 것을 보아도, 그가 자신의 사색을 과거 철학의 연속 또는 단순한 순화라고 보지 않았다는 점은 명백하다.

"나는 이 책을 이 책의 정신에 우호적인 사람들을 위해 썼다. 이러한 정신은 우리 모두가 몸담고 있는 유럽문명과 미국문명의 거대한 흐름의 정신과는 다른 것이다."

그리고 그는 서구문명의 정신은 "세계를 그 중심에서—그 본질에서—포착하려는" 것이지만, 《철학적 탐구》의 정신은 "세계를 그 끝 지점에서—그 다양성에서—포착하려는" 것이라고 기술한다. 그 역시 서양의 전통적인 철학에 대한 '반철학'을 지향했던 것이다.

• 기다 겐

참고문헌

• 루트비히 비트겐슈타인, 《철학적 탐구》, 이영철 옮김, 서광사, 1994.
• 마르틴 하이데거, 〈휴머니즘에 관하여〉, 《철학이란 무엇인가 외》, 최동희 외 옮김, 삼성출판사, 1990.
• 미셸 푸코, 《말과 사물》, 이광래 옮김, 민음사, 1987.
• 칼 마르크스·프리드리히 엥겔스, 〈독일이데올로기〉, 《칼 맑스·프리드리히 엥겔스 저작 선집 1》, 박종철출판사 편집부 엮음, 김세균 감수, 박종철출판사, 1997.
• 프리드리히 니체, 《반시대적 고찰》, 임수길 옮김, 청하, 1982.

물상화

Versachlichung

✺

물상화는 마르크스가 《자본론》에서 사용한 용어이다. 인간과 인간의 사회적 관계가 왜곡되고 은폐되어 사물과 사물의 관계나 사물이 갖는 성질로 나타나는 경우를 가리킨다. '물화(Verdinglichung)'라고도 한다.

상품의 물신적 성격과 물상화

우리가 살아가는 자본주의 사회에서는 모든 것을 돈으로 살 수 있다. 어떤 것도 상품이 될 수 있고, 어떤 상품도 그것과 가격이 같은 모든 상품과 원칙적으로 교환가능하다. 미개사회 사람들이 그저 돌멩이에 지나지 않는 것을 주물(呪物)로서 숭배했듯이(이를 페티시즘이라 한다), 현대의 우리도 화폐와 상품을 만능의 힘을 숨기고 있는 것으로 숭배하고 있다. 마르크스는 상품이 지니는 이러한 신비적 성격을 상품의 '물신적(페티시즘적) 성격'이라 불렀다.

마르크스에 따르면 상품의 이러한 물신적 성격은 그 상품을 이루고 있는 물질에서 유래한 것이 아니다. 상품 가치의 실체는 '추상적 인간노동'이고, 같은 가격이라고 간주되는 두 가지 상품을 서로 교환할 수 있는 것은 그것들이 만들어지기까지 투입된 추상적 인간노동이 같기 때문이다.

그렇다면 '추상적 인간노동', 즉 노동하는 인간과 그 노동이 개성을 완전히 상실하게 한 것은 무엇인가. 답은 '분업'이다. 생산공정을 세분화하면 할수록 그것에 관여하는 노동은 단순하고 추상적인 것이 된다. 컨베이어벨트에 의한 노동이 그렇다. 그런데 '분업'이란 생산 현장에서 나타나는 인간들 간의 사회관계와 다름없다. 즉 '분업'이라는 사회관계가 발달하면 노동은 추상화되고, 노동이 추상화되면 상품은 다른 상품과 점점 자유롭게 교환되어 상품세계가 점점 넓어지는 것이다.

상품의 물신적 성격은 특정한 인간관계(자본주의적 생산양식)가 물상화된 결과이다.

물상화론과 소외론

물상화라는 개념은 마르크스의 후계자들 사이에서는 잊혀졌지만, 게오르크 루카치는 이 개념에 다시금 주목했다.

단, 루카치는 물상화를 주체적이어야 할 프롤레타리아트의 의식이 소외되어 객체화되는 상황이라고 이해하고, 이 '물상화된' 프롤레타리아트가 체제의 변혁자로서 자기를 형성해가는 과정에 대해 해명하는 것을 자신의 과제로 삼았다.(《역사와 계급의식》(1923), 특히 〈물상화와 프롤레타리아트의 의식〉 참조)

물상화론의 응용

물상화론은 상품분석을 비롯한 다양한 분야에 적용되고 있다.

아도르노와 프랑크푸르트학파는 '실증주의 논쟁'에서 포퍼 등의 비판적 합리주의자들을 비판하면서 물상화라는 개념을 도입했다. 프랑크푸르트학파는 과학자 자신이 사회의 변증법 전체에 연루되어 있으므로 비판적 사회이론은 자기관계적이어야 한다고 주장한다. 따라서 비판적 합리주의의 기반이 되는 사상, 즉 경험적 사실과 이론적 입장을 명확히 분리할 수 있다는 가치중립적 사상은 이러한 사회적 현실을 간과한 물상화의 소산일 뿐이다.

또한 프랑스의 조셉 가베르는 저서 《허위의식》(1962)에서 물상화와 그것이 만들어내는 허위의식이라는 관점에서 정신병리학을 독자적으로 구축하고자 했다. (→ 마르크스주의)

• 무라오카 신이치

참고문헌

• 게오르그 루카치, 《역사와 계급의식》, 박정호·조만영 옮김, 거름, 1999.
• 칼 마르크스, 《자본론》, 김수행 옮김, 비봉출판사, 2004.

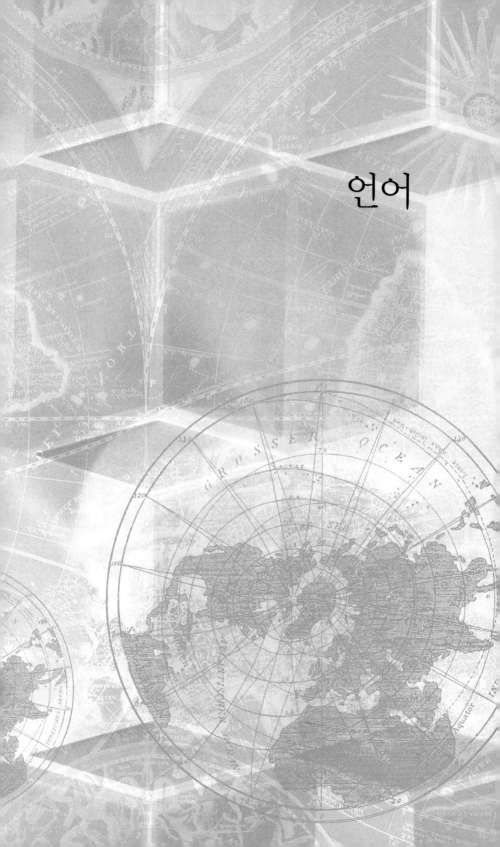

언어

기호론

semiotics/semiology

인간의 문화적 활동 전반을 기호라는 관점에서 파악하는 이론이다. 미국의 퍼스(1839~1914)와 스위스의 소쉬르(1857~1913)는 같은 시기에 각자 기호론의 기초가 되는 사고에 도달했다. 이 이론을 퍼스는 '기호론(semiotics)', 소쉬르는 '기호학(sémiologie)'이라고 불렀다. 또 무냉(Georges Mounin)은 프리에토(Luis Prieto)의 이분법을 써서 퍼스의 기호론이 코드의 존재와는 관계없이 의미작용 자체를 대상으로 하는 '의미작용의 기호학'인 데 반해, 소쉬르의 기호학은 코드에 근거한 커뮤니케이션을 대상으로 하는 '커뮤니케이션 기호학'이라고 했다. 어쨌든 현대의 기호론은 기호에 관한 두 사람의 새로운 학문적 구상에서 비롯됐다.

퍼스의 기호론

퍼스는 "모든 사상은 기호이다"라는 테제 아래에 의식은 모두 기호에 의한 것이라고 생각하여, 직관적 인식이나 '내성(introspection)'을 부정했다. 퍼스는 기호를 "누군가에게 무언가를 표의하는(stand for) 작용"이라고 정의하고, '표의하다'는 개념을 '어떤 것이 다른 무언가에 대해 어떤 목적을 위해, 어떤 정신에 의해, 마치 그것이 그 무언가 자체인 것처럼 다루어지는 관계에 있는 것'이라고 정의한다. 이 같은 표의작용이야말로 기호의 기능이고, 그러한 기호작용은 '기호(sign, representamen)', '해석내용(interpretant)', '대상(object)'이라는 세 가지 계기로 이루어진다.

예를 들어 한국어 단어 '기호'가 발화된다고 하자. 이 단어를 통해 한국어를 이해할 수 있는 사람 안에서 생겨나는 것이 '해석내용'이고, 이 단어에 의해 지시되는 것이 '대상'이다. 퍼스는 이러한 과정을 '해석내용'을 매개로 하여 '기호'가 '대상'을 '표의하는' 기호작용이라고 생각했다. 이때 매개인 해석내용 자체도 기호라고 그는 말한다. 즉 기호내용이란 기호에 의해 사람에게서 생겨나는, 원래의 기호와 동등한 기호를 의미하는 것이다. 이러한 세 가지 계기가 갖추어지지 않으면 기호작용 혹은 기호과정은 성립하지 않는다.

이 같은 철저한 기호주의는 퍼스의 이른바 '현상학'과 긴밀하게 결부되어 있다. 그의 현상학은 세 가지 범주로 성립된다. '어떤 것과도 관계없이 그 자체인 사물의 상태'인 제1차성, '제2의 사물과 관계있는 상태'인 제2차성과 '일반법칙적인 것들의 상태'인 제3차성이 그것이다.

제1차성은 지각이나 감각을 의미하는 성질의 범주이며, 가능성을 나타낸다. 제2차성이란 경험이나 행동을 가리키는 대상의 범주이며, 현실성을 나타낸다. 제3차성이란 사고 혹은 기호를 뜻하는 관계의 범주이며, 필연성을 나타낸다. 따라서 세 가지 계기에 의해 성립되는 기호과정은 명백히 제3차성의 개념이다. 그러한 기호의 양상을 이 세 가지 범주에 적용하면, '기호 그 자체'가 제1차성, '기호와 그 대상의 관계'가 제2차성, '기호와 그 해석내용의 관계'가 제3차성이 된다.

퍼스는 더 나아가 이러한 기호의 세 가지 양상을 각각 세 가지로 분할했다. 그것은 순서대로 '기호 그 자체'인 질기호(tone), 단기호(token), 합법기호(type), '기호의 표의양식'인 도상, 지표, 상징, '기호의 언명양식'인 술어(rheme), 명제(dicisigne), 논증(argument)으로 분류되는 9가지의 범주이다. 최종적으로 퍼스는 이를 66종류의 기호집단으로 세분화하여 상세히 분석했다.

이 같은 퍼스의 기호론에 영향을 받은 모리스(1901~78)는 기호를 '특징을 부여하는 것', '평가하는 것', '지정(명령)하는 것'으로 나누고, 또 기호작용을 '기호 상호간의 관계', '기호와 대상과의 관계', '기호와 기호사용자(해석자)와의 관계'라는 세 차원으로 나누어 각각 통사론, 의미론, 화용론(話用論)이라는 세 분야의 확립을 주장했다. 또 기호론을 기호를 논하기 위한 언어의 구축을 목적으로 하는 '순수기호론', 실제 기호를 연구하는 '기술기호론', 다양한 목적을 위해 기호에 관한 지식을 활용하는 '응용기호론'의 세 가지로 분류했다.

소쉬르의 기호학

언어학에서 출발하여 최종적으로는 기호학의 일부분으로 언어학을 사고하게 된 소쉬르는 기호학을 '자의적으로 정해진 가치를 다루는 과학'이라고 정의한다. 그렇다면 여기서 '자의적으로 정해진 가치'란 어떤 것일까.

소쉬르는 언어기호(signe. 시뉴)를 시니피앙(signifiant)과 시니피에(signifié)라는 두 측면에서 고찰한다. 문자 그대로 '의미하는 것'과 '의미되는 것'을 가리키는 이 두 측면은 언어기호의 표현과 의미를 지칭한다. 그러나 기호라는 현상에서 이 두 측면은 상호의존적이고 불가분한 것이다. 두 측면이 합쳐지지 않으면 기호는 존재할 수 없으며, 이들은 모두 관념적으로 언어체계 속에 '형상(forme)'으로서 존재하고 있다.

소쉬르에 따르면 단어라는 기호는 연속체인 세계를 그 음(시니피앙)과 개념(시니피에)의 영역으로 각자 동시에 비연속화(개념화)하여, 하나의 형상(시뉴)을 탄생시킨다. 언어기호의 '자의성'이란 첫째로 이 같이 연속체인 세계에서 기호를 잘라낸 결과인, 시니피앙과 시니피에의 자의적인 연결을 뜻한다. 즉 똑같은 관념을 한국어에서는 '개'라고 하고 영어에서는 '도그'라고 하는 자의성이다.

둘째로 언어기호의 '자의성'이란 각각의 언어체계에서 생기는 개개의 기호(시뉴) 사이의 자의성이다. 즉 연속체인 세계에서 기호를 잘라내는 방식이 자의적이라는 뜻이다. 연속하는 세계를 하나의 언어로 비연속화한다는 것은 하나의 자의적인 세계상을 형성하는 것이다. 그러한 세계상 즉 언어체계에서 생기는 기호 간 관계의 자의성이 두 번째 자의성이다. 그리고 이러한 자의성은 세계라는 연속체를 자의적으로 구분하고, 일단 기호체계로 형성되면 그 문화 내부에서 강한 구속력을 지닌다. 즉 소쉬르가 제기한 자의성이라는 개념을 통해 의미작용을 새롭게 창조할 수 있게 됐을 뿐만 아니라 이와 동시에 커뮤니케이션의 전제인 코드가 갖는 구속성 또한 설명할 수 있게 됐다.

소쉬르는 언어에서 가장 특징적인 기호가 지닌 이 같은 성질이 상징적인 의례나 예의범절 혹은 군대의 신호 등에서도 나타난다고 했다. (→ 시니피앙·시니피에)

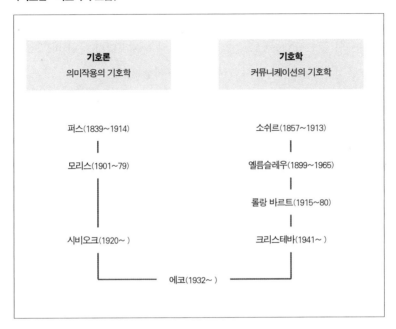

소쉬르 이후

덴마크의 언어학자인 옐름슬레우(1899~1965)는 소쉬르의 영향 아래서 언어는 기능이라는 언어소(言語素)이론을 주장했다. 그는 언어체계에서 차이의 대립에 따른 의존관계를 '기호기능(sign-function)'이라는 관점에서 정리했다. 요소 결합의 측면인 통합이라는 관점에서 보면 기호는 표현과 내용의 상호의존 기능('연대')으로 성립되어 있지만, 이것을 대립 측면의 계열인 관점에서 보면 서로 의존하지 않는 '자율' 기능을 가진다.

소쉬르가 언어의 본질은 형상이지 실질이 아니라고 생각한 것과 달리 옐름슬레우는 표현과 내용을 각각 형상과 실질로 분리해 네 개의 층을 상정했다. 그리고 최종적으로 언어는 기호가 아니라 기호소 혹은 언어소라는 요소로 성립되어 있다고 생각했다.

《0도의 글쓰기》(1953)로 출발한 프랑스의 문예비평가 롤랑 바르트는 기호론적 관점에서 여러 사회현상들을 분석했다.

바르트는 프리에토의 '의미작용의 기호학'을 강력하게 밀고 나가 의도적으로 만들어낸 표현만을 대상으로 삼는 '커뮤니케이션의 기호학'이 아니라, 무의식의 수준에서 광범위한 활동을 분석했다. 바르트는 또한 《현대의 신화》(1957)의 마지막 장인 〈신화론의 현재〉에서 비로소 기호학을 논했는데, 이 책에서 종교, 연극, 프로레슬링, 풍속 등 다양한 현상을 고찰해 언어체계에서의 시니피앙과 시니피에의 두 측면이 신화라는 현상에서는 시니피앙이 되고, '공시(connotation)'가 확장되어 2차적인 의미로 발전한다고 생각했다. 나아가 응용기호학의 첫 번째 성과라 할 수 있는 패션잡지의 담론을 종횡무진으로 분석한 《모드의 체계》를 1967년에 출판했다.

퍼스와 소쉬르가 각각 대표하는 위와 같은 '의미작용의 기호학'과 '커뮤니케이션의 기호학'을 통합하려는 시도로는 움베르토 에코의 《기호론》(1976)이 있다. 또한 줄리아 크리스테바는 《세미오티케》(1969)와 《시적 언어의 혁명》(1974)에서 '기호분석'과 '의미생성(시니피앙)의 기호학'을 이끌어냈다.

• 나카무라 노보루

참고문헌

- 롤랑 바르트, 《기호의 제국》, 김주환·한은경 옮김, 민음사, 1997.
- _____, 《텍스트의 즐거움》, 김희영 옮김, 동문선, 1997.
- _____, 《현대의 신화》, 이화여자대학교 기호학연구소 옮김, 동문선, 1997.
- 요하네스 페르, 《소쉬르, 언어학과 기호학 사이》, 최용호 옮김, 인간사랑, 2002.
- 움베르토 에코, 《기호 : 개념과 역사》, 김광현 옮김, 열린책들, 2000.
- 줄리아 크리스테바, 《세미오티케》, 서민원 옮김, 동문선, 2005.
- _____, 《시적 언어의 혁명》, 김인환 옮김, 동문선, 2000.
- 페르디낭 드 소쉬르, 《일반언어학강의》, 최승언 옮김, 민음사, 1990.

언어게임

l a n g u a g e - g a m e

언어게임은 비트겐슈타인(1889~1951)이 우리의 언어활동이나 그에 따르는 여러 활동의 총체를 표현하기 위해 창안한 개념이다. 비트겐슈타인은 언어게임이라는 개념을 다음과 같이 정의했다.

"우리는 제2절에 나오는 언어사용의 과정 전체를 아이가 자신의 모어를 배우고 습득하는 게임의 하나라고 생각할 수 있을 것이다. 나는 이런 게임을 언어게임이라 부르고 어떤 원초적인 언어에 관해 언어게임으로서 종종 이야기하고자 한다. (중략) 나는 또한 언어와 언어가 조직되는 여러 활동의 총체도 '언어게임'이라고 부를 것이다."(《철학적 탐구》제7절)

여기서 '언어게임'이란 ① 아이가 자신의 모어를 습득하는 게임, ② 어떤 원초적인 언어, ③ 언어와 언어가 짜여진 여러 활동의 총체 등 세 가지 의미를 지니고 있음을 알 수 있다. 우리의 모어 습득(①)은 최초에 규칙이 있고 그것을 기억함으로써 이루어지는 것이 아니라, 언어활동 중에 자연스럽게 이루어진다. 즉 우리는 스스로 선택하고 능동적으로 언어게임에 참가하는 것이 아니라 이미 거기에 존재함으로써 언어게임을 거부감 없이 받아들이는 것이다.

비트겐슈타인에 따르면 우리의 언어활동은 걷거나 먹거나 노는 것과 마찬가지로 '자연사(自然史. Naturgeschichte)'에 속하는 행위이자 어떤 '생활형식(Lebensform)'을 수용함으로써 이루어지는 우연적인 활동이다. 언어게임이라는 개념은 '방법 개념(②)'과 '사실 개념(③)'으로 나누어진다. 방법 개념은 사실적인 언어활동의 '축소판'이자 '비교대상'으로서 사용된다. 예를 들어 네 가지 말로만 구성된 건축가의 언어게임은 원초적이지만 그것만으로 완전한 언어를 이루고 있다. 이러한 '근사(近似)'로서의 언어게임을 구성함으로써 언어활동의 양상을 미루어 짐작할 수 있다. 이에 반해 '언어와 언어가 짜여진 여러 활동의 총체'인 사실 개념의 언어게임은 하나의 구체적인 생활형식이자, 언어의 교환을 중심으로 영위되는 다양한 활동의 총체를 가리킨다. 언어게임은 방법 개념과 사실 개념이라는 이중성을 통해 우리의 복잡하고 착종된 언어활동이나 생활형식을 탐구하고 분석하는 유효한 장치가 된다.

언어게임의 탄생까지

《논리·철학논고》(1921)에서 비트겐슈타인은 언어를 사상이론(寫像理論)과 진리함수이론이라는 관점으로 포착하여, 논리공간이 자기사상적으로 비치는 상이 논리학이라는 명제의 체계이고, 경험적 세계가 자기사상적으로 비치는 상이 자연과학적 명제라고 생각했다. 이러한 세계관에서 우리의 일상적인 언어는 많은 혼란을 낳고, 그 때문에 그것을 순화한 이상언어만이 세계의 진정한 상이 된다. 그러나 1929년에 케임브리지대학으로 돌아가 철학을 재개한 비트겐슈타인은 이 생각을 포기하고 언어가 체계로 유지되는 기호조작(Kalkül)이라고 생각을 바꾼다. 즉《논리·철학논고》에서 전개한 선험적인 논리공간에서의 이상언어가 아니라, 각각의 언어에 고유한 자율적인 기호조작체계야말로 언어이며 그 체계 속에서의 위치관계가 말의 의미를 결정한다고 생각한 것이다. 나아가 1932~33년 케임브리지대학 강의에서는 언어활동에 관해 '언어게임'이라는 발화형식을 주장하고《파란 책》(1933~34)에서 이 개념을 보다 분명히 했다. 언어를 게임이라고 본 착상은 산술을 수학적 기호를 사용한 게임이라고 생각하는 형식주의에서 유래한다.《철학적 탐구》제1부(1936~45)에서 언어게임이라는 개념은 언어를 고찰할 때 빠질 수 없는 것이 되어 후기 비트겐슈타인의 중심 개념이 됐다. 후기에 이상언어라는 이데아적 기반을 폐기하고 체계를 갖춘 언어들이라는 관점으로 언어를 고찰한 비트겐슈타인이 최종적으로 언어활동 자체의 내재적 지점에 도착했을 때, 필연적으로 등장한 것이 '언어게임'이었던 것이다.

언어와 게임

언어활동과 게임의 유사점은 다음과 같다.

① 둘 다 규칙에 지배받는다. 게임은 룰 없이는 진행되지 않고, 언어행위도 문법이라는 규칙이 없으면 소통은 이루어지지 않는다. 단 규칙은 게임이나 언어게임 각각의 진행을 결정하지 않고 그 진행의 틀을 규정한다. 비트겐슈타인은 '문법'이라는 개념에 언어의 의미를 이해하도록 만드는 조건들이라는 독특한 의미를 담았다. '말의 문법'이라는 용법으로 각각의 말이 개별적 문맥에서 지니게 되는 의미의 구조적 제약이나 연관들을 지적한 것이다. 또한 비트겐슈타인은 그 반대를 생각

〈 '언어게임'의 탄생 〉

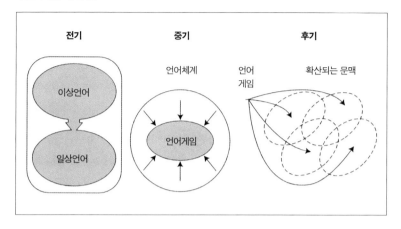

할 수 없는 문법명제('봉에는 길이가 있다'와 같은 명제)와 경험명제를 구분해 개별 경험의 성립을 지탱하는 선험적인 조건을 지정하는 역할이 문법명제에 있다고 했다.

② 체스의 말이 그 소재와는 전혀 상관없이 룰에 입각한 참가자에 의해 움직여지듯이 말의 의미도 어떤 특정한 대상을 지시함으로써 결정되는 것이 아니라 말의 구체적인 사용에 의해 결정된다. 즉 말의 의미나 언어활동은 개별적인 언어사용의 문맥에 의존한다.

③ 체스의 참가자가 그 게임 전체의 일부로서만 의미를 지니듯이 우리의 언어게임도 언어활동 전체 혹은 그 언어를 사용하는 공동체 전체 속에서만 의미를 가진다.

④ 게임에서는 실제로 참가자와 현실적인 행위를 하지 않는 한, 게임에 참가하고 있다고 말할 수 없다. 언어게임에서도 공통의 언어에서 실제로 말하거나 다른 사람이 분명히 알 만한 표정이나 몸짓을 하지 않는 한 커뮤니케이션은 성립하지 않는다. 자신밖에 알 수 없는 말을

하거나, 침묵하고 아무 몸짓도 없이 무언가를 전하려 해도 아무도 알수 없다. '사적 언어'는 언어 게임에서 구체적인 지시가 될 수 없다.

이러한 유사성을 통해 '규칙에 따른다', '말의 의미와 그 사용', '의미의 문맥의존성', '언어게임과 생활형식', '사적 언어비평' 등 후기 비트겐슈타인의 다양한 문제와 테제가 발생했다.

• 나카무라 노보루

참고문헌

• 루드비히 비트겐슈타인, 《논리 · 철학논고》, 이영철 옮김, 천지, 1991.
• _____, 《철학적 탐구》, 이영철 옮김, 서광사, 1994.

언어행위이론
speech act theory

언어행위이론은 옥스퍼드대학에서 활약한 일상언어학파의 존 오스틴(1911~60)이 제기한 언어이론이다. 논리실증주의는 현실과 비교해 문장을 검증하고 진리와 거짓이라는 개념으로 문장을 파악하는데, 오스틴에 따르면 그런 사고방식은 '기술주의적 오류'이다. 문장에는 진위가 문제되는 '사실확인적인' 문장과 '진/위'가 아니라 '적절/부적절'이라는 기준에 따라 판단해야만 하는 '행위수행적인' 문장이 있기 때문이다.

'약속한다'나 '명령한다'와 같은 이른바 '수행동사'를 사용하는 문장에서는 약속이나 명령이 현실에서 수행되면 적절한 문장이고 수행되지 않으면 부적절한 문장일 뿐, 그 문장이 현실의 상황을 기술하는 것은 아니다. 가령 '네 뒤에 소가 있다'라는 문장은 야외풍경을 담담하게 기술하는 문장이라고 생각할 수도 있지만 특정한 상황에서는 '위험하니까 피하라'는 경고일 수도 있고, '나는 내일 온다고 약속합니다'라는 문장도 자신의 심리상태를 기술하는 것이 아니라 약속행위 자체를 그 발언으로 현실에서 수행하는 것이라고 생각할 수도 있다.

오스틴은 종국에는 사실확인과 수행행위의 구별도 포기하고, 모든 문장은 행위수행적인 것이라는 언어행위의 일반이론에 도달했다. 이 사고방식에 따르면 언어행위는 실제의 '발화행위'와, 그로 인해 이루어진 행위인 '발화 내 행위', 그 발화 내 행위에 따라 청자에게 어떤 영향을 주는 '발화매개행위'라는 세 가지 요소로 나누어진다.

구체적으로 말하면 일정한 음성을 발하는 '음성행위'와 단어를 문법 규칙에 맞춰 사용하는 '용어행위', 그리고 의미를 갖고 말을 사용하는 '의미행위'라는 세 가지 행위를 합쳐 '발화행위'라고 부르고, 이 행위들을 수행하면서 동시에 그 자체로서도 수행하는 행위를 '발화 내 행위', 나아가 발화행위의 수행 목적을 달성하는 행위와 발화행위의 결과를 이끌어내는 행위를 '발화매개행위'라고 부른다.

예를 들어 '나는 내일 온다고 약속합니다'라는 발언은 문법적으로 올바른 의미를 지닌 문장을 구성한 뒤 발성함으로써 우선 '발화행위'를 수행하고, 이어서 이 발화로 '약속한다'는 '발화 내 행위'를 수행하고, 마지막으로 이 문장의 발언으로 인해 청자를 안심시키거나 청자에게 불쾌감을 주는 것과 같은 '발화매개행위'를 수행하는 것이다.

'발화 내 행위'는 프레게의 '힘'의 개념에서 유래한 '발화 내의 힘'이라고도 바꾸어 말할 수 있는데, 그 문장의 내용 즉 문장의 의미와는 달리 관습적으로 규정된다고 한다. 오스틴은 '발화 내 행위' 혹은 '발화 내의 힘'의 분석으로 사실확인적 발언과 행위수행적 발화의 구별을 폐기하고 언어행위의 일반이론에 이르렀다.

설에 의한 이론적 체계화

이러한 오스틴의 언어행위이론은 그가 죽은 뒤 철학계에 큰 영향을 끼쳤다. 특히 언어행위이론이라는 영역의 형성에 기여하고 체계적인 이론화를 지향한 것은 존 설(1932~)이다. 설은 언어행위란 어떤 특정한 상황에서 음성행위, 용어행위, 명제행위, 발화 내 행위를 동시에 수행하는 것이라고 생각했다. 그리고 발화 내 행위가 같은 명제행위를 공유하면서도 발화 속의 힘에 따라 달라지는 경우도 있다는 점에 착안해 발화 속의 힘을 표시하는 F와 명제표시성분인 p를 사용한 F(p)라는 언어행위의 일반형식을 제창했다. 이 p의 부분이 명제행위를 드러낸다. 이 명제행위는 얼핏 보면 오스틴의 의미행위와 비슷하지만, 이 행위는 약속이나 명령과 같은 다양한 종류의 발화 속 행위와 공통되는 행위이며, 본질적으로 발화 내 행위인 것이다. 이 일반형식은 다음과 같이 기호화된다.

의제   !(p) 약속 pr(p) 경고 W(p)
질문   ?(p) ……

설에 따른 이러한 이론적 체계화와 촘스키의 생성문법을 바탕으로 한 J. R. 로스의 '수행분석' 등으로 언어행위이론은 1970년대부터 크게 발전했다. 또한 언어행위이론은 현재 언어학이나 언어철학만이 아니라 하트의 법철학, 하버마스의 커뮤니케이션이론 등 다양한 분야에 영향을 주었다.

데리다-설 논쟁

오스틴은 행위수행적 발언에 관해 '진/위'가 아니라 '적절/부적절'

이라는 평가기준을 도입하고 그 조건에 관해 '부적절성이론'을 제창했다. 언어행위가 '적절'하게 작동하기 위한 필요조건은 다음 여섯 가지이다.

(A1) 일반적으로 받아들여지는 관습적 절차의 존재.

(A2) 발동된 절차에 대한 인물과 상황의 적절성.

(B1) 절차의 바른 실행.

(B2) 절차의 완전한 실시.

(γ1) 참여자가 절차에 맞춰 사고, 감정, 의도를 실제 지니는 것.

(γ2) 참여자가 뒤이어 그렇게 행동하는 것.

A와 B의 조건과 γ(감마)의 조건은 명백하게 성질이 다르기 때문에 오스틴도 후자를 그리스문자로 표시했다. 조건이 충족될 경우 전자 A, B가 '불발'인 것에 비해 후자는 '남용'이고, 그 행위는 '불성실'한 행위라고 불린다. 즉 언어만 있을 뿐이고 실질적으로는 이루어지지 않는 행위인 셈이다. 나아가 이러한 조건을 만족하는 경우에도 무대 위 배우의 대사, 시 속의 언어나 독백은 '정상적인 용법'이 아니라 변칙적인 일탈사례로서 고찰에서 제외된다.

자크 데리다(1930~2004)는 오스틴의 이러한 조건이나 정상과 이상의 구별을 〈서명 · 사건 · 컨텍스트〉(1971)라는 논문에서 비판했다. 그에 대해 설이 〈차이의 반복 : 데리다에 대한 대답〉을 집필하여 오스틴을 옹호하자 데리다는 곧 설의 논문을 거의 인용한 〈유한회사 abc〉로 논박했다. 이것이 데리다-설 논쟁이다.

데리다는 오스틴의 이러한 조건이나 구별의 기준은 사고하고 감정을 느끼고 의도하는 발화자의 의식에 대한 현전이라고 지적했다. 즉 '기술주의적 오류'라는 말로 오스틴 자신이 배제한 '진/위'의 구별이 '언어행위'와 '의식작용'의 '일치/불일치'라는 형태로 다시 도입되고

만 것이다. 데리다는 은폐된 전제를 공격했다. 데리다에 따르면 상황
은 오히려 반대인데, 오스틴이 주장하는 '성실/불성실', '이상/정상'이
라는 구별이 가능하려면 발화행위의 의도가 개입되지 않은 상황일지
라도 '반복될 가능성'이 있을 수밖에 없다. 즉 '불성실'이나 '이상'이
야말로 '성실'이나 '정상'의 조건이 된다. 거짓말을 하는 쪽이야말로
진실하다고 할 수도 있는 것이다. 이 논쟁은 하버마스나 스테이튼을
비롯해 많은 논자가 다루고 있다.

• 나카무라 노보루

참고문헌

• 존 랭쇼 오스틴, 《말과 행위》, 김영진 옮김, 서광사, 1992.
• John Searle, *Speech Acts*, Cambridge University Press, 1969.

시니피앙·시니피에

signifiant · signifié

시니피앙·시니피에는 구조주의 언어학의 창시자인 소쉬르(1857~
1913)에게서 유래하는 기호 개념이다. 소쉬르는 기호 또는 말을 의미하
는 시뉴(signe)라는 단어의 현재분사와 과거분사를 각각 명사화하여 언
어의 음성에 해당하는 측면을 시니피앙, 의미에 해당하는 측면을 시니
피에라 불렀다. 원래 소쉬르는 전통적 언어관을 부정하려는 의도를 가
지고 있었다. 전통적 언어관에서는 세계에는 일정한 개념이나 분류의
틀이 사전에 존재하고 있으며 그것에 대응하는 명칭으로서 언어가 있
다고 본다. 언어는 사물이나 개념의 기호이다. 하지만 가령 무지개색
분류의 문화적 차이에서 알 수 있듯이 언어로 표현되기 전에 명확한
분절을 가진 현실이 완성되어 있는 것이 아니라, 언어에 대응해 현실
이 개념화된다. 그러므로 소쉬르에 따르면 언어는 외부 현실을 지칭하
는 기호가 아니라 그 자신 속에 의미를 담고 있다. 이로써 언어기호는

그 자신 속에 표현과 의미가 함께 담긴 이중적 존재라고 하는 독자적 기호이론이 생겨난다.

소쉬르에 의하면 하나의 언어기호(시뉴)는 그 자신 속에 표현부분과 내용부분을 동시에 가지고 있다. 전자 즉 음성의 청각적 영상에 의해 형성되는 표현부분이 시니피앙이고, 후자 즉 언어기호가 내포하는 개념으로서 형성되는 내용부분이 시니피에이다. 이때 소쉬르는 언어기호에서 이 두 측면이 상호의존적이고 불가분한 형태로 결합해 있음을 강조한다. 시니피앙은 물리적 음성이 아니고 시니피에 또한 지시대상이 아니다. 하지만 소쉬르 자신도 인정하듯 시니피앙과 시니피에의 결합은 '자의적 필연성'일 뿐이다. 즉 가령 한국어로 '개'의 시니피앙은 〔ge〕이고 그것은 '개'라는 시니피에를 지시하지만, 개를 〔ge〕라고 불러야 할 필연성은 어디에도 없다. 언어가 바뀌면 당연히 호칭은 바뀐다. 하지만 한국어라는 언어 내부에서는, 개는 〔ge〕 이외의 그 어느 것으로도 지칭될 수 없다. 이러한 상황을 소쉬르는 '자의적 필연성'이라는 용어로 말하고자 했다.

나아가 시니피앙·시니피에는 한 가지의 시뉴 내의 상호관계이기만 한 것이 아니다. 하나의 시니피앙은 다른 시니피앙과 형식적인 관계를 가지고 마찬가지로 하나의 시니피에 또한 다른 시니피에와의 사이에 형식적인 연관을 갖는다. 가령 '의자'라는 기호(시뉴)의 시니피앙은 청각영상인 〔uiza〕이지만 이 시니피앙에는 〔uisa〕(의사)나 〔iza〕(이자) 같은 다른 시니피앙이 항상 잠재적 형식적으로 대립한다. 기호 '의자'의 시니피에 '의자'도 '책상'이나 '방' 같은 다른 시니피에와의 잠재적 대립관계에 있다. 이 두 측면에서 보이는 형식적 대립관계는 시니피앙의 차원에서는 음소의 연구로서, 시니피에의 차원에서는 의미소의 연구로서 진행되고 있다.

시니피앙·시니피에 개념의 응용

이 개념은 언어학의 틀을 넘어 다양한 영역에도 적용되고 있다. 여기에서는 두 가지만 들어 이야기하겠다.

문학이론에서는 언어학자 옐름슬레우(1899~1965)의 시사를 받아 롤랑 바르트(1915~80)가 연상작용문제를 제기했다. 《현대의 신화》(1957)에서 바르트는 시니피앙과 시니피에로 이루어지는 기호 자체가 하나의 시니피앙으로 변해 다른 시니피에를 연상케 하는 사태를 '신화'라 부르면서 그 기만적 성격을 폭로했다. 이 일종의 물상화 메커니즘을 거쳐 세간의 통념이나 여성스러운 동작과 같은 다양한 신화가 형성된다. 바르트에 의하면 이러한 것들은 특정한 이데올로기에 의해 선택되고 형성된 의사(擬似)자연에 지나지 않는데도 자연적인 것처럼 유통된다. (→ 구조주의)

정신분석에서는 자크 라캉(1901~81)이 시니피앙과 시니피에의 괴리가 생기는 상황을 두 가지 차원에서 논했다. 하나는 유아가 상징적 거세를 거쳐 상징계에 들어서는 단계이다. 언어를 획득할 때에 유아가 먼저 습득하는 음소는 아직 특정한 의미를 갖지 않은 시니피앙만으로 이루어져 있다. 이 음소가 유아의 무정형적 욕망과 대응하여 매번 분절되면서 시니피에를 낳는다. 또 하나는 정신병이다. 시니피앙과 시니피에가 일체화하여 의미작용을 발휘한 것이 정상인의 언어세계라 한다면, 그 붕괴로 인해 정신병자의 독특한 언어세계가 생겨난다. 라캉은 그 원인이 상징적 거세단계에서 배제됐기 때문이라고 생각했다. (→ 상징계·상상계·현실계)

• 고스다 겐

참고문헌

• 롤랑 바르트, 《현대의 신화》, 이화여자대학교 기호학연구소 옮김, 동문선, 1997.
• 루이 옐름슬레우, 《랑가쥬이론 서설》, 김혜련·김용숙 옮김, 동문선, 2000.

생성문법
generative grammar

20세기의 '일반언어학'을 대표하는 사상가는 소쉬르와 촘스키이다. 소쉬르는 '적극적인 지시대상이 없는 차이의 체계'라는 언어(랑그)의 본질을 통찰했지만, 차이로 드러나는 기호표상이 선택·배열되어 특정한 언어형식을 산출하는 과정은 어떠한 제약을 받고 있는지를 해명한 이는 촘스키이다.

촘스키에게 어떤 언어에서 적절한 문장을 만들어낸다는 것은 '언어지식'으로 불리는 표상체계에 따라 요소를 조립해가는 과정이다. 마음에 내재하면서 우리의 무의식적인 언어사용을 통제하고 있는 이 지식이야말로 유한한 기호와 규칙으로부터 무한하게 다양하고 적절한 문장을 '생성'하는 것을 가능하게 한다.

촘스키에 따르면 '언어지식'은 지각이나 사고와는 독립적인 체계(module)를 이루고 인터페이스를 통해 음성인식이나 의미이해와 연결되어 있다. 또한 '보편문법'이라고 불리는 '언어지식'의 중핵적인 부분은 유전적으로 뇌에 들어가 있어, 아이는 모어의 화자로부터 일정한 자극을 받으며 각각의 언어에 특유한 규칙을 포함하는 '개별문법'을 형성해간다. 이러한 합리론적이며 생득주의적인 주장에 대해서는 이의제기가 있으며 현재도 논쟁이 지속 중이다.

그러나 언어가 강한 보편적(즉 어떠한 언어에서도 공통적으로 관찰되는) 제약 아래에서 발현되고 있다는 점은 부정할 수 없는 사실이며, 그 제약을 가설적인 '원리'로 설명하려는 생성문법의 유효성은 적어도 '언어학'을 '마음의 이론'의 일부로 여기는 입장에서는 이미 널리 인정받고 있다. 사상사적으로는 소쉬르가 '랑가주'라고 부른 보편적인 언어능력에 자연주의적 견지에서 구체적 형상을 부여한 것이라고 할 수 있다.

• 모리모토 고이치

참고문헌

• 김용석, 《생성문법론》, 경진문화사, 2000.
• 노암 촘스키, 《언어지식》, 이선우 옮김, 아르케, 2000.
• _____, 《장벽 이후의 생성문법》, 홍종선 · 고창수 · 시정곤 옮김, 집문당, 1993.
• _____, 《최소주의 언어이론》, 박명관 외 옮김, 한국문화사, 2001.

심리

오이디푸스 콤플렉스
Oedipus complex

오이디푸스 콤플렉스는 정신분석학 용어로 유아가 양친에게 품는 애증의 감정에 관련된 다양한 관념의 복합체이다. 콤플렉스라는 단어를 심리학에 도입한 사람은 융이다. 그는 서로 관련된 관념의 '복합체'라는 일반적인 의미에서 사용했을 뿐이지만, 프로이트는 이 말에 아버지를 죽이고 어머니와 결혼한 고대 그리스의 오이디푸스왕 신화를 결합시켰다. 그 뒤 문화론 등에서 이 용어가 빈번히 쓰이게 됐다.(→ 정신분석)

프로이트의 초기 이론에서는 환자가 유아기에 체험한 심적 외상(어른에 의한 성적인 유혹이나 장난)이 신경증의 원인으로 상정됐다. 그러나 프로이트는 이런 환자의 이야기가 사실이 아니라 환상이라는 것을 점차 깨닫게 됐다. 그때 심각한 정신적 위기가 프로이트를 덮쳤다. 스스로 '인생 최대의 위기'라고 부른 이 중증의 신경증은 아버지의 죽음

(1896)이 직접적인 계기가 됐는데, 그는 과감한 자기분석으로 자기 내부의 오이디푸스 콤플렉스를 발견했다.

프로이트에 따르면 출생한 지 얼마 되지 않은 유아에게도 활발한 성충동이 있고, 이는 3~5세 때 정점에 이른다. 남자아이의 경우 이 충동은 어머니에게 향해(근친상간욕망), 라이벌로서 아버지에게 증오를 품는다(부친살해욕망). 그러나 그와 동시에 이 증오는 아버지에게 처벌받을지도 모른다는 불안을 불러일으킨다(거세불안). 이 세 가지 관념의 복합체가 오이디푸스 콤플렉스이다. 이 욕망은 당연히 실현될 리 없으므로 유아는 이를 억압해 성충동은 잠복기에 들어간다(다시 성충동이 활발해지는 것이 이른바 2차 성징기이다). 프로이트에 따르면 오이디푸스 콤플렉스의 억압과 극복의 실패가 신경증의 증상을 구성한다.

오이디푸스 콤플렉스를 승인하는가의 여부에 따라 정신분석의 지지자와 적대자를 나눌 수 있다고 생각했을 정도로 프로이트는 이를 중요시했다. 실제로 그는 성격형성이 오이디푸스 콤플렉스의 극복방법에 좌우된다고 생각했고, 문학작품의 해석에서도 이 개념을 구사했다. 이를테면 도스토예프스키의 소설 《카라마조프가의 형제들》의 부친살해와 작가 도스토예프스키가 서구적 자유주의에서 러시아 민족주의로 전향한 것도 이 도식에 따라 분석했다.

그러나 가장 주목할 만한 것은 초자아 형성에 관한 오이디푸스 콤플렉스의 결정적인 역할이다. 이 콤플렉스 극복과정에서 이루어지는 아버지와의 동일화는 아버지를 자아 속에 받아들여 자아의 감시자 즉 초자아로 삼는 것이다. 게다가 받아들인 아버지는 더 정확히 말해 아버지의 초자아 즉 전통적이고 사회적인 가치규범이다. "초자아는 오이디푸스 콤플렉스의 후계자이다." 프로이트는 오이디푸스 콤플렉스의 기제 속에서 자연에서 문명으로의 이행을 보았다. 이를 과학적 신화형태로 논한 것이 《토템과 터부》이다.

원시공동체에서 전제군주인 원부(原父)는 여성을 강제로 독점하고 자식들을 추방했다. 자식들은 단결해 아버지를 살해한다. 여성을 둘러싼 그들의 투쟁은 종족보존을 위해 중단되고 여기에서 동포살해와 근친상간의 금지가 생겨났다. 나아가 부친살해의 죄책감으로 아버지를 신격화한다. 즉 사회질서와 종교의 기원이 일련의 오이디푸스 상황 속에서 찾아지는 것이다. 프로이트는 〈인간 모세와 유일신교〉에서 모세(아버지)살해라는 대담한 가설로 유대교의 기원을, 그리고 같은 방식으로 예수의 속죄를 해명했다. 오이디푸스 콤플렉스를 인류의 역사 전체를 관통하는 원리로까지 확장한 것이다.

이렇게 사변적인 고찰은 많은 사람들의 반발을 샀고, 오이디푸스 콤플렉스 그 자체에도 비판이 끊이지 않았다. 오로지 남자아이를 모델로 한 프로이트에게 부권주의적인 편견을 쉽게 읽어낼 수 있고, 또 그의 생물학주의가 사회적 요인을 경시하고 있다는 점도 부인할 수 없다.

그 중 현재 가장 급진적인 비판은 들뢰즈와 가타리의 《앙티오이디푸스》(1972)일 것이다. 오이디푸스 콤플렉스는 결국 초자아 형성으로 이어지며 미개에서 문명으로의 진보에 기여한다. 그것은 프로이트가 무의식을 억압해야 하는 것이라고 보았기 때문이다. 그러나 들뢰즈와 가타리는 정신분석의 최대 발견은 바로 이 무의식이라며 이것을 능동적이고 생산적인 욕망으로 포착한다. 욕망은 자유롭고 다형적으로 흘러야 하는데, 정신분석은 이것을 '아버지-어머니-아들'이라는 오이디푸스의 가족적 삼각형 속에 가두어버렸다. 이런 욕망의 해방을 위해 그들이 정신분석 대신에 제기하는 것이 분열분석이다.(→ 노마돌로지)

• 미야타케 아키라

참고문헌

• 지크문트 프로이트, 《꿈의 해석》, 김인순 옮김, 열린책들, 2004.
• _____, 《종교의 기원》, 이윤기 옮김, 열린책들, 2004.
• 질 들뢰즈 · 펠릭스 가타리, 《앙띠오이디푸스》, 최명관 옮김, 민음사, 2000.

거울단계

stade du miroir

거울단계는 1936년 정신분석학자 라캉이 제시한 인간의 인격형성에 잠재된 자아(나)의 기능이다. 이 개념은 후기 라캉이론의 중심이 된다.

생후 6개월에서 18개월의 시기에 유아는 거울에 비친 자신의 모습과 독특한 긴장관계가 생겨나는 '거울단계'를 겪는다. 이 시기는 신경계가 미성숙하기 때문에 신체감각은 중심을 잃고, 자기를 자기로서 수용할 수 없는 '절단된 신체' 상태이다. 이 분리된 감각 중에서 특히 시각이 빨리 발달하기 때문에, 거울을 보면서 독특한 긴장관계의 드라마를 만들어낸다.

거울은 절단의 불안 속에 있는 주체에게 '선취된 이미지'로서 이상적 통일성과 조화의 기쁨을 제공한다. 거울에 비친 이미지는 강한 매력을 발산해 조화에 굶주린 주체를 포로로 삼는다. 주체는 거울에 동일시하는 데에 열중해 '이미지로서의 자아(나)'를 얻는 자기애운동을 전개한다. 그것은 거울뿐만 아니라 어머니의 신체나 다른 유아에 대해서도 이루어진다.

그러나 이 '자아이미지'는 어디까지나 '허상'이고, '본래주체'의 '외부'이다. 외부의 이미지로 내부의 현실을 상상하는 불균형적인 긴장된 조화는 주권을 외부의 '타자'에게 빼앗기는 역설적인 상태인 것이다. 이상과 현실의 낙차에 의해 가속되는 이 드라마는 역설적인 양면성을 품은 비극일 뿐이다. 그것은 이 시기에 머물지 않고 이상추구의 자아도취적 측면으로서, 또한 사회적 관계 내의 자기소외에 대항하는 신경증적 측면으로서 인간의 본질적인 불균형으로 계속 드러난다.

라캉은 인격형성에 참여하는 '타자'의 계기를 뚜렷이 드러내고, 이성적 자아의 절대적 주도권을 주장하는 근대적 주체관의 환상을 깨며 정신분석의 기본방법에 큰 영향을 미쳤다.(→ 정신분석, 상징계·상상계·현실계)

• 오카야마 게이지

참고문헌

• 김상환·홍준기,《라깡의 재탄생》, 창비, 2002.
• 자크 라캉,《욕망이론》, 민승기 외 옮김, 문예출판사, 1994.
• Jacques Lacan, *Ecrics I·II*, Seuil, 1970.

게슈탈트이론
Gestalttheorie

게슈탈트이론이란 지각이 자극의 집합이 아니라 독자적인 통합체를 가진다고 주장하는 심리학이다. 원래는 20세기 초에 독일에서 시각을 연구한 심리이론이었지만, 더 넓게는 그 전까지 주류였던 요소주의적 과학관에 대항해 전체론적 견해를 대표하는 조류를 의미하기도 한다.

과학적 학문으로서의 심리학은 1897년 빌헬름 분트(1832~1920)가 라이프치히에 심리학 실험실을 개설하면서 시작됐다. 이 시기의 심리학은 요소환원주의적 사고법에 기인한 분트의 영향을 받아 요소주의적 분석주의적 성격이 강했다. 거꾸로 말하면 요소환원주의적인 특징을 가진 자연과학적 사고법을 채택함으로써 비로소 심리학은 객관적 학문으로 자립할 수 있었다. 이렇게 성립된 심리학의 특징으로는 첫 번째로 전체를 요소적 내용 각각의 총합으로 사고하는 점, 두 번째로 개개의 자극과 그를 받아들이는 감각기구 사이에 일대일대응관계를 상정하는 점, 세 번째로 다양한 요소가 시간적 공간적으로 접근한 형태로 주어지면 연합이 형성된다고 생각하는 점 등이 대표적이다.

요소주의심리학 비판

그러나 심리현상에 관한 다양한 연구가 진전됨에 따라 이런 요소주의적인 설명은 직접적인 심리현상의 설명으로서는 부적절하다는 의심이 생겼다. 그 대표적인 입장이 게슈탈트심리학이다. 그들이 특히 문제시한 것은 요소주의심리학의 기본전제인 항상성 가설이었다. 이것은 자극과 감각 사이에 일대일대응관계를 상정하는 것이다. 그런데 어떤 멜로디의 조를 바꾸면 자극을 구성하는 각각의 음의 진동수는 당연히 변화하지만, 감각은 멜로디를 동일한 것으로 느낀다. 자극과 감각의 일대일대응은 여기서 붕괴된다. 이것만으로도 항상성 가설에 대한 유력한 반증이 될 수 있지만, 그 밖에도 이와 유사한 다양한 연구결과가 제출되면서 요소주의심리학이 심리현상의 설명으로서는 불충분하다는 것이 명백해졌다.

원래 '게슈탈트(형태)'라는 용어는 에렌펠스(1859~1932)로 대표되는 그라츠학파가 사용한 '게슈탈트질'에서 유래한다. 에렌펠스는 마흐(1838~1916)의 《감각의 분석》(1886)에서 영감을 받은 논문 〈게슈탈트질에 관하여〉(1890)에서 감각요소에 기반해 성립하는 '그 이상'의 내용이 존재함을 문제삼았다. 그에 따르면 예를 들어 멜로디는 그를 구성하는 음 각각의 레벨과는 다른 독자적인 전체이다. 멜로디는 이조(移調)가 능성이라는 독특한 성질을 지니고 있다. 여기에서 그라츠학파는 감각적 요소 각각이 모인 것으로 환원되지 않는 새로운 전체가 존재한다는 사상에 도달했다. 그리고 각각의 감각요소를 수용한 '감각질' 위에 새로운 층으로서 '게슈탈트질'을 인정할 필요성을 주장했다. 단 그들은

'게슈탈트질'이 각 요소의 총화를 전제로 하고, 뒤에 부가된 물질이라는 의미로밖에 생각지 못했다. 게슈탈트심리학은 그들의 발상 속에 잔존해 있는 요소주의적 면을 완전히 일소하면서 탄생했다.

우선 기반에 있는 것은 요소적인 감각질의 수용이 아니라 그 이상 분할될 수 없는 전체인 게슈탈트의 지각이다. 이것이 전체가 부분에 대해 결정적으로 우위에 있다고 설명하는 게슈탈트학파의 기본강령이다. 베르트하이머(1880~1943), 쾰러(1887~1967), 코프카(1886~1941), 레빈(1890~1947), 이 네 사람을 베를린 게슈탈트학파라고 부른다. 계기는 베르트하이머가 1912년에 발표한 키네마성 운동지각에 관한 실험논문 〈운동시각의 실험적 연구〉였다. 게슈탈트란 여러 수준에서 관찰가능하고 동시에 일정한 구조를 갖춘 덩어리를 의미하는데, 결코 어떤 경험적 요인의 결과로 드러나는 것이 아니라 주어진 자극의 배치가 자연스레 취한 체제화일 뿐이다. 그들은 이 체제화의 메커니즘과 조건의 해명에도 열중했다.

이 자극의 체제화는 주어진 조건에서 가장 단순하고 간결한 통합체를 형성하는 경향이 있다. 이를 연구한 코프카는 이 경향을 단순성의 법칙(principles of pregnancy)이라고 불렀다. 또한 쾰러는 유인원 등을 이용한 지각실험에서 게슈탈트지각이 인간에게만 있는 것이 아님을 밝혀냈다. 또한 침투압이나 표면장력과 같은 물리현상에서도 게슈탈트적 성격을 확인할 수 있는 것에 착안해 중추신경계 과정에도 게슈탈트적 성질이 있을지 모른다고 가정했다. 그 후 어떤 심적 현상이 성립할 때는 신경계 속에도 그와 동형적인 사상(事象)이 생겨난다는 심리물리동형설을 제창한다.

게슈탈트심리학의 영향

그러나 원래 게슈탈트란 세계에 부여되어 있는 어떤 것이 주체에 대해 무언가로 드러나는 사건 자체의 표현이다. 그 상황에서 벗어나 뇌 내의 현상에서 게슈탈트의 원인을 추구하는 것은 앞뒤가 바뀐 것이다. 세계 속에서 일어나는 게슈탈트의 출현을 그 자체로 이해할 것을 강조하고 게슈탈트이론을 웩스퀼(1864~1944)의 환경세계이론 등과 같은 지적 문맥에서 포착할 필요성을 주장한 것이 《행동의 구조》(1942)나 《지각의 현상학》(1945)을 쓴 메를로퐁티(1908~61)였다. 그는 만년까지 게슈탈트에 대한 관심을 끊지 않고 독자적으로 존재론적 사색을 전개했다.

처음으로 게슈탈트이론을 계승한 사상동향으로는 어포던스이론이 있다. '어포던스'란 원래 미국의 심리학자 깁슨(1904~79)이 창안한 용어인데, 그에 따르면 대지가 걷는다는 행위를 지탱하거나, 절벽이 낙하의 위험을 말해주는 것처럼 환경세계가 지각주체에 대해 나타내는 일정한 의미나 가치를 가진 실질이 '어포던스'이다. 그 자신도 인정하듯이 어포던스이론의 원천 중 하나는 환경이나 세계 속에 주어진 자극은 일정한 의미를 가진 게슈탈트로서 지각주체에게 나타난다는 게슈탈트이론에 있다.

그러나 게슈탈트심리학의 중심 개념인 게슈탈트가 환경이나 세계와의 관계에서 주체가 느끼는 성질이라 주관적 성격이 강한 것에 반해, 깁슨은 어포던스가 지각주체의 심적 상태와는 무관하게 환경에 항상 존재하는 실재적 성질이라는 점을 강조한다. 그런 차이가 있다 해도 게슈탈트이론이 결코 과거의 것이 아니라 오늘날에도 영향력 있는 사상임을 부정할 수 없다.

이렇듯 게슈탈트이론은 심리학의 내부 이론이라는 틀을 넘어 20세기의 특징적인 사상동향으로서 전체론적인 경향에 중요한 일익을 담당했다고 할 수 있다. (→어포던스, 환경세계이론)

• 고스다 겐

참고문헌

• 김경희, 《게슈탈트 심리학》, 학지사, 2000.
• 메를로퐁티, 《지각의 현상학》, 류의근 옮김, 문학과지성사, 2002.
• Ernst Mach, *Die Analyse der Empfindungen und das Verhaltnis des Physischen zum Psychischen*, Wissenschaftliche Buchgesellschaft, 2001.
• Kurt Koffka, *Die Grundlagen der Psychischen Entwicklung*, Wissenschaftliche Buchgesellschaft, 1966.

중층결정
Überdetermination/surdétermination

어떤 결과를 야기하는 여러 가지 원인이 동시에 존재하는 상황을 가리켜 '다원적 결정'이라고 한다. 단선적인 인과계열이 범하는 결정론이나 환원주의를 피하기 위해 도입된 개념이다. 프로이트가 무의식세계를 기술할 때 처음 사용했으며 뒤이어 알튀세르가 사회구조와 그 전개과정을 이해할 때 채용했다.

프로이트에 의하면 꿈은 이를테면 무서운 체험이 무서운 꿈으로 나타난다는 식의 단순한 것이 아니다. 꿈의 재료는 꿈으로 나타난 내용보다도 훨씬 풍부하며 '압축'이나 '전이' 같은 복잡한 작업을 거쳐 비로소 꿈으로 나타난다. 이것은 무의식 전반에 대해서도 마찬가지이다. 무의식은 단일한 요소에 의해서가 아니라 이질적인 의미의 관련으로 짜여져 중층적으로 결정된다.

여기서 알튀세르는 원인론적 관점으로부터 결정인과 지배인을 구별한다. 예를 들어 고대에는 결정인이 '노예제', 지배인이 '정치'이고, 중세에는 각각 '봉건제', '종교'가 된다. 해당 사건을 지배하는 원인을 결정하는 것은 물질적인 경제과정이다. 그에 따르면 소박한 인과관계를 통해서는 마르크스주의는 상부구조가 하부구조에 의해 규정된다는 경제결정론이 되든지, 계급의식을 사회구조변혁의 결정인으로 주장하는 인간주의적 일원론이 될 수밖에 없다.

또한 그는 중심모순과 주변모순을 구별한다. 사건은 모순들이 단순히 다원적으로 병존하는 축적물이 아니라 이질적인 모순들이 복잡한 위계를 형성하면서 융합·침투하는 중층적 구조물이다. 이로써 내적 통일원리에 의해 사회 전체를 설명하는 헤겔의 단층적 모순론을 극복할 수 있게 됐다.

중층결정 개념은 구조 간의 차이나 모순, 변동을 해명할 때 사용되어 역사적 변동에 잠재한 참된 모습에 다가가는 지름길이 됐지만, 한편 '주체 없는' 구조주의에 대해 포스트구조주의 등에서 비판이 제기되기도 했다. (→ 마르크스주의, 구조주의)

• 오카야마 게이지

참고문헌

• 루이 알튀세르, 《맑스를 위하여》, 이종영 옮김, 백의, 1997.
• 지그문트 프로이트, 《꿈의 해석》, 김인순 옮김, 열린책들, 2004.

상징계 · 상상계 · 현실계

le symbolique · l'imaginaire · le réel

&

정신분석학자 라캉은 프로이트의 초자아, 자아, 무의식의 연관을 염두에 두고 정신분석에서 세 가지의 기본적 영역을 구별했다. 그것은 인간이 삶을 영위해가는 통시적 관계를 형성하지 않고, 접점을 갖지 않은 채 반전적으로 대립하면서도 상호의존하는 기묘한 관계를 함께 형성하는 지형학을 그린다.

'상징계'는 언어로 차이화하는 세계이다. '주체'는 언어에 의한 '상징적 타자'와의 차이관계 속에서 '상징적 자기'를 언어적으로 분절하고 대상화한다. 그러나 '주체'는 언어체계로 언어를 말하게 되는 것이며, 이때 이미 '주체'는 '상징화된 자기'로 전락한다. 아이러니하게도 철두철미하게 자기를 상실한 이 세계에서 잃어버린 자기를 찾기 위해 '주체'는 '타자'와의 차이화를 통해 '자기'를 언어적으로 분절화할 수밖에 없다.

이 불가능성을 회피하기 위해 '타자'에 '자기'를 동일시하고, 상상에 의한 동일화에 몰두하는 자아도취적인 영역이 '상상계'이다. '자기'를 확립하면서도 '타자' 안에 머무르는 이항관계는 거울단계를 그 전형으로 하는 '자기애'와 '자기소외'의 애증 영역이다. 이러한 '상상계'의 자신과 타자를 구분하지 못하는 혼란하고 불안정한 상태에서는 제3자의 개입에 의한 '자타의 차이화'가 필요하기 때문에 '상징계'가 도래한다. '상징계'와 '상상계'는 '자기소외'를 통해 '자기차이화'에 직면하고 차이의 반복에 의한 '자기상실'을 회피하기 위해 '자기추구'를 요구한다는 의미에서 상호침투하며 합쳐진다.

'현실계'란 이렇게 잃어버리고 도달할 수 없는 존재를 구성한다. 언어화할 수 없는 이 카오스적 진실은 때로 환각이라는, 형언하기 어려운 으스스한 체험으로 나타난다. '현실계'의 잃어버린 '주체'란 '상징계'의 차이화된 '자아(나)'와의 엇갈림을 반복하는, 이론적으로 절대 만날 수 없는 '절대적 타자'로서 다른 두 가지 영역에서 기능한다. (→ 정신분석, 거울단계)

• 오카야마 게이지

참고문헌

• 슬라보예 지젝, 《이데올로기라는 숭고한 대상》, 이수련 옮김, 인간사랑, 2002.
• 알렌카 주판치치, 《실재의 윤리》, 이성민 옮김, 도서출판b, 2004.
• 홍준기, 《라캉과 현대철학》, 문학과지성사, 1999.
• Jacques Lacan, *Ecrics I · II*, Seuil, 1970.

정신분석

p s y c h o a n a l y s i s

프로이트(1856~1939)는 소논문 〈정신분석에 관한 어떤 곤란〉(1917)에서 서구적 인간의 보편적 나르시시즘을 상처 입힌 이론 세 가지가 근대에 나타났다고 썼다. 첫 번째로 코페르니쿠스의 지동설이 우주의 중심이라는 특권적인 지위를 지구에서 빼앗았을 때, 서구인들은 "우주론적 모욕을 경험했다." 두 번째로 그들이 성서의 기록에 기초해 "고귀한 신의 혈통"을 자부했지만 다윈의 진화론으로 자신들이 동물의 혈통에 속해 있음을 깨달았을 때, "생물학적 모욕"을 맛보았다. 그러나 가장 깊게 그들의 나르시시즘을 상처 입힌 것은 "제3의 심리학적 모욕"이다. 즉 "자아는 자신이 받아들이는 정보가 완전하며 확실한 것, 그리고 자신의 명령이 반드시 실행될 것을 자신했지"만 정신분석은 이 자아에 대고 다음과 같이 말했던 것이다. "너의 태도는 직접 접촉하는 궁정고관들의 정보에 만족해 민중에게 다가가지 않는 전제군주와 똑

같다." 프로이트가 창시한 정신분석은 이러한 민중의 소리를 듣고 그 구조와 기제를 탐구함으로써 근대의 합리주의적 인간관을 근저에서부터 흔들고, 그와 동시에 이 합리주의에 입각한 다양한 인문·사회과학 분야를 일신하는 것이었다.

프로이트 자신의 매우 간결한 정의에 따르면 정신분석이란 "(1) 신경증질환의 특수한 치료방법, (2) 무의식의 심적 사건에 관한 과학"(〈정신의 분석〉, 1926)이다. 이 정의는 그가 전 생애에 걸쳐 시도한 정신분석이론의 구축에 훌륭하게 들어맞는다. 이 시도가 심화, 확대되는 과정을 초기(1890년대), 전기(1896~1920), 후기(1920~39)의 세 시기로 나누어 살펴보자.

무의식의 발견

서구 근대철학의 출발점을 데카르트의 '코기토' 즉 자기자신에게 투명한 합리적 의도(자아·이성)라고 한다면, 혹은 프로이트의 말을 빌려 세계의 구석구석까지 꿰뚫어보고 자신의 내면도 완벽하게 파악하고 있다고 자부하는 '전제군주'라고 한다면, 프로이트가 정신분석으로 무너뜨린 것은 이러한 자아의 자기기만이다. 신경증 환자는 '어리석다, 해서는 안 된다'라고 알면서도 스스로도 어찌할 수 없이 빠져드는 기분, 행위, 신체의 증상으로 괴로워한다. 프로이트가 초기 히스테리 연구에서 만난 것은 이런 사례였다. 데카르트의 코기토라면 있을 수 없는 이런 증상을 해명하기 위해 그가 제창한 것이 '무의식'의 개념이다. 신체의 원인을 짐작할 수 없는 증상을 설명하려면, 비물질적인 무언가를, 그것도 환자 당사자는 의식하지 못하는 심적 원인을 상정하지 않을 수 없었던 것이다. '무의식'이라는 단어 자체는 당시의 지식인계급에서 종종 쓰였지만, 프로이트는 다수의 임상사례에 근거해 이 개념을 다듬어냈다. 그가 우선 주목한 것은 정상인에게도 언제나 볼 수 있는 꿈과 실수이다.

질병과는 전혀 관계가 없을 듯이 보이는 실수에서 무의식의 존재가 분명히 드러나기 때문이다. 프로이트에 따르면 이러한 실수는 순수한 심적 과정, 즉 "두 가지 다른 의향의 충돌에서 생겨난다." 의장이 개회할 때 "폐회합니다"라고 잘못 말했을 경우, 본래 의도(개회)와 그를 방해하는 의도(본인은 의식하지 못하는 회의를 싫어하는 마음)가 충돌한 것이다. 본인의 의지에 반하여 벌어지는 실수에는 무의식의 욕구와 그것의 억압이 담겨 있다. 꿈은 이러한 무의식의 존재와 억압의 기제를 가장 명확하게 드러낸다. 왜냐하면 "꿈은 신체적 현상이 아니라 심적인 것"이기 때문이다. 게다가 이 꿈이라는 기제에 대한 연구는 신경증의 해명과 직결된다. "꿈의 연구는 신경증 연구에 있어 최선의 준비일 뿐만 아니라 꿈 자체가 또 하나의 신경증적 증상이다. 게다가 정상인에게도 볼 수 있다는 예기치 못한 이점도 있다." 프로이트는 이 연구에 맞춰 꿈의 드러난 내용(꾼 꿈)과 잠재적 사고(무의식)를 구별하고 전자는 후자의 왜곡된 표현이라고 생각했다. 이 왜곡이 꿈의 작업(압축, 전위 등) 즉 무의식의 검열이자, 이 검열을 통과해 무의식의 세계를 재구성하는 것이 자유연상법을 통한 '꿈의 해석'이다. 정신분석은 "(신경증으로 이어지는) 무의식적 과정을 환자에게 의식시킴으로써 증상을 제거하는" 치료법이다.

오이디푸스 콤플렉스

전기 정신분석이론의 확립과 더불어 프로이트 자신이 그 핵심으로 간주했으며 훗날 문화론의 초석이 된 것이 오이디푸스 콤플렉스이다. 프로이트는 유아는 저속한 성욕이 없는 무구한 존재라는 상정을 환상이라며 일축했다. 출생 후 곧 유아에게도 활발한 성충동이 나타나 이성인 부모에게 향한다. 남자아이는 어머니에게 성적인 관심을 품고 아버지를 라이벌로 질투하여 그의 죽음과 부재를 바란다. 그러나 동시에 그러한 소망 때문에 아버지에게 벌을 받을지도 모른다고 두려워한다. 이 관념들로 이루어진 복합체(콤플렉스)가 오이디푸스 콤플렉스인데, 아버지를 살해하고 어머니와 동침한 고대 그리스의 오이디푸스왕에서 따온 개념이다. 이 이론은 유아성욕과 근친상간의 소망을 주장한다는 점에서 동시대인들의 반감을 샀지만, 프로이트는 이 콤플렉스를 극복하는 데 실패한 경우가 신경증이라고 생각했다. 이 개념은 뒤에 종교나 예술과 같은 문화현상 일반을 해명할 때 활발히 사용됐다. (→ 오이디푸스 콤플렉스)

이드 · 자아 · 초자아, 삶과 죽음의 충동

후기가 되자 프로이트는 억압의 복잡한 기제를 깨닫고 전기의 의식 · 전의식 · 무의식의 삼층구조 대신에 이드 · 자아 · 초자아라는 더 역동적인 심적 구조론을 전개한다. 이드는 무의식의 본능적 충동의 축이자 제한 없는 쾌락원칙이 지배하는 부분이다. 자아는 외계와 이드의 접촉으로 인해 발생하며, 이드를 현실원칙에 따르도록 한다. 나아가 이 자아의 내부에서 자아를 비판 · 감시하는 초자아가 분화한다. 이것이 양심이라고 불리는 부분이다. 따라서 자아는 "이드에 충동질 당하고 초자아에 구속받고 현실에 부딪히면서" 어떻게든 이 힘들의 균형을 맞추려고 한다. 프로이트의 관심은 이러한 상황에 있는 자아를 도와주는 것이었다. 초자아와의 과도한 긴장을 완화하고 이드를 의식화함으로써 자아를 변화시켜가는 것, 요컨대 자아의 확대와 강화가 치료의 목표였다. 후기 프로이트가 억압 역시 자신의 부분으로 포함하는 자아

<이드 · 자아 · 초자아의 관계도>

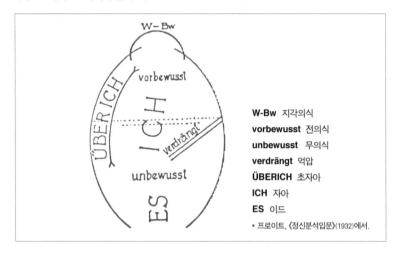

W-Bw 지각의식
vorbewusst 전의식
unbewusst 무의식
verdrängt 억압
ÜBERICH 초자아
ICH 자아
ES 이드

• 프로이트, 《정신분석입문》(1932)에서.

의 복잡하고 교묘한 방어기제에 주목하게 된 것도 이 목표 때문이다. 후에 미국의 자아심리학(하르트만 등)과 영국의 대상관계론(클라인 등)은 이런 프로이트의 지향을 계승하고 발전시켰다고 할 수 있다.

후기에서 또 하나 주목할 것은 프로이트가 그때까지의 충동론을 대폭 변경하여 전기의 자아충동과 성충동의 대립 대신, 전기의 이 두 충동을 삶의 충동(에로스)으로 묶어 죽음의 충동(타나토스)과 대립시킨 점이다. 이런 전환을 가져온 계기는 과거의 고통스러운 체험을 반복하는 반복강박을 관찰한 것, 그리고 제1차 세계대전에서 표면화된 인간의 파괴성을 경험한 것이었다. 프로이트는 이런 현상 속에서 생명체가 갖가지 긴장을 풀어내고 생물 탄생 이전 무기물의 안정상태(죽음)로 돌아가고자 하는 근본적인 경향을 발견했다. N. 브라운의 《에로스와 타나토스》(1959)나 《사랑의 몸》(1966)은 이 착상의 연장선상에 있는 저작이다.

프로이트의 문화론

니체는 심리학이 '학문의 여왕'이 될 것이라고 예언했지만, 프로이트에게도 그런 야망이 있었다. 실제로 그는 정신의학의 영역을 넘어 자신의 이론을 온갖 문화 영역에 적용했다. 대표적인 작품만 거론해도 문학에서는 〈작가와 몽상〉(1908), 미술에서는 〈미켈란젤로의 모세 상〉(1914), 종교론에서는 〈인간 모세와 유일신교〉(1939), 문화인류학에서는 《토템과 터부》(1913), 사회학·정치학에서는 〈집단심리학과 자아 분석〉(1921)이 있다. 만년의 〈문명 속의 불만〉(1930)은 에로스와 타나토스의 양대 욕망론을 통한 프로이트 문화론의 집대성이라고 할 수 있을 것이다.

프로이트 자신이 실천한 다양한 문화 영역과의 대화는 프로이트 이후에도 활발하게 이루어졌다. 예를 들어 프로이트주의와 사회과학을 통합하고자 한 신프로이트학파, 마르크스의 문제제기에 정신분석의 방법을 적용하고자 한 프랑크푸르트학파, 현상학과의 접점을 시도한 빈스방어나 보스의 현존재분석, 소쉬르의 구조주의적 언어학을 이용해 정신분석의 새로운 전개를 마련한 라캉학파 등을 들 수 있다. 이러한 다른 영역과의 교류는 앞으로도 정신분석을 더욱 풍부하게 할 것이다.

• 미야타케 아키라

참고문헌

• 지그문트 프로이트, 《문명 속의 불만》, 김석희 옮김, 열린책들, 2003.
• _____, 《정신분석입문》, 오태환 옮김, 선영사, 2003.
• _____, 《종교의 기원》, 이윤기 옮김, 열린책들, 2004.

이중구속

double bind

&

이중구속은 인류학자로도 유명한 정신의학자 그레고리 베이트슨 (1904~80)이 1956년에 논문 〈정신분열증 이론에 대하여〉에서 주장한 개념이다. 그는 이 논문에서 정신분열증을 인간관계에 얽매이는 병, 바꿔 말해 커뮤니케이션의 병리라고 특징지은 뒤, 그 원인으로 '이중구속'적 상황을 들었다.

이중구속적 상황이란 거기서 몸을 뺄 수 없는 인간관계에서 일정한 메시지를 받으면서, 그 메시지를 부정하는 메타 메시지를 동시에 받는 상황을 가리킨다. 베이트슨은 이것이 반복되면 정신분열증을 낳는다고 생각했다. 이런 몸을 뺄 수 없는 인간관계의 전형이 모자관계이다. 예를 들어 어머니가 아이에게 '사랑한다'는 일정한 메시지를 발신하면서 그와 동시에 표정이나 행동에서 그 메시지를 부정하는 메타 메시지를 문맥상의 메시지로서 발신한다고 하자. 이때 아이는 메시지를 전하는 말과 그것을 부정하는 메타 메시지를 전하는 표정 중 어느 쪽도 믿을 수 없는 이중구속적 상황에 놓인다. 이 피해갈 수 없는 상황이 반복되면 아이는 결국 병적인 행동을 하게 된다. 그것이 정신분열증의 증상으로 이어진다는 것이다.

베이트슨은 이 증상을 세 가지로 구별한다. 메시지의 수준 차이를 혼동하여 모든 것을 비유적으로 받아들이는 '망상형'과 각 메시지의 함의나 수준 차이를 무시하고 메시지를 글자 그대로밖에 해석하지 못하는 '고립형', 모순에 찬 외부와의 관계를 일체 단절하고 자신 속에 갇히는 '긴장형'이다. 이렇게 이중구속이론은 정신분열증의 병인론임과 동시에 증상론이기도 하다. 최근 이 개념은 정신의학을 넘어 다양한 사회, 문화현상을 이해하는 모델로 활용되고 있다.(→ 반정신의학)

• 고스다 겐

참고문헌

• 그레고리 베이츤,《마음의 생태학》, 서석봉 옮김, 민음사, 1990.
• 민성길,《최신 정신의학》, 일조각, 1999.

반정신의학

anti-psychiatry

&

반정신의학은 광기를 정상의 반대라고만 생각한 기존 정신의학을 근본적으로 비판하며 생겨난 이론적 실천적 운동이다. 이 입장에 따르면 광기란 명확한 기준이 있어 정상과 구별할 수 있는 특별한 상태가 아니라, 누구의 마음에도 잠재된 가능성이다. 이 운동은 1960년대에 영국에서 정신과 의사인 D. 쿠퍼(1931~86)와 R. D. 랭(1927~89)이 전개한 활동이다. 비슷한 시기에 프랑스에서는 모드 마노니(1931~)가 유사한 문제의식으로 활동하고 있었다. 그리고 이론적 배경에는 실존주의와 마르크스주의가 있다.

먼저 반정신의학이라는 용어의 발안자이기도 한 쿠퍼는 기존 정신의학에 대한 비판의식에서 출발했다. 그에 따르면 그때까지 정신의학은 신체의 병에 관한 의학 모델을 무비판적으로 정신의학의 영역에 전용해, 광기를 병의 일종으로밖에 보지 않았다. 요컨대 정신병은 뇌의 병에 불과하다. 그 결과 정신병이라고 진단된 환자들은 정상인들과 분리 또는 격리된 뒤, 과학적인 치료라는 명목 아래에 소외되고 억압받았다. 그러나 쿠퍼는 정신병이란 어떤 실체나 사실이 아니고, 정신병자란 어떤 가족 내부의 가치기준 또는 행동규범에서 벗어났다고 간주된 존재에 불과하다고 생각했다. 그들은 가정 안에서 온갖 성가신 일을 강요받고 정신적으로 병든 존재라는 이름 아래 희생양으로 취급받았다.

가정에서 시작된 다수가 개인에게 가하는 폭력은 정신병원의 내부에서 증폭된다. 의사나 간호사들은 그들에게 정신병이라는 꼬리표를 붙이고 과학적 치료라는 명목으로 그들을 더욱더 소외시킨다. 여기에는 사회적 안정을 지키기 위해 정상과 이상을 구별해야 한다는 사회의 암묵적 요청이 숨어 있다. 쿠퍼가 보기에 사회의 구석에 존재하는 눈에 보이지 않는 갖가지 폭력과 모순도 정신병자가 처한 상황과 무관하지 않다. 정신병자가 놓여진 소외상황은 가족에게만 원인이 있는 것이 아니라 나아가서는 사회구조에서 기인한 것이다. 쿠퍼에 따르면 정신병자란 가정과 사회 양쪽에서 억압받는 존재이다. 그렇기 때문에 개인과 가정 및 사회라는 양극을 매개하는 형태로 이 억압구조와 싸워야 할 필요가 있다. 여기서 기존의 정신의학이 개인의 내부에 질환의 원인이 있다고 상정하는 경향과는 반대로 쿠퍼는 광기를 가족이나 사회의 상호작용 속에 위치짓고자 했다. 그리고 쿠퍼가 생각하기에 정신병원은 이 이중의 싸움을 위한 거점이어야 했다. 실제로 그는 영국 런던 서북부의 정신병원 빌라 21에서 이전의 환자를 간호사로 일하게 하는 등 새로운 시도를 실천했다.

정신병을 대인관계의 병으로 생각하는 경향은 랭에게 와서 더 현저해진다. 랭은 정신병을 커뮤니케이션의 병이라고 생각한 베이트슨의 이중구속이론에 영향을 받아 정신병의 여러 가지 증상은 가족 내부의 특이한 교류형식 속에서 생겨난 반응이라는 관점을 제시했다. 랭은 《분열된 자기》(1960)에서 분열증 환자의 양상을 '존재론적 불안정'이라는 개념으로 이해하고자 했다. 통상 우리는 내 존재를 실재적이고 생생하며 전체적인 것으로 경험하지만, 이 일차적인 존재론적 안정이 명확하게 느껴지지 않는 상황이 '존재론적 불안정'이고 이것은 정신병으로 이어지는 하나의 계기가 된다. 나아가 랭은 가족이나 사회에서 유통되는 가치관에 적합하려면 실제로 가짜 자신을 획득할 수밖에 없다면서 정신병이 본래 '여행'임을 강조했다. 사회로부터 강요되는 가짜 자신에게 적응하기를 부정하고, 진정한 자신을 찾으려는 정신병자는 사실 진정 멀쩡한 정신을 향해 '여행길'을 걷기 시작한 자이다. 그러나 실존주의나 마르크스주의의 퇴조와 함께, 또한 정신의학이 생물학화하는 경향이 강해짐에 따라 반정신의학운동은 점차 그 이론적 지반을 잃게 됐다.

실천면에서 볼 때 앞에 언급했듯이 반정신의학운동에는 내부에서 체제를 비판한다는 색채가 강했다. 그래서 반수용주의나 공동체주의 운동과 결합하면서 기존 정신의학의 개혁을 목표로 했다. 랭이 런던에 세운 킹슬리 홀은 1965년부터 1970년까지 이어졌는데, 실제로 당시의 사회적 억압에 대한 반항운동의 메카이기도 했다. 이 시설에는 환자 여부를 불문하고 누구나 원하는 만큼 머물 수 있었다. 그러나 이런 운동도 치료법의 개선이나 법체계의 정비가 진행되면서 어느덧 정신의학의 틀 안으로 다시 흡수됐다.

• 고스다 겐

참고문헌

- David Cooper, Psychiatry and Anti-Psychiatry, Ballantine Books, 1971.
- Ronald Laing, *The Divided Self*, Penguin, 1965.

정치

공동체이론
communitarianism

자유주의-공동체주의자 논쟁

자유주의-공동체주의자 논쟁은 미국의 정치철학자 샌델이 《자유주의와 정의의 한계》(1982)에서 현대 자유주의의 대표격이라고 할 롤스의 《정의론》(1971)을 정면으로 거론하며, 롤스 등의 자유주의가 전제하는 자기상(自己像)이나 '선보다 우선하는 권리(priority of rights over goods)'라는 테제를 비판하면서부터 시작됐다. '자유주의-공동체주의자 논쟁'이라고 불리는 이 논의는 북아메리카를 중심으로 왕성하게 이루어졌는데, 사회를 아무것에도 구속받지 않는 자유로운 개인의 선택이 집적된 것으로 생각하는 사회계약론적 구성을 주장한 '자유주의자'와 '자유'가 상정하는 추상적인 관념인 '자율적인 개인'이 사회통합의 기반을 해체한다는 '공동체주의자'와의 논쟁이다.

현대 자유주의는 공동체로부터 독립한 개인을 전제로 하여 각 개인간, 혹은 개인과 국가 관계에서의 정의나 규범을 문제삼는다. 봉건적인 사회에서 근대사회로 이행하면서 공동체의 사회관계에서 해방된 개인은 자신들의 의지에 따라 선을 선택하며 살아갈 수 있는 자유로운 존재이고, 사회적인 관계와는 무관하게 권리를 지닌다.

반면 공동체이론은 공동체를 비롯한 사회적 관계망에서 벗어난 자유로운 개인이 현대사회의 공공의식을 쇠퇴시킨다고 비판한다. 공동체이론은 특정한 문화나 전통과 깊은 관계를 맺기 때문에 개인은 공동체 속에서 공유되는 가치나 공동선을 이해하고 우리에게 선이란 무엇인가라는 대답을 찾을 수 있다고 주장한다.

이러한 논쟁에서 공동체이론의 논점이 자유주의에서 뚜렷하게 나타나는 원자주의(atomism)의 비판이었음에도 불구하고, 공동체이론을 개인주의의 대항 개념이자 개인의 권리나 자유의 가치를 인정하지 않는 집합주의로 만들고 만 '오류(테일러)'가 있었다고도 이야기된다.

공동체이론의 질문

롤스는 "자유주의의 기본적인 관점은 평등한 시민이 선에 대해 다른 입장을 가지며, 명확하게 통약불가능하고 화해하기 어려운 생각을 지닌다는 점이다"라고 말하고, 현대사회에서 기본적으로 변화하지 않은 특징을 선에 대한 입장의 다원성 즉 '다원성의 사실'이라고 주장한다. 각 개인의 가치판단이 통약불가능할 정도로 분화하고 대립해 있는 현대에서 단일한 공동선이라는 공통적인 가치기준의 존재를 전제할 수 없다. 그렇다면 어떻게 다양성을 전제하면서도 사회적 통일을 달성할 수 있을까. 현대 자유주의는 이 받아들일 수 없는 현대의 조건인 '다원성의 사실'로부터 사회를 통합하는 규범을 창조해내려고 한다. 롤스의 대답은 서로 경합하는 선의 어느 한쪽이 아니라, 그 특수한 선들을 중립적으로 정당화·보편화할 수 있는 판단인 '정의'였다.

공동체이론은 현대 자유주의에 대해 자유주의가 말하는 역사나 전통, 공동선에서 단절된 자기상과 그로써 배제된 선이나 덕의 문제, 자기와 공동체와의 관계 등을 이유로 삼아 비판한다. 공동체이론의 대표적 이론가인 샌델은 롤스가 상정하는 자기는 자기의 아이덴티티를 자기의 선택능력에서만 구하는 '동료 없는 자기'라고 비판한다. 이런 자기상에서는 어떤 사람도 자기가 선택하지 않은 도덕적 정치적 책무에 구속되지 않기 때문에, 자신이 특정한 공동체나 역사, 전통에 속한 성원이라는 것을 이해할 수 없다. 샌델은 자기란 가족이나 지역, 국가 등 공동체의 맥락 속에 놓여, 배경에 있는 암묵적인 관습이나 이해를 통해 자신들의 아이덴티티를 구성하는 '위치지어진 자기'라고 주장한다.

또한 매킨타이어는 개인이 '전통'과 불가분의 관계에 있다고 생각한다. 인간은 본질적으로 '서사적인 존재'이면서 개인의 삶의 통일성은 '선이란 무엇인가'라는 질문의 탐구에 달려 있다고 한다. 그때 '적절한 종류의 선을 탐구하도록 우리를 지지해주는 기질'이 덕이다. 그러나 이 덕도 개인 혼자 추구할 수 있는 것이 아니라, '역사적으로 확장되고 사회적으로 구체화된 논의'라고 이해할 수 있는 '전통'에 의거해 있다. 개인은 이런 '전통' 속에 매몰된 존재라고 말할 수 있다.

샌델, 매킨타이어와 함께 공동체이론을 대표하는 테일러도 현대 자유주의는 개인이 혼자서 자족할 수 있다고 가정하는 원자주의를 전제로 하고 있다고 비판한다. 그는 인간은 자기나 자기의 목적에 대한 해석 안에서 살아가는 '자기해석적 존재'이며, 그 아이덴티티는 혼자 힘으로 획득하는 것이 아니라 사회의 근저에 있는 공동이해에 의해 규정된다고 생각했다. 현대 자유주의는 '동료 없는 자기'처럼 아무것에도 구속받지 않는 자유로운 개인이 선택한 것들의 집적으로서 사회를 생각하는 사회계약론적인 구성을 통해, 사회적인 통합을 기획할 수 있다고 생각한다. 여기에는 문명이 진보하면 사람은 자연히 높은 논리적 수준에 도달하고, 개인의 이익이나 개인의 욕망만 충족하려 하지 않고 사회 전체의 공적인 사항에 관해 고려하게 된다는 '계몽된 자기이익'에 대한 낙관적 기대가 배후에 존재한다. 그러나 공공의식이 쇠퇴하고 사적인 욕망충족이 만연해지는 등 사회통합의 기반이 이완되는 상황에 이르자, 누구나 지나치게 낙관적인 생각이었다고 인정하게 됐다.

이런 근대적인 전제를 회의하면서 출발한 공동체이론은 애국주의에 관한 문제(테일러), 즉 '미국의 분열'을 저지하기 위해 사회적 통합의 기반을 어떻게 확보할 것인가에 관한 질문이었다고 할 수 있다.

오늘날의 동향

그들이 최근에 거둔 수확도 주목할 만한 가치가 있다. 그 중 샌델은 미국의 정치적 전통을 자유주의가 승리하고 공화주의가 쇠퇴하는 역사라고 파악하고, 자유를 자기가 선택할 자유로 이해하는 자유주의가 아니라, 자유를 자기통합이라고 이해하고 공동체에서 공유되는 공동선을 중시하는 공화주의적 전통을 회복하자고 주장한다. 국가와 개인을 매개하는 공동체를 중시하는 (토크빌적인) 공화주의를 미국의 '공공철학'의 지위로 부활시켜 사회적 통합의 기반을 확보하려는 것이다. 테일러는 다문화주의적인 사상을 염두에 두고 국가로 향하는 귀속성을 일원적인 것으로 이해하는 자유주의를 비판하고, 다양한 민족적 정체성으로 구성된 차이를 승인하는 방식으로 국가 귀속성을 호소하고 있다.

이와는 달리 1990년대 이후 공동체이론에서 새로운 양상이 나타났다. 그것은 사회학자 에티오니를 중심으로 전개되는 '응답하는 공동체주의자운동'이라는 사회운동이다. 그들은 미국을 중심으로 가족제도나 교육문제 등 공공정책에 대해 적극적으로 개입한다. 최근 주요 공동체이론은 현대사회가 품고 있는 문제의 해법을 제시하는 사회철학으로서도 기능하고 있다.(→ 정의, 자유주의)

• 구로미야 가즈모토

참고문헌

• 스테판 뮬홀 · 애덤 스위프트, 《자유주의와 공동체주의》, 김해성 · 조영달 옮김, 한울 아카데미, 2001.
• 알래스데어 매킨타이어, 《덕의 상실》, 이진우 옮김, 문예출판사, 1997.
• 존 롤즈, 《정의론》, 황경식 옮김, 이학사, 2003.
• Charles Taylor, et al., *Multiculturalism*, Princeton University Press, 1994.
• Michael Sandel, *Liberalism and the Limits of Justice*, Cambridge University Press, 1998.

정의

justice

정의론의 과제

정의란 공동체의 질서유지에 대한 규범적 요청이다. 많은 사람들이 공존하는 공동체(사회)에서 다양하고 이질적인 사람들이 질서를 유지하며 공존하기 위해서는 기본적인 규칙을 공유해야만 하는데, 정의는 그러한 공통의 규칙을 가능하게 하는 규범적 가치이다. 따라서 그것은 구체적인 법이나 도덕률과 관계를 맺으면서도 동시에 그것들을 가능하게 하는 한층 근본적인 가치를 지칭한다고 할 수 있다.

플라톤은 《국가》에서 다음과 같이 말한다. '영혼'은 '욕망의 부분'과 '이성의 부분'과 '기개의 부분'으로 나뉘며 그 각자에 대응하는 가치가 있다. 즉 '절제'와 '지혜'와 '용기'가 그것인데, 이 세 부분이 적절한 균형을 유지하며 전체를 구성할 때 정의가 실현된다. 이는 한 인간의 경우든 국가의 경우든 마찬가지인데, 말하자면 플라톤은 정의를 덕이나 탁월함의 관념과 관련지어 인간이나 국가로서의 완전성이라는 관점에서 논했던 것이다.

이러한 플라톤의 생각에서 알 수 있듯이, 정의라는 개념은 본래 공동체의 '올바른' 존재방식과 분리될 수 없다. 공동체의 '올바른' 존재방식이 파괴됐을 때 그것을 공동체의 규칙이 침해당했다고 보고 '올바른' 존재방식을 회복하는 것을 정의라고 생각하는 법적 혹은 재판적인 정의 개념도 여기에서 비롯된다. 이 때문에 정의론의 과제는 정의로운 공동체(국가)란 무엇인가라는 문제와 결부되는데, 국가와 법의 불가분한 연결도 이런 맥락에서 나온다.

아리스토텔레스가 "정의는 국가 안에서의 인간의 연대이다"(《정치학》)라고 했을 때, 그 배경에는 정의로운 국가라는 관념이 있었다. 아리스토텔레스는 또한 《니코마코스 윤리학》에서 사람들이 각자의 능력에 상응하는 지위나 재산을 손에 넣는 '배분적 정의'와 그것을 시정하고 상호교섭을 통해 균형을 실현하는 '시정적(是正的) 정의'를 중시했다. 즉 사람들은 모두 '법'을 따른다는 의미에서는 평등한 존재이고, 그 가운데 각자에게 그들이 '원래 가져야 할 것'을 부여하는 것이 '정의'이다. 또한 아리스토텔레스는 국가의 정의를 '자연적 정의'와 '법적 정의'로 나누었는데, 이는 훗날의 자연법과 실정법 구분에 대응하는 것이다.

이렇듯 정의론은 한편으로는 공동체에서 살아가는 인간의 의무나 덕의 탁월성이라는 '올바른 삶의 방식'과 관련되는 면을, 다른 한편으로는 공동체의 질서를 구성하는 '법'과 관련되는 면을 가지고 있다. 그러한 의미에서 정의는 윤리와 정치를 잇는 결절점에 위치하는 실천적인 개념이라고 말할 수 있다.

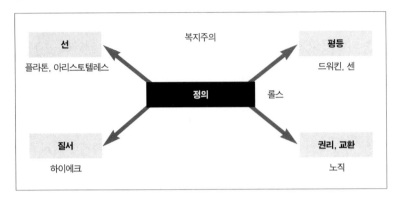

현대의 정의론

현대의 정의론을 말할 때 가장 중요한 책은 롤스의 《정의론》이다. 1971년에 출판된 이 책은 현대사회의 사회적 정의를 칸트적인 윤리학과 사회계약론에 근거하여 재구성한 것인데, 소수자 보호나 빈부 격차를 문제삼은 당시 미국 자유주의파의 정치운동, 사회운동과도 공명하며 커다란 논의를 불러일으켰다.

롤스는 우선 정의를 사회제도에 의해 실현되어야 할 제1의 덕목이라고 보았다. 그것은 진리가 사상체계의 제1의 덕목인 것과 마찬가지이다. 그런 후에 그는 정의를 '공정한 것'이라고 추상적으로 정의한다. 공정성이란 사회적 존재로서 사람들이 각자 자유로이 자신의 가능성을 추구할 수 있는 평등한 권리를 가지고 있다는 의미인데, 이는 근대 자유주의 정치철학의 중심이 되는 개념이다.

그리고 여기에서 유명한 '정의의 두 원칙'이 도출된다. 즉 (1) 모든 개인은 가능성을 추구하는 데 필요한 기본재(가능성을 추구하는 과정에서의 사회적 조건, 가령 정치적 권리나 사상을 표명할 자유, 생활을 유지할 최소한의 물질적 기초 등)를 평등하게 나누어 가질 것이다. (2) 기회의 평등 아래 공정한 경쟁으로 생긴 불평등을 시정하기 위해서는, 그 기준을 사회 속에서 가장 불우한 경우에 있는 자의 입장을 개선할 수 있는 것으로 해야 한다. 즉 인간의 기본적인 자유나 생존, 생활의 기본권을 먼저 평등하게 보장한 후, 공정한 경쟁으로 생기는 불평등은 정당하다는 것이다. 롤스는 자신이 어떠한 경우에 처하게 될지 모른다는 가정(무지의 베일이라는 가정) 아래에서는 누구라도 정의의 두 원칙에 동의(사회계약의 성립)하리라고 생각했다.

이러한 롤스의 정의론이 아리스토텔레스의 배분적 정의 및 시정적 정의의 전통을 계승하면서도 그것을 근대적인 자유주의사상 속에서 독자적으로 재구성하고자 했던 것임은 분명하다. 그리고 그는 이러한 정의의 수립을 근대사상의 출발점에 있는 사회계약론을 통해 정당화함으로써 '정의로운 근대사회'의 원리를 그려내고자 했다. 다만 이 경우 롤스는 플라톤이나 아리스토텔레스와는 달리 공동체의 '정의(justice)'를 공동체의 '선(good)'이나 '덕(virtue)'과 분리하여 이해했다는 점에 주의해야 한다. 고대 사상가에게 정의는 그 자체가 선이며 덕과 불가분한 것이었다. 하지만 근대적 자유주의계보에 있는 롤스는 집단으로서의 '좋은 삶의 방식'이라는 의미의 공동체의 선은 중시하지 않는다. '삶의 방식'은 개인의 가치관의 문제인 것이다. 정의는 어디까지나 다양한 가치를 가지고 다양한 방식으로 살아가는 모든 개인이 그들의 자유를 추구할 때의 사회적인 조건(규칙)과 관계할 뿐이다.

하지만 롤스의 논의는 정의를 이성 혹은 계약에 의해 인위적으로 '구성'한다는 점에서 문제를 내포하고 있다. 가령 일체의 '사회적 정의(복지와 같은 인위적 평등화)'를 비판하는 하이에크의 입장에서는 정부가 인위적으로 소득을 재분배하는 자의적인 강제력을 도입한다는 비판이 가능하다. 또한 하이에크에게 정의란 인간이 이성이나 계약을 통해 구성하는 것이 아니라, 흄이 강조하듯이 습관 속에 암묵적 약속으로서 묻혀 있는 것을 귀납해내는 것이다. 이렇듯 정의의 구체적 내용은 다양하지만, 그것이 평등, 법, 질서 등과 결합하여 현대에 이르기까지 정치철학의 기본 개념이 되었음은 분명하다. (→ 자유주의)

• 사에키 게이시

참고문헌

• 아리스토텔레스, 《정치학》, 이병길 옮김, 박영사, 1996.
• 오트프리트 회페, 《정의》, 박종대 옮김, 이제이북스, 2004.
• 존 롤즈, 《정의론》, 황경식 옮김, 이학사, 2003.

전체주의

t o t a l i t a r i a n i s m

'전체주의'의 역사

전체주의란 '개체'에 대한 '전체'의 우위를 강조하는 사상 및 운동인데, 이탈리아의 무솔리니가 1925년의 연설 중에 '전체주의적 의지(혹은 훗날 파시즘이론의 철학자로 공인된 젠틸레가 같은 해 연설 중에 '전체적인 생활파악')'라는 말을 사용했던 것이 최초라고 알려져 있다. 무솔리니는 그 후 자신의 파시즘체제를 '전체주의 국가'라고 불렀다. 다른 측면에서는 무솔리니가 원했던 바 국민에게 '전체의 이익'을 위한 멸사(滅私)적 충성을 요구하는 '전체주의' 체제를 비판하기 위한 말로서 '전체주의'라는 개념이 사용됐다고도 볼 수 있다. 전체주의는 제2차 세계대전 이전의 독일이나 이탈리아의 파시즘정치체제 및 지도이념을 가리키며, 전체(이탈리아의 경우는 국가적 전체, 독일의 경우는 민족적 전체)를 궁극적 실재로 간주하고 전체가 개인보다 우위에 있다고 주장하기 때문에 반자유주의적 반민주주의적 권위주의적 반사회주의적인 성격을 지닌다.

전체주의적 지배에 대한 규정으로는 카를 J. 프리드리히가 제시한 단일 이데올로기, 이 이데올로기에 경도된 단일 대중정당, 비밀경찰, 사용가능한 무기와 대중매체의 모든 수단에 대한 독점적 통제, 전체경제에 대한 중앙의 통제와 지도라는 '여섯 가지 징후군'이 유명하다. 또한 "전체주의는 포괄적인 독재유형으로 분류되는 새로운 형태의 정치체제이며,……이것은 특정한 독단적이고 이데올로기적인 전제에 기초한 인간의 사정(查定)을 포함하고 있으며, 그것은 전원일치가 모든 사람들에게 강제되는 분위기 속에서 지도부에 의해 선언된다"라는 브레진스키의 지적도 본질적인 정의이다.

그러나 이것은 1950, 60년대에 씌어진 것이다. 나치 독일과 스탈린 치하의 소비에트가 '전체주의 국가'와 동일시되는 등 공산주의 국가들을 민주주의에 대한 위협으로서 '전체주의'로 간주해온 이 개념의 역사는 오늘날 '전체주의'에 대해 직접 다루는 저작을 거의 볼 수 없다는 사실을 생각할 때 중요하다. 왜냐하면 반공적 또는 반소적인 냉전기의 이데올로기 구도 속에서 '전체주의'가 규정되어왔기 때문에, 제2차 세계대전을 거치면서 '전체주의 국가' 이탈리아와 독일이 무너지고 냉전구조까지 붕괴된 현재, '전체주의'는 이미 역사연구의 한 가지 제재일 뿐이며, 그나마 주목받지 못하게 되어버린 것이다.

아렌트의 '전체주의론'

그러나 이 책에서 '전체주의'를 다루는 것은 20세기 초에 세계를 흔들었던 '전체주의'의 위협이 아직 과거의 것이 아니라는 증거인지도 모른다. 그것은 특히 1950, 60년대에 현저했던 냉전이데올로기로 규정되어왔다는 점을 지적해둘 필요가 있다.

이 점에 대해 생각할 때 한나 아렌트의 《전체주의의 기원》은 중요한 시사점을 제공한다. 이 책은 1951년에 처음 출간됐는데, 나치즘과 스탈린 통치 아래 소련을 총괄하는 개념으로 '전체주의'라는 용어를 사용했기 때문에 둘 사이의 역사적인 차이를 무시해버렸다는 비판이나 냉전이데올로기를 반영하는 것이 아니냐는 비판을 받았다. 하지만 아렌트는 "전체주의적 지배의 기원은 국민국가의 몰락과 붕괴 및 아나키즘적인 현대 대중사회의 등장에 있다"면서, 그것은 1930년대 독일과 소련에서만 나타난 특수한 문제가 아니라 '우리 시대의 하중(영국 초판의 제목)'으로서 현대문명 자체가 배태하고 있는 문제이기 때문에 '전체주의'는 결코 과거의 역사로 묻어버릴 수 없다는 점을 분명히 해왔다.

아렌트는 전체주의를 역사적으로 폭정, 전제, 독재제로서 알려진 정치적 억압과는 원리적으로 다른 완전히 새로운 국가형식이라고 파악하는데, 이때 그녀가 전체주의 지배의 고유한 본질로서 정의하는 것이 이데올로기와 테러이다. 둘 다 정치적으로 새로운 현상이라고는 말할 수 없지만, 그것의 존재양식이나 기능이 독특하다는 것이다. 사람들에게 사회 강제력을 행사하는 테러는 결코 권력자의 자의적인 명령이 아니라 자연이나 역사의 법칙(다윈주의적 적자생존의 자연법칙이나 계급투쟁이라는 마르크스주의의 역사법칙)에 상응해 이루어지며, 자연 혹은 역사과정의 진행을 저지하는 것에 불과한 자유를 압살한다. 인간과 인간 사이에 존재하는 자유로운 공간의 소멸은 인간을 하나의 덩어리로 만드는 동시에 이질적인 것들로부터 완전히 격리시킨다. 그리고 이러한 외적 강제의 효과를 보장해주는 것이 내적 강제력으로서의 이데올로기이다. 테러로 인해 격리된 개인에게 지배인종 혹은 무계급사회라는 이데올로기적 전제를 통해 완전한 일관성을 부여하고, 경험적 현실보다도 '보다 옳은' 현실을 수립해가는 영구불변의 과정에 말려들도록 하는 것이다.

전체주의의 온상

전체주의 지배의 전제조건은 '대중'사회이다. "공동의 세계가 완전히 와해되고 서로 분리되어 있는 개인으로 구성된 대중"의 존재가 전체주의의 불가결한 요소인 것이다. 19세기적 질서였던 계급사회의 붕괴는 타인과의 관계를 상실하여 근거를 잃고 흩어져버린 개인 즉 공통의 이해로 결합되지도 않고, 달성하고자 하는 목표를 설정할 계급의식도 지니지 않은 '대중'을 산출했다. 그것을 정치적으로 동원한 것이 전체주의이다.

그러나 '대중'이 전체주의에 동원된 배경에 아렌트의 《전체주의의 기원》의 테마 중 하나인 19세기적 질서의 붕괴, 즉 국민국가의 몰락과정이 있었다는 점도 간과해서는 안 된다. '역사적 문화적 통일체'로서 설립된 국민국가에서 내셔널리즘 의식은 '사람들이 참여하는 공동의 세계'와 연결된다. 그러나 과거 역사와 미래 운명을 공유하는 사람들의 공동된 시도가 아니라 '명확하지 않은 민족적 공동귀속감'으로 상정되는 출신이나 혈통 등의 '확대된 종족의식' 이외에 다른 근거를 가질 수 없는 국가에서, 내셔널리즘은 범민족운동이나 인종주의와 쉽게 결부되어 '종족적 내셔널리즘'으로 나타난다. 아렌트에 의하면 이러한 내셔널리즘은 국민국가와 적대했으며 전체주의의 한 가지 기원이 됐다.

이것은 20세기 초의 문제로 한정되지 않는다. "잠재적으로 대중은 모든 국가, 모든 시대에 존재하고 있는" 것이다. 이러한 전체주의의 온

상, 즉 대중은 지금 우리들에게도 '우리 시대의 하중'으로서 심각한 문제이다. (→ 내셔널리즘)

• 구로미야 가즈모토

참고문헌

• 레오나드 샤피로, 《전체주의 연구》, 장정수 옮김, 종로서적, 1983.
• 로버트 O. 팩스턴, 《파시즘》, 손명희 · 최희영 옮김, 교양인, 2005.
• 임지현 외, 《대중독재》, 책세상, 2004.
• Hannah Arendt, *The Origins of Totalitarianism*, Meridian Books, 1958.
• Juan J. Linz, *Totalitarian and Authoritarian Regimes*, Lynne Rienner Publishers, 2000.

내셔널리즘
n a t i o n a l i s m

내셔널리즘의 시대

20세기 후반 특히 냉전구조의 해체 이후는 '내셔널리즘의 시대'였다. 냉전 종결에 이어 중·동유럽지역에서 민족분쟁이 분출했던 것이다. 그러나 현대사회에서 가장 실제적인 문제 가운데 하나인 내셔널리즘은 결코 국지적인 종족적 내셔널리즘이라고 불리는 민족 간의 처참한 살육만을 의미하지 않는다. 세계 각지에서 국민적 정체성에 대한 관심이 고조됨에 따라 다시금 자신의 집단적인 정체성을 확인하려는 움직임이 나타났다. 예를 들어 미국에서는 '미국의 다원주의와 정체성에 대한 국민적 대화'라는 명목 아래 국내에 존재하는 인종대립을 극복하고, 국민공동체의 유대나 미국인으로서의 정체성을 다시금 확인하려는 움직임이 있다. 그 경우 공유된 국민적 아이덴티티는 자신들의 국가문제를 생각할 때에 본질적인 요소이고 국민은 스스로 긍지를 갖지 않으면 자신을 개선해나갈 수 없다며, 공공연히 내셔널리즘의 필요성이 설파되곤 한다.

또한 냉전 종결 후 급속히 진행된 경제의 글로벌화에 대한 대항으로서도 내셔널리즘이 출현한다. 예를 들어 프랑스에서는 '앵글로색슨의 세계화' 대 '프랑스의 국가적 문화적 가치'라는 구도로 '프랑스의 독자성'을 지켜야 한다는 주장이 제기되면서, '프랑스적인 것이란 어떤 것인가'라는 물음이 중요해졌다. 이렇듯 바야흐로 많은 나라에서 국민의 재정의나 국민적 정체성의 재구축과 같은 내셔널리즘의 문제와 씨름하고 있다.

내셔널리즘이론의 변천

이러한 내셔널리즘에 대한 새로운 분석은 내셔널리즘 연구에서도 이루어졌다. 전후 체계화된 내셔널리즘이론의 역사에서 이제까지와는 다른 새로운 물음이 부상하는 것이다.

초기 내셔널리즘이론의 주요한 관심은 '내셔널리즘이란 무엇인가', '내이션이란 무엇인가'라는 물음에 답하는 것, 그리고 내셔널리즘의 역사를 기술하는 것이었다. 여기에서 등장했던 것이 '서유럽형' 내셔널리즘과 '동유럽형(비서유럽형)' 내셔널리즘이라는 이분법(한스 콘)이었다. '대(對) 파시즘'이라는 시대성이 농후하게 반영된 이 이분법에 의해 '서유럽문명에 대한 위협(E. H. 카)'인 '동유럽형' 내셔널리즘(종족적 내셔널리즘)에서 '서유럽형' 내셔널리즘(시민적 내셔널리즘)'을 구출하고자 했던 것이다.

이러한 연구가 지배적이었던 내셔널리즘이론은 1983년 앤더슨과 겔너의 저작에 의해 획기적인 변화를 맞이한다. 근대사회로의 이행기에 등장한 출판자본주의(앤더슨)와 산업화(겔너)에 의해 내셔널리즘 및 내이션의 발생을 설명하는 그들의 이론은 이후 내셔널리즘 연구에 커다란 영향을 끼쳤다. 즉 내셔널리즘의 기원은 근대에 들어 비롯된 것인가(근대주의), 아니면 전근대로까지 거슬러 오르는 것이 가능할까(역사주의)라는 내셔널리즘의 '기원'을 둘러싼 논쟁이 내셔널리즘이론의 주요한 관심사로 등장한 것이다.

그러나 냉전 후 인종적 내셔널리즘의 분출이 이러한 기원 논쟁에 종지부를 찍었다. 이 비참한 양상을 거치면서 내셔널리즘이론은 '내셔널리즘을 어떻게 건전한 모습으로 정착시킬 것인가'라는 규범적인 논의로 이행됐다. 사회철학적인 문제라고도 할 새로운 내셔널리즘이론에서는 내셔널리즘을 자유주의와 정합적으로 논하는 시도가 이루어지거나, 내셔널리티의 윤리적인 중요성이 고찰된다. 이러한 내셔널리즘이론에 던져진 새로운 물음은 내셔널리즘에 대한 재평가가 현대의 중요한 과제로 떠올랐다는 점을 증명한다.

현대 내셔널리즘이론의 과제

1990년대 글로벌리즘 속에서 국제화가 진전됐지만, 다른 한편으로 국가적 정체성에 대한 요청이 제기됐다.

예를 들어 최근에 일본에서는 알기 쉽고 보기 쉬운 표층적인 상징(예를 들어 국기·국가)에 의한 국가·국민의 재정의, 국가적 정체성의 재구축과 같은 움직임이 눈에 띈다. 국가 상징이 국가 정체성을 단번에 집약해버리는 구심력을 갖고 있다는 점을 부정할 수 없는 이상, 이러한 움직임은 '내셔널리즘의 과잉'이라고 비판된다. 또한 이러한 형국으로 국가·국민의 재정의를 추진하는 쪽과 그것을 비판하는 쪽이 집착하고 있는 상징은 임시변통의 '국가', '국민'에 불과하다는 비판이 제기될 수 있다. 이러한 논의의 등장에 따라 '내셔널리즘이라는 터부'

에서 벗어나는 발상이 가능해지고 있다.

내셔널리즘이란 공유된 역사성이나 가치를 각 개인이 자각하고 해석해가는 과정에서 발생하는 '우리' 의식(국민의식)의 표출이다. 그러나 그것이 정치적이고 영토적인 시민적 내셔널리즘으로 표현되는 경우가 있다면, 때로 종족적 내셔널리즘이라는 형태로 위험한 적의를 드러내는 경우도 있다. 이러한 내셔널리즘의 두 가지 측면은 '모든 내셔널리즘의 핵심에 있는 근본적인 이중성(스미스)'이다. 어느 쪽으로도 기울어질 가능성이 있는 불안정성을 내포한 내셔널리즘에 어떻게 대처해갈지도 내셔널리즘에서 중요한 과제이다. 내셔널리즘을 무조건 위험시하고, 그것에 관한 논의를 터부시하는 것에 그치지 않는 비판적 사고가 현재 내셔널리즘 논의에서 요구되고 있다.

• 구로미야 가즈모토

참고문헌

• 강상중, 《내셔널리즘》, 임성모 옮김, 이산, 2004.
• 니시카와 나가오, 《국민이라는 괴물》, 윤대석 옮김, 소명출판, 2002.
• 베네딕트 앤더슨, 《상상의 공동체》, 윤형숙 옮김, 나남, 2002.
• 에릭 홉스봄 외, 《만들어진 전통》, 박지향·장문석 옮김, 휴머니스트, 2004.
• 임지현, 《민족주의는 반역이다》, 소나무, 1999.
• 조지 L. 모스, 《내셔널리즘과 섹슈얼리티》, 공임순·서강여성문학회 옮김, 소명출판, 2004.
• 프라센지트 두아라, 《민족으로부터 역사를 구출하기》, 문명기·손승회 옮김, 삼인, 2004.
• 한국서양사학회, 《서양에서의 민족과 민족주의》, 까치글방, 1999.

- Anthony Smith, *Nationalism and Modernism*, Routledge, 2001.
- Hans Kohn, *The Idea of Nationalism*, Macmillan, 1944.
- Ronald Beiner, *Theorizing Nationalism*, State University of New York Press, 1999.

문명의 충돌

The clash of civilizations

✗

　문명의 충돌은 새뮤얼 헌팅턴이 1993년 《포린 어페어스》에서 발표한 국제정치이론이다. 그는 냉전 후의 세계가 글로벌한 국제사회로 일체화되는 과정일 것이라는 당시의 일반적인 견해와는 달리, 세계가 몇가지 문명권으로 분열되고 그 문명권들의 대립과 충돌이 세계질서를 구축해가리라고 예측했다. 코소보 분쟁이나 동티모르 분쟁, 혹은 남북한 정상회담의 실현 등은 그의 예측을 증명하는 사건이었다.

　1980년대 공산주의세계의 붕괴 후, 민족 간의 가장 중요한 차이는 이데올로기가 아니라 문명의 차이가 됐다. 냉전 후에 세계는 냉전시대의 세 블록이 아니라 중국, 일본, 인도, 이슬람, 서구, 동방정교회, 라틴아메리카의 일곱 가지(혹은 아프리카 문명을 더해 여덟 가지)의 문명으로 나누어졌다. 새로운 세계에서는 초대국끼리의 마찰 대신 문명의 충돌이 일어나게 된다. 같은 문명에 속한 국가나 그룹은 힘을 합쳐 자신의 문명권을 지원하려고 한다. 그 때문에 문명이 다른 국가나 그룹 사이에서 일단 폭력투쟁이 일어나면 같은 문명권을 끌어들여 사태가 커질 가능성이 있으므로 매우 위험하다. 이데올로기에 의해 갈라진 상태라고 해도 문화적으로 일체감을 가진 사람들이 연대하고 통일을 지향하게 될 것이다.

현재 가장 강력한 문명인 서구문명은 중국이나 이슬람이 대두함에 따라 상대적으로 힘을 잃고 있다. 냉전 후의 세계에서는 서구문명과 비서구문명의 상호작용이 주축이 될 것이다. 도래할 미래의 평화는 이러한 세계 주요 문명의 정치적 정신적 지도자들의 이해와 협력에 달려 있다. 문명의 충돌이야말로 세계평화에서 가장 큰 위협이며 문명에 기초하고 있는 국제질서야말로 세계전쟁을 막을 안전장치인 것이다.

• 세지마 사다노리

참고문헌

• 새뮤얼 헌팅턴, 《문명의 충돌》, 이희재 옮김, 김영사, 1997.
• _____, 《문명의 충돌과 21세기 일본의 선택》, 소순창 외 옮김, 김영사, 2001.

유토피아

utopia

유토피아는 토머스 모어의 저작 《유토피아》(1516)에서 처음으로 사용된 용어이다. '어디에도 없다(ou)'와 '장소(topos)'를 결합한 조어이며, 현실에서는 존재하지 않는 이상적인 세계, 이상향을 의미한다.

유토피아사상 자체는 서양과 동양을 불문하고 오래 전부터 있었다. 서양의 경우는 '황금전설', 구약성서의 '에덴동산', 플라톤의 '아틀란티스 전설' 등이 그 대표적인 사례이다.

유토피아는 고뇌와 모순으로 가득한 현실에 안주하지 못한 의식이 빚어내는 희망과 동경의 산물이기 때문에 현실도피적인 측면이 있다. 그러나 '어디에도 없는 장소'라는 소실점의 설정은 현실사회에 대한 철저한 비판을 가능하게 만든다. 유토피아는 강력한 역사변동의 힘을 감추고 있으며, 때로는 현실파괴적으로 작용한다. 중세의 '천년왕국운동' 등이 대표적인 경우이다. 지금부터는 서양 근대에 한정해 유토피아사상을 다루어보고자 한다.

서양 근대의 유토피아

근대 유토피아는 과학기술문명과 산업사회의 급속한 발전에 직면해 발생했다는 점에 그 특징이 있다.

프랜시스 베이컨의 《새로운 아틀란티스》(1627), 해링턴의 《오시아나 공화국》(1656), 히아니의 《미지의 남쪽 나라》(1676) 등에서 그려진 17세기 유토피아는 그런 대로 과학기술과 인간의 지적 능력 향상에 의한 이상사회의 건설을 소박하게 꿈꿀 수 있었다. 그러나 18세기가 되어 산업사회의 폐해가 현저해지면서 자본주의에 대한 비판이 생겨났다. 문명으로 손상되지 않은 원시사회에서 이상사회를 본 루소의 영향 아래 생시몽, 카베, 푸리에, 푸루동 같은 프랑스의 '유토피아적' 사회주의자들은 다양한 공산주의적 유토피아를 주창했다. 예를 들어 푸리에는 《산업적 조합적 신세계》(1829)에서 농업을 중심으로 한 이상적인 협동조합 조직인 '팔랑주(phalange)'를 구상하고, 카베의 《이카리아로의 여행》(1840)에서는 정부가 모든 경제활동이나 사회활동을 감독하는 공산국가를 묘사했다.

나아가 미국에서는 벨라미의 《회고》(1888)가, 영국에서는 새뮤엘 버틀러의 《에레혼》(1872)과 윌리엄 모리스의 《유토피아 소식》(1891)이 온건한 사회주의에 근거한 미래사회를 제시했다.

마르크스, 엥겔스의 '과학적' 사회주의는 이러한 일련의 사회주의운동을 '유토피아적(=공상적)'이라고 야유했지만, 그들 자신의 사회주의도 유토피아적 요소를 다분히 가지고 있었다. 마르크스주의가 세계의 노동운동이나 사회운동을 움직일 수 있었던 동력은 '과학성'만이 아니라 그것의 유토피아적 요소에 있기도 하다.

20세기 유토피아와 반유토피아

20세기에 들어서면 경제공황의 빈발, 사회주의국가의 전체주의화, 파시즘의 야만, 두 차례에 걸친 세계대전의 발발 등으로 종래의 유토피아는 설득력을 잃어버린다. '어디에도 없는 장소'는 이미 이상사회가 아니라 현대의 모순이 극단적인 모습으로 실현된 악몽의 세계를 표현하게 됐다. 디스토피아론이 등장한 것이다. 헉슬리의 《멋진 신세계》(1932)는 인간을 시험관에서 배양하고 필요한 만큼 제조하는 과학기술사회의 공포를 그렸으며, 오웰의 《1984년》(1949)은 일당독재의 경찰국가에 대한 악몽을 묘사했다. 공산주의 실험의 완전한 실패에 실망하고, 환경파괴와 핵에 대한 공포에 겁먹은 현대의 인간들에게 유토피아보다도 디스토피아 쪽이 설득력을 갖게 된 것이다.

그러나 독일 철학자 에른스트 블로흐는 유토피아가 지니고 있는 역사변혁의 힘을 회복해, 시대의 폐색상황을 극복하려 했다. 그는 《유토피아의 정신》(1918)에서 마르크스주의를 그노시스나 카발라와 같은 신비사상에 결부시킴으로써 그 유토피아적 잠재력을 끌어내고자 했으며, 미국 체류 중에 쓴 주저 《희망의 원리》(1954~59)에서는 희망이 지닌 다양한 유토피아적 기능을 포착하려고 노력했다. 또한 지식사회학자 카를 만하임은 《이데올로기와 유토피아》(1929)에서 두 가지 개념의 구별을 명확히 하고, 그에 근거해 시대의 사상적 상황 전체를 분석하려 했다.

• 무라오카 신이치

참고문헌

• 에른스트 블로흐,《희망의 원리》(전 5권), 박설호 옮김, 열린책들, 2005.
• 칼 만하임,《이데올로기와 유토피아》, 임석진 옮김, 청아신서, 1991.
• 티에리 파코,《유토피아》, 조성애 옮김, 동문선, 2002.
• 토머스 모어,《유토피아》, 나종일 옮김, 서해문집, 2005.

자유주의

liberalism

'자유주의'란 무엇인가

'자유'는 인간이 충만한 삶을 영위하기 위한 가장 근본적인 조건이다. 따라서 헤겔처럼 인간의 역사를 자유의 전개 그 자체라고 이해하는 것도 가능하다. 이렇게 '자유'에 지고의 가치를 두고 사회생활에서 자유의 실현을 추구하는 사상이나 운동을 '자유주의'라고 한다면, 자유주의는 근대사회의 가치 및 제도를 창출하는 데에 실로 결정적인 영향을 끼쳐왔다. 자유주의사상은 신분이나 태생의 차이를 넘어 자신의 의지로 행동하고 자신의 행복을 추구하는 것을 보증하며, 인간은 남들이 결코 침범할 수 없는 권리를 지닌다는 것을 승인한다. 그리고 그것은 민주주의나 입헌주의, 시장경제 등의 정치·경제제도와 결합하여 근대사회의 기본적인 틀을 이루어왔다.

그러나 '자유'의 내용은 지극히 다양하고, '자유주의'라는 말에도 여러 가지가 있다. 대부분의 경우 자유주의는 적극적인 가치나 생활양식에 대한 참여를 촉구하기보다는 오히려 집단주의적 경향을 띠는 이데올로기에 대항하는 의미를 지녔다. 사실 근대에 등장한 자유주의는 절대주의권력에 대한 저항사상이었으며, 또한 20세기 파시즘이나 전체주의에 항거하는 것도 자유주의의 사명이었다. 가령 하이에크에게 자유주의란 사회주의라는 이름의 전체적 설계주의에 대한 대항사상이다.

이처럼 일반적으로 말해 자유주의는 개인의 자유를 침해하거나 구속하는 집단적 권력에 대항하는 사상이라는 의미가 강한데, 그러한 경우에 기초가 되는 것은 '자유'의 근본적인 의미인 '자립' 개념이다. "자유의 본질은 자기가 스스로 결정하는 것이다(라이프니츠)"라고 하듯, 자기결정 즉 자립을 자유의 근본적인 의미로 이해하는 것은 칸트로부터 현대 자유주의 사상가에 이르기까지 한결같이 흐르고 있는 기본적인 생각이다.

그런데 '자립'을 기본적인 가치로 본다면 확실히 집단적 권력에서 해방되는 것을 자유의 요체로 삼을 수 있겠지만, 그것만으로 '자립'을 달성할 수 있는 것은 아니다. 한층 적극적으로 정치행동에 참여하여 '자립'을 가능하게 하는 사회를 만드는 운동에 관여할 필요도 있고, 개개인의 독립은 집단으로서의 나라나 공동체의 독립과도 무관하지 않기 때문에 적극적으로 집단(국가나 공동체)의 구성에 참여할 필요도 있다. 여기에서 자유주의의 또 다른 입장이 등장한다. 그것은 단지 권력으로부터의 해방과 개인의 생명 및 재산의 보호를 주장하는 소극적인 것이 아니라, 보다 적극적으로 자유의 가치를 실현하고 또한 그것이 실현가능한 사회를 만들고자 하는 입장이다. 이렇게 자유의 적극적인 측면을 중시하면 사회주의나 각종 민족자결운동도, 그리고 파시즘조차도 원래는 자유를 실현하는 운동에서 파생한 것이라고 할 수 있다. 특히 19세기의 독일, 이탈리아, 동유럽, 일본 등에서 특히 융성한 내셔널리즘은 이러한 자유주의와 결합되어 있었다.

영국의 정치학자 벌린은 이러한 사실에 근거하여 전자를 '……로부터의 자유'라 부르고 후자를 '……에의 자유'라고 불렀다. 벌린이나 하이에크는 전자가 주로 영국 혹은 앵글로색슨적인 사고이며 후자는 프랑스 등 유럽대륙에서 지배적인 사고라 보고, 앵글로색슨적인 '……로부터의 자유'라는 소극적 자유야말로 근대적 자유의 본질이라고 주장했다.

자유주의의 현대적 위상

근대사회를 형성한 고전적 자유주의의 주된 내용은 정부나 다른 집단적 권력에 대해 개인의 불가침 영역(생명, 재산, 사상, 신조의 자유 등)을 보호하는 것이었다. 즉 법의 지배를 확립하고 그 법에 근거해 개인의 권리를 보증하는 것이 기본적 입장이었다. 17세기에 로크가 이러한 의미에서 정치적 자유와 정부의 위치를 이론화했고, 18세기에는 애덤 스미스가 시장경제의 자유주의를 제창하여 자유로운 활동의 실질적인 내용을 체계화했다. 다만 이 경우 로크의 자유주의의 배후에는 자연권 사상이 있고, 스미스의 시장경제론의 배후에는 시장에 질서를 부여하는 도덕적 사회라는 관념이 있었다는 것에 주의해야만 한다. 개인의 권리나 자유로운 활동이라는 고전적 자유주의는 어디까지나 개인의 활동을 보증하는 질서나 사회적 가치를 배후에 지니고 있었다는 뜻이다.

그런데 현대사회에서는 이러한 사회적 질서나 공유된 가치가 더 이상 자명하지 않다. 특히 스미스가 이야기했던 시장경제가 반드시 안정된 질서를 갖추고 있는 것이 아니라면, 고전적 자유주의가 현대사회에 그대로 통용될 수는 없다. 이런 맥락에서 현대 자유주의의 다양한 사고방식이 태어나게 된다.

가령 소득분배의 불평등화나 실업과 같은 사태를 두고 정부가 적극적으로 시장에 개입하여 약자를 보호할 것을 요구하는 '뉴딜적' 혹은 복지주의적 자유주의가 등장한다. 1971년에 출판된 롤스의 《정의론》은 어느 정도 이러한 움직임을 정당화하는 논리를 모색한 것이었다. 롤스의 논의를 둘러싸고 1970년대 이후 미국에서는 자유 개념과 관련된 다양한 논쟁이 일어났는데, 예를 들어 드워킨은 어디까지나 평등 개념의 우위성을 주장한 반면 노직은 '최소 국가'라는 사고를 통해 개인의 자유를 철저하게 옹호하는 이른바 '자유지상주의(libertarianism)'를 내세웠다. 이러한 자유주의의 동향에 종종 공동체주의가 대비되나, 공동체주의가 자유 개념과 대립하고 있는 것은 아니다. 공동체주의자는 개인의 자유를 뒷받침하는 공동체의 가치나 문화를 강조하는 것이며, 따라서 공동체주의를 마치 반(反)자유주의인 것처럼 말하는 것은 적절치 않다. (→ 정의)

1970년대부터 1980년대까지 공동체주의자와의 논쟁을 거친 현재, 자유주의의 최대공약수는 다양한 가치나 문화가 존재하는 세계에서 자유를 어떻게 재정의할 것인지에 대한 관심이다. 자유주의는 공동체주의처럼 사람들에게 공통의 선이나 가치가 있다고는 생각지 않는다. 그래서 그들은 자유주의란 사람들의 다양한 가치를 전제로 하여 그것들을 서로 침해하지 않으면서도 사람들이 행복을 추구할 수 있는 상호적인 규칙(합의)을 존중하는 사고라고 이해한다. 이 경우 자기결정 및 자립이라는 생각이 배후에 흐르지만, 여기에서 자유주의가 몇 가지 문제에 직면하고 있는 것도 사실이다. 개인의 다양성에서 출발하면 '공공의식'이나 '사회적 가치'가 뒷전으로 물러나고 그 결과 모든 개인이 서로 활동하는 '장'이어야 할 사회 자체가 약화되고 마는 것은 아닌가 하는 의문이다. 공동체에 대한 의식적인 참여를 통해 공동사회의 연대를 꾀하는 '공화주의'와 자유주의를 동시에 고려함으로써 의미전환을 추구하는 '공화주의적 자유주의' 입장도 여기에서 나온다.

• 사에키 게이시

참고문헌

• 스테판 뮬홀 · 애덤 스위프트, 《자유주의와 공동체주의》, 김해성 · 조영달 옮김, 한울아카데미, 2001.
• 존 롤즈, 《정의론》, 황경식 옮김, 이학사, 2003.
• 카렌 레바크, 《정의에 관한 6가지 이론》, 이유선 옮김, 크레파스, 2001.
• Isaiah Berlin, *Four Essays on Liberty*, Oxford University Press, 1969.

경제

조절이론

la théorie de la régulation

조절이론은 1960년대 말부터 1970년대에 걸쳐 선진국 전체에 일어났던 경제정체를 직접적인 계기로 하여 프랑스에서 등장했다. 오일쇼크와 닉슨쇼크, 그에 이어지는 스태그플레이션을 자본주의의 '위기'로 이해하고, 전후의 경제적인 안정과 번영이 무엇 때문에 '위기'로 바뀌었는지를 문제삼았다. 더욱이 그 경우 선진국 각국마다 이 '위기'의 정도도 양상도 다르다는 점에 주목했다. 이때 일반적인 경제 메커니즘으로는 파악할 수 없는 그 나라의 독자적인 제도와 사회적 조건이 존재하리라는 것은 쉽게 예상할 수 있다. 조절이론은 각국의 경제제도나 사회적 조건의 분석을 통해 자본주의의 변동을 논하고자 했다. '경제적 사회적 동태의 시간적 공간적 가변성의 분석(브와예)'이 조절이론학파의 목적이라고 할 수 있을 것이다. 요컨대 (1) 자본주의의 역사적 변동(지속적 성장에서 장기정체로의 변화)을 문제삼는다. (2) 그 변동이 나라에 따라 다르다는 점을 중시한다. (3) 분석의 중심을 추상적인 경제 메커니즘에 두지 않고 각 나라가 지닌 사회적 조건이나 제도에 둔다. 이상이 조절이론학파의 특징이다.

이러한 분석의 측면에서 조절학파는 앞선 사상의 영향을 많이 받았다. 자본주의의 장기적 변동이라는 의미에서는 마르크스주의나 브로델의 영향을 받았고, 제도에 대한 관심이라는 점에서는 영국의 포스트케인스주의 혹은 알튀세르의 구조주의, 부르디외의 '아비투스이론'에 영향을 받았다. 그들은 시장을 가격메커니즘에 의한 자동적인 조절기구로 보는 신고전파 경제학의 시장균형이론과는 분명한 선을 그었다. 이 점에서 조절학파는 시장경제가 기본적으로 안정된 메커니즘을 지닌다는 사고를 거부하고 시장을 불안정한 것으로 간주했으며, 따라서 시장을 안정시키는 사회적 조건이나 제도를 문제삼았다. (→ 실천감 각·아비투스)

조절학파의 조절은 프랑스어 레귤라시옹(régulation)의 번역어이다. 최초로 경제학에 이 단어를 도입한 사람은 그르노블대학의 드 베르니스(1975)이고, 그것을 1970년대 위기분석의 기축으로 포착한 것은 아글리에타의 《자본주의 조절이론》(1976)이었다. 당시 프랑스의 국립통계경제연구소에 있던 아글리에타를 중심으로 주로 관청 경제학자들이 조절학파를 구성했다.

그들의 분석틀은 자본의 '축적체제'를 초래하는 다양한 '조절양식'이다. 가령 노사관계나 임금의 결정, 노동 현장, 노동자의 생활에 관한 사회적 조건, 노동조합, 기업경영조직의 양상과 같은 '임노동관계'나 국제금융제도 등의 '화폐의 조절'이다. 이런 '조절양식'을 배경으로 전후 세계는 미국 중심의 '포디즘'을 통해 번영을 구가했다.

포디즘이란 대규모 기업시스템에서 대량생산, 대량소비로 지탱되는

'축적체제'인데, 테일러 시스템처럼 효율화된 생산 현장에서 생산성의 향상과 그에 따른 임금상승, 그 결과 증대된 소비수요가 그 특징이다. 여기에는 거대한 대중사회이자 획일적인 생활양식이나 라이프스타일의 관념을 낳은 미국의 현실이 있다. 요컨대 포디즘에 기초하는 전후 경제의 안정적 번영 역시 미국을 중심으로 한 것임을 조절학파는 정확하게 파악해낸 것이다. 그러나 바꿔 말해 1970년대의 '위기'란 미국적인 포디즘이 더 이상 잘 돌아가지 않는다는 것을 의미했다. 그래서 그들은 1970년대부터 1980년대에 걸친 미국경제의 불황을 배경으로 '포디즘'을 대신할 '축적양식'으로 일본식 경영이나 일본의 독특한 경제 시스템에 주목하고 그것을 '도요티즘'이라고 불렀으며, 다른 한편으로는 유럽 특히 스웨덴으로 대표되는 복지주의와 결합된 시장경제에도 관심을 갖고 이를 '볼보이즘'이라고 했다.

조절이론은 경제학에 상당한 영향력을 행사했고, 월러스틴의 세계체제론 등과 연동하며 세계경제의 불안정성이나 후진국 경제, 환경문제도 포함해 현재에도 강력한 힘을 지니고 있다. 지금은 글로벌화, 정보화를 각국의 사회경제구조 안에서 어떻게 규정할 것인지가 이 이론의 가장 기대되는 대목이다. (→ 근대세계체제)

• 사에키 게이시

참고문헌

• 로버트 브와예, 《조절이론 : 위기에 도전하는 경제학》, 정신동 옮김, 학민사, 1991.
• 미셸 아글리에타, 《자본주의 조절이론》, 성낙선 옮김, 한길사, 1994.

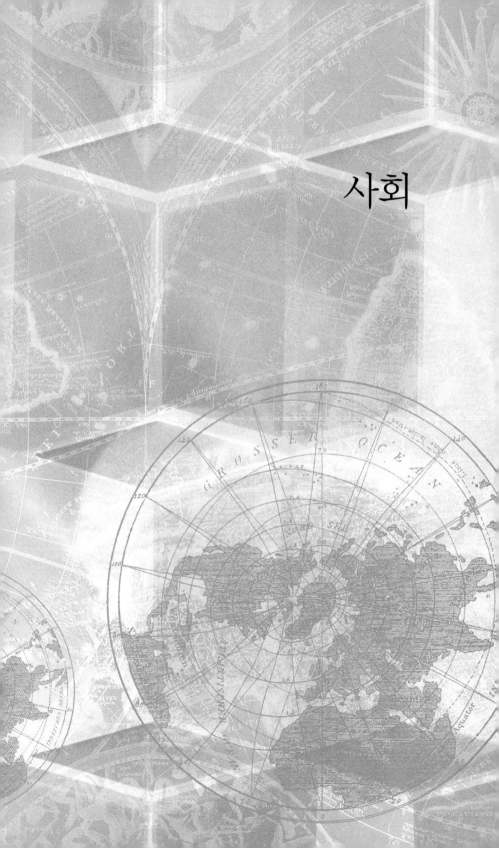

사회

군중

foule / crowd

ঐ

근대도시를 고대도시나 중세도시와 구별짓는 특징 중 하나는 군집해 있는 기묘한 인간집단을 일상적으로 볼 수 있다는 점이다. 바로 '군중'이다.

군중은 혈연·지연으로 모이지 않고, 영속적 조직도 아니며, '공중(公衆)'과 같이 공통의 사회적 규범을 공유하지도 않는다. 그런 만큼 순간순간의 감정적 분위기에 빨려들기 쉬워 선동이 성공할 경우에는 거대한 행동 에너지를 발휘한다.

군중은 프랑스혁명 이래 중요한 사회적 정치적 세력으로서 주목받았으며 19세기 산업사회가 발전하면서 그 수가 비약적으로 증대했다. 이에 따라 독립된 학문적 대상이 됐다.

르 봉은 《군중심리》(1895)에서 군중행동을 최초로 심리학적으로 분석하고, 그 특징으로 충동성, 무비판성, 피암시성, 단순성, 도덕과 지성에 대한 감정의 우위 등을 꼽았다. 또한 사회학자 가브리엘 타르드는 '모방'이라는 개념을 통해 군중현상을 해명했다.(《모방의 법칙》, 1890)

20세기에 들어서도 정신분석학의 창시자 프로이트는 '동일성'이나 '선망'이라는 개념을 통해 군중심리를 연구했으며(《집단심리학과 자아에 대한 분석》, 1921), 미국의 사회학자 데이빗 리스먼은 《고독한 군중》(1950)에서 군중이란 현대 산업사회가 산출한 '타인지향형' 인간이라고 주장했다.

그러나 군중행동이 부정적으로만 평가되는 것은 아니다. 문화인류학자 빅터 터너에 의하면 축제나 카니발에서 나타나는 역할 바꾸기나 일탈행동은 사회적 반란으로 이어지기도 하지만, 사회의 억압상태로부터 인간을 일시적으로 해방시키고, 공동체 질서를 재활성화하는 중요한 기능을 지니기도 한다.(《상징과 사회》, 1972)

• 무라오카 신이치

참고문헌

• 귀스타프 르 봉, 《군중심리》, 이상돈 옮김, 간디서원, 2005.
• 데이비드 리스먼, 《고독한 군중》, 이상률 옮김, 문예출판사, 1999.
• 스티븐 핀커, 《언어본능》, 김한영 외 옮김, 소소, 2004.
• 엘리아스 카네티, 《군중과 권력》, 강두식 · 박병덕 옮김, 바다출판사, 2002.

커뮤니케이션이론
communication theory

❧

 '커뮤니케이션'이란 학문·사상뿐만 아니라 현대의 다양한 담론에서 가장 사용빈도가 높으면서도 특정 영역에 한정되지 않고 쓰이는 만큼 가장 애매한 말일 것이다. 물론 그것은 오늘날의 사회생활이 정보통신기술과 밀접하게 관련되어 있다는 사실을 반영한다. 사회적인 상호작용이나 질서형성을 커뮤니케이션의 관점에서 다루는 시도는 여러 가지가 있지만, 여기서는 인간 커뮤니케이션의 본질을 다루는 철학적이고 화용론적인 논의에 초점을 맞추고자 한다.

 커뮤니케이션(이하 '소통')이란 자신의 마음속에 있는 무엇인가를 타자에게 전달하는 것이다. 무엇이 전달되는가와 어떻게 전달되는가(전달된다는 것은 어떠한 상황인가)라는 두 측면에서 소통이 무엇인지를 분석해보겠다.

 마음속에 있는 무언가를 잠정적으로 '사고'라 부르자. 좁은 의미에서 사고는 분절된 내용을 갖는 개념이나 명제('인간은 정치적 동물이다')의 집합이며 보통 다양한 태도와 함께 표명된다('인간은 정치적 동물이라고 생각한다'). 참이라 여겨지는 명제는 '지식'이라고도 불린다. 명제 자체는 일반적인 것이지만 한국어나 영어 같은 특정 언어의 형태로 전환할 수 있다. 명제가 문장의 '의미'로 간주되기도 하는 것은 이러한 이유 때문이다. 그런데 '동물'과 'animal'이 같은 것을 지시할 수 있듯이, 특정한 언어형식과 그 의미내용의 결합은 자의적이다. 바꿔 말하면 결합은 공동체적인 코드로서 정해진 것이다. 따라서 A가 B에게 자신의 생각을 전달하는 상황을 다음과 같이 묘사할 수 있다. A와 B는 학습을 통해 똑같은 코드를 사전에 공유하고 있다. A는 자신의 사고를 구성하는 개념이나 명제를 코드에 따라 기호화(인코드)한다. B는 그 기호를 지각하고, 똑같은 코드에 따라 그 기호에 대응하는 내용을 복원(디코드)한다. 복원된 것이 A의 사고이다. 소통에 관한 이러한 구도는 코드 모델이라 불리며, 아리스토텔레스까지 거슬러 올라가는 긴 역사를 가지고 있다. 야콥슨은 〈언어학과 시학〉(1960)에서 의사소통을 구성하는 여섯 가지 요소 즉 발신자·수신자·접촉·전달상황·코드·메시지를 지적하는데, 여기에서 알 수 있듯 현대 기호론이나 구조주의 또한 소통을 코드 모델로 설명하고자 한다.

이 같은 설명은 소통이 무엇을 어떻게 전달하는지를 묻는 질문에 사고(명제)를 코드를 통해 전달한다고 답하는 것이다. 그러나 이는 기계적이고 명시적인 소통에는 해당되지만 인간이 현실에서 행하고 있는 소통의 실태를 파악한 것이라고 하기는 어렵다. 우리는 코드화된 의미와 전달되는 내용이 반드시 일치하지는 않는다는 점을 쉽게 알 수 있다. "커피 마실래요?"라는 B의 물음에 A가 "커피를 마시면 잠이 깹니다"라고 답한다. A가 발화한 문장이 'A는 커피를 마시면 잠이 깬다'는 명제를 전달하고 있음은 명백하다. 그것이 이 발화에서 '문장의 의미 (sentence meaning)'이며 B는 한국어의 코드에 따라 이것을 독해한다. 그러나 이 독해된 내용은 B의 질문에 대한 답으로서는 빗나간 것이다. 그래서 B는 A가 실은 'A는 커피를 마시지 않는다' 혹은 '마신다' 중 하나의 명제를 전달하고 싶었을 것이라고 추측할 수밖에 없다. B는 코드에 의해 전달된 '문장의 의미'를 하나의 단서로 삼아 A의 '발화자의 의미(의도, utterer's meaning)'를 '해석'하는 것이다. 만일 소통을 통해 전달되는 것이 이렇듯 해석된 것이라면, 해석의 타당성은 어떻게 보증되는가, 그리고 발화자는 어떻게 해석을 제어할 수 있는가라는 질문이 제기된다.

이 문제를 다시금 코드에 의거하여 해결할 수는 없다. 해석이란 발화가 이루어진 '문맥'을 참조하여 행해지는 일종의 '추론'인데, 문맥은 수신자가 사후적으로 발견하여 발화와 관계짓는 것이므로 모든 문맥을 예측한 코드가 사전에 공유되고 있다고 생각하는 것은 무리이다. 그러나 대개의 일상적인 의사소통 과정에서 해석은 신속히 선택되며, 그것을 예상하고 발화가 이루어진다. 즉 일의적인 규약으로 묶여 있지는 않더라도, 무의식적이고 자연스러운 해석을 이끌어내는 제약이 존재한다는 것도 사실이다. '커뮤니케이션 철학'의 기초를 세운 그라이스는 이 제약에 관해 다음과 같이 생각했다. 대화(이 경우는 소통과 같은 뜻이라 봐도 좋다)를 시작한 당사자는 원칙적으로 대화에 협조할 것을 요구받기 때문에, 자발적으로 지켜야 할 몇 가지 규율이 부과된다(예를 들어 '불필요한 말은 하지 말라', '거짓말하지 말라' 등). 이러한 규율이 외견상 깨어졌을 때, 수신자는 규율에 합치하는 해석을 시도하고자 하는 동기를 갖게 된다. 위의 예에서 A가 빗나간 대답을 한 것은 '관계있는 것을 말하라'라는 규율에 위반된다. 그러나 B는 A가 규율을 어겼다고 판단하여 대화를 중지하는 것이 아니라, A가 규율을 지키고 있을 것이라 기대하며 A의 발화가 간접적으로 관련된 사실을 말하고 있다고 여겨지는 해석을 찾는다. 그라이스의 이러한 사고방식은 이후 화용론 연구의 출발점이 됐다.

데이비슨 또한 해석이 사전에 존재하는 코드에 의해 결정된다는 견해에 반대한다. 그에 따르면 정의 그대로는 참이 아닌 발화에 접했을 때 수신자는 상대가 '참인 발화를 했을 것이다'라는 원칙적 상정(principle of charity) 아래 그 발화를 참으로 만드는 해석을 부여하는데, 이것이 '통과이론(passing theory)'이다. 이러한 해석은 지식의 '전체론적' 정합성이라는 지침을 따르기는 하지만 직감이나 우연에도 영향을 받는, 본질적으로 '즉흥적인(off the cuff)' 것이다. 데이비슨은 해석능력의 수행적 성격을 정확히 포착하고 있으나, 그의 논의에서도 특정한 해석이 합리적인 것으로 선택되는 실제의 메커니즘은 충분히 설명되지 않았다.

이 문제에 대해 그라이스의 사고방식에 근거하면서도 인간의 인지적 특성을 고려함으로써 보다 구체적인 해답을 내놓으려 한 것이 스퍼버와 윌슨의 '연관성이론(relevance theory)'이다. 우선 문맥이란 무엇인지 생각해보자. 우리들은 각각의 순간에 지각이나 추론을 통해 접근할 수 있는 사실의 총체를 가지고 있다. 이를 연관성이론에서는 '인지환경'이라 부르는데, 여기에는 기억된 지각, 그 시점에서의 지각내용, 지식이나 지각을 통해 추론가능한 개연적 사실 등 모든 것이 포함된다. 다만 그러한 사실들은 그 순간에 의식 표층으로 환기되어 드러나는 정도에서 차이를 보인다. 가령 앞의 예에서 B가 A의 얼굴을 보고 피로감과 졸음을 감지했다고 하자. 그러면 'A는 잠을 자고 싶어한다'라는 상정이 강하게 드러난다. 또 '지금은 오후 11시이다'라는 지식, 'A는 오늘은 더 이상 일이 없을 것이다'라는 추측도 드러나고 있다고 하자. A의 발화를 들었을 때 B의 인지환경 속에서 이러한 상정들이 드러나면, B는 이것들을 '문맥'으로 삼아 A의 발화의 '문장의 의미'와 관련짓는다. 그리하여 이러한 연역적 추론에 의해 'A는 커피를 마시지 않는다'라는 해석에 도달한다. 이처럼 문맥이란 사전에 주어져 있는 것이 아니라, 전달자극(발화)을 받은 후 수신자의 인지환경 속에서 표면에 드러나는 정보를 뜻한다. 드러나는 것은 발화와 '연관성을 갖는(relevant)' 사실이며, 연관성을 갖는다는 것은 그것이 발화와 함께 추론을 구성했을 때 무언가 새로운 상정을 얻을 수 있거나 사전에 소유하고 있던 상정이 긍정 또는 부정되는 등의 인지적 효과를 산출한다는 의미가 된다. 더욱이 그러한 효과에서는, 가급적이면 적은 심적 노력으로 얻어질 수 있는 문맥이 저절로 제1후보로서 선택된다. 정리하면, 발화와 연관지었을 때 수신자의 입장에서 가능한 한 커다란 인지적 이점을 얻을 수 있고 가장 간단히 생각해낼 수 있는 상정의 집합이 인지환경 가운데에서 문맥으로 드러나는 것이다. 이 노력과 효과의 균형이야말로 문맥의 발견과 추론의 합리성 정도를 재는 척도가 된다.

이 같은 틀에서 무엇이 어떻게 전달되는가라는 최초의 질문에 대답해보자. 연관성이론에서는 어떤 연관성을 갖는 것에 주의를 기울이는 것을 인간 마음의 기본적인 특성으로 본다(연관성의 인지원리). 즉 앞에서 서술한 문맥의 발견과 추론과정은 전달상황에 처한 당사자들이 불가피하게 따르는 것이기 때문에 규약이 아니라 법칙이다. 만일 이 가설이 옳다면, 발화와 같은 전달자극으로 수신자의 주의를 환기한다는 것은 그 행위 자체가 그러한 자극이 수신자에게 충분한 인지적 효과를 산출할 만한 연관성을 갖고 있다는 '예상'을 몸소 전달하는 것이 된다(연관성의 전달원리). 어떤 내용을 전달한다는 것은 주의를 기울일 만한 내용이 전달된다는 메타 정보가 표면에 드러나는 한에서만 가능하다. 서로가 연관성을 예상하며 전달자극과 마주하고 있다는 사실이 드러나는 한에서만, 전달 당사자들은 추론의 절차에 관해 즉 서로의 인지환경 속에 어떠한 상정이 새롭게 드러나는가에 관해 일정한 예측을 할 수 있다. 이처럼 전달과정이란 단순히 정보를 주고받는 것이 아니라 연관성에 의해 유도되면서 서로의 인지환경을 변화시키는 것이다. 그렇다면 전달되는 내용이 코드화가 가능한 명제여야 할 필연성도 없어진다. 가령 시적인 은유는 일의적인 상정이 아니라 수많은 상정을 약하고 애매하게 만들어내, 이를 통해 일정한 인상이나 감응을 환기한다. 이처럼 개념적으로 명시할 수 없는 것을 단어 외의 다양한 자극을 통해 효율적으로 전달하고 이해할 수 있는 까닭은 소통을 가능하게 하는 것이 단어 그 자체가 아니라 타자의 마음을 읽도록 고안된 마음이기 때문이다. (→ 미디어론, 문화연구)

• 모리모토 고이치

참고문헌

• 루디 켈러, 《기호와 해석》, 이기숙 옮김, 인간사랑, 2000.
• 여훈근, 《논리철학》, 고려대학교출판부, 2000.
• Donald Davidson, *Inquiries into Truth and Interpretation*, Clarendon Press, 1984.
• Dan Sperber · Deirdre Wilson, *Relevance : Communication and Cognition*, Blackwell Publishers, 1995.
• Paul Grice, *Studies in the Way of Words*, Harvard University Press, 1989.

시뮬라크르
s i m u l a c r e

시뮬라크르는 본디 '신상(神像), 화상(畵像), 모조품'이라는 뜻의 프랑스어이다. 실재하는 것을 재현하는 '표상작용(représentation)'과 대립하는 개념으로, 원본이 아닌 복제라는 의미로 사용된다.

소쉬르 이래 모든 문화현상은 어떠한 자연적 근거도 없는 자의적인 기호라는 관점에서 설명되기 시작했다. 자의적인 기호 사이의 차이에 의해서만 가치가 결정되는 체계에서는 중심도 기준도 존재하지 않으며, 원본 없는 복제의 자기증식에 의한 차이화운동으로 인해 현실은 유동하고 변화해간다. 이러한 상태를 시뮬라크르라고 부른다.

보드리야르에 의하면 역사적으로 시뮬라크르의 영역에는 세 가지가 있다.

첫째는 르네상스에서 산업혁명까지의 '고전적' 시대의 지배적 도식인데, 이 시대는 '모조'의 시대로서 시뮬라크르는 현실이나 자연을 원본으로 삼아 자연적 가치법칙에 대응했다. 둘째는 산업혁명시대의 지배적 도식인 '생산'이다. 기호와 사물과의 새로운 관계가 출현하고, 자본주의적 생산양식이 순수한 기호인 상품을 대량으로 재생산한다. 벤야민의 《기술복제시대의 예술작품》에서 묘사된 영화나 사진의 복제현상은 이 점을 여실히 드러낸다. 복제로서 상품의 가치는 원본이라는 기원에 의해서가 아니라, 차이화의 산물인 기호로서의 가치로 결정된다. 셋째는 현대의 지배적 도식인, 코드에 의해 관리되는 '시뮬라시옹'의 시대이다. 이 단계에서는 모든 현실적 근거가 소멸하고 시뮬라크르가 과잉현실(hyper-reality)이 된다. 원본과 복제의 도식 자체가 사라지고 모든 것이 처음부터 복제로서 생산되고 유통된다. 현대 소비사회는 이러한 의미에서 시뮬라시옹 사회이다.

• 나카무라 노보루

참고문헌

• 배영달, 《보드리야르와 시뮬라시옹》, 살림, 2005.
• 이정우, 《시뮬라크르의 시대》, 거름, 2000.
• 장 보드리야르, 《시뮬라시옹》, 하태환 옮김, 민음사, 2001.

사회시스템론

social system theory

시스템이란 무엇인가

시스템이란 부분과 그것을 결합하는 관계로 이루어진 전체를 의미한다. 시스템은 아리스토텔레스가 "전체는 부분의 합 이상이다"라고 말했듯이 어떤 대상을 그 전체성에서 파악하는 것이지만, 그 전체는 어디까지나 부분 사이의 관계로부터 형성된 질서로서 기술된다. 이 질서를 만들어내는 관계를 보통 '구조'라고 부른다.

또한 시스템 개념은 시스템을 구성하는 대상과 그 대상의 외부를 구별한다. 즉 '시스템'과 그 '환경'을 구별하면서 양자의 상호의존을 문제삼는다. 이렇게 시스템론은 어떤 시스템을 부분으로 하는 한층 포괄적인 상위의 시스템 개념을 상정하게 되며, 분석은 대단히 포괄적이며 일반적인 수준으로 확장될 수 있다.

시스템 개념을 근대과학에 명료한 형태로 도입한 이는 생물학자 베르탈란피이다. 그는 《일반시스템론》(1968)에서 시스템 개념을 생물학만이 아니라 사화과학에도 적용하려 했다. 그때까지 과학에서는 경제학 같은 사회과학에서조차 물리학을 모델로 삼은 요소환원주의나 기계론적 사고가 지배적이었지만, 베르탈란피의 시스템론은 요소주의나 기계론과는 전면적으로 대립하여 전체성을 만들어내는 창발적 특성을 중시하는 홀리즘(Holism)의 계보를 이은 것이다.

파슨스의 구조-기능주의

사회를 하나의 시스템(체계)으로 보려는 생각은 파레토 등에 의해 개척됐지만, 근대과학 시스템론의 영향에서 사회시스템이라는 관념을 체계화한 것은 탈콧 파슨스(1902~79)이다. 실제 파슨스의 사회시스템론(구조-기능분석)은 1950년대부터 1960년대에 미국 사회학에서 압도적인 영향력을 발휘했다.

파슨스는 개인의 행위를 욕망충족이나 만족의 증대로 설명하는 개인주의적이고 공리주의적인 사고방식(근대경제학이 그 전형)에 반대하여, 인간 행위의 동기로서 가치 혹은 규범에 주목했다. 그런데 가치나 규범을 만들어내는 것은 사회이므로 인간행위에 대한 이론은 심리학이나 생물학(퍼스낼리티 분석)으로는 환원할 수 없는 사회에 대한 분석을 전제로 한다. 그러므로 일정한 가치를 유지하는 사회질서가 어떻게 달성되는지의 문제가 결정적으로 중요해지며, 이 과제와 씨름한 결과가 그의 사회시스템론이었다.

파슨스는 인간행위를 방향짓는 몇 가지의 형식(패턴)이 있다고 생각하고 그 형식을 구별하는 선택지(이것을 '패턴 변환'이라고 한다)를 몇 가지 추출하고, 그 조합에 의해 사회에서 '구조'가 생겨난다고 주장했다. 특히 파슨스는 네 가지 차원으로 구별되는 구조가 있어 각각이 전체의

〈AGIL 도식〉

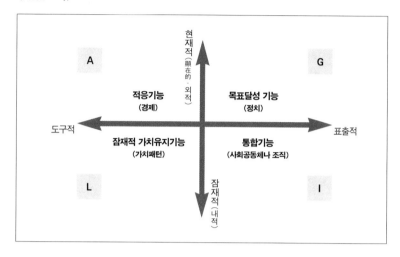

질서형성에서 일정한 '기능'을 맡는다고 생각했다. 이것이 AGIL도식으로 알려진 것이다.

A(adaptation)는 '적응' 기능으로 시스템이 외부 환경에 적응하기 위해 자원을 동원하고 도구화하여 다른 부분 시스템의 기능달성을 효율화한다. 이 기능을 주로 담당하는 것이 경제이다.

G(goal attainment)는 '목표달성' 기능으로 사회에 공통목표를 설정하고 자원을 동원한다. 이 기능을 담당하는 것이 정치이다.

I(integration)는 '통합' 기능으로 가치를 사람들에게 내면화시키고, 그렇게 함으로써 사람들의 활동을 통합한다. 학교 등의 사회공동체나 조직이 그 기능을 맡는다.

L(latency)은 '잠재적 가치유지'의 기능으로 그 사회에 고유하고 문화적인 가치를 제도화하고 유지하는 것이며, 넓은 의미에서 문화(언어 사용을 포함한) 혹은 습관이라고 말할 수 있다.

파슨스는 이 기능들을 담당하는 부분시스템이 연결되어 사회시스템을 구성하고 그 연결은 제도화되고 구조화된다고 간주했다. 이러한 이유로 파슨스의 시스템론은 또한 '구조기능주의'라고도 불리는데 이러한 네 가지 기능도식에서는 아무래도 문화적인 가치유지에 무게 중심이 실리며, 그 결과 사회질서유지가 전제되어 사회변동을 포착할 수 없다. 특히 현대와 같은 '복잡한 사회'에서 사회는 구조적으로 안정적이라고 말하기 어려우며, 또한 특정한 영역(경제, 기업, 학교 등)이 특정한 기능을 담당한다고 단정하기도 쉽지 않다. 이 점이 파슨스의 구조-기능분석의 한계이다.

루만의 사회시스템론

파슨스이론을 비판적으로 계승한 것이 독일 사회학자 니클라스 루만(1927~99)이다. 루만은 파슨스의 구조-기능분석에서 우선 '구조'를 제거하고, 나아가 선험적으로 '네 가지 기능'이 존재한다는 생각도 버렸다. 그 결과 정치, 경제, 문화 등의 영역은 각각의 방식으로 세계의 증대하는 '복잡성'을 줄이는 다양한 제도를 산출하고, 특정한 역할을 효율적이며 확실하게 수행할 수 있도록 분화해간다고 생각했다.

분명히 여기에는 더욱더 복잡해지는 현대사회의 다양한 과제에 대처하기 위해 변화(분화)해가는 사회시스템이 존재한다는 발상이 깔려 있다. 동시에 여기에서 분화한 각각의 시스템은 전체에 대해 일정한 기능을 담당하는 하부체계라기보다 그 자체가 상대적으로 자립적인 커뮤니케이션의 체계로 이해된다. 이 경우 각각의 시스템은 서로 다른 커뮤니케이션의 수단을 가지면서 서로를 '환경'으로 삼아 경계를 설정해가는 것이다.

그러면 이렇게 자립성을 높인 각각의 시스템은 어떻게 해서 스스로의 질서를 유지해갈 수 있는가. 이 문제에 대한 루만의 해답은 시스템의 '자기준거성(準據性)'이라는 개념에 있다. 시스템은 파슨스처럼 다른 시스템이나 전체에 대해 일정한 기능을 담당함으로써 질서를 유지하는 것이 아니라, 그 자체 내에 자기를 질서화하는 재귀적(flex) 작용을 통해 상대적으로 자율적인 자기준거성을 가진다는 것이다.

이렇게 루만이론은 현대사회의 복잡한 상황에 맞춰 사회시스템이론을 재구축했다. 이것은 또한 현대과학의 한 가지 조류인 자기조직성론이나 오토포이에시스이론과도 밀접히 관련되어 사회시스템론의 새로운 국면을 열었다. (→ 오토포이에시스)

• 사에키 게이시

참고문헌

• 김성재, 《체계이론과 커뮤니케이션》, 커뮤니케이션북스, 2005.
• 니클라스 루만, 《복지국가의 정치이론》, 김종길 옮김, 일신사, 2001.
• 발터 리제 쉐퍼, 《니클라스 루만의 사회사상》, 이남복 옮김, 백의, 2002.
• 탈콧트 파슨스, 《현대사회들의 체계》, 윤원근 옮김, 새물결, 1999.

실천감각 · 아비투스
p r a t i q u e · h a b i t u s

প

프랑스의 사회학자 부르디외(1930~2002)가 사용한 개념으로 실천감각이란 아비투스를 통해 조직된 모든 관습적 행동의 총체이다. 실천감각(pratique)과 비슷한 말로 프락시스(praxis)가 있는데, 부르디외는 변혁을 위한 활동이라는 어감이 강한 프락시스 대신에 일상적이고 관습적인 행동이라는 의미가 강한 실천감각을 사용한다. 나아가 부르디외는 관습적인 행동이 계급에 따라 다르다는 사실을 설명하기 위해 아비투스라는 단어를 가져온다.

아비투스란 경험을 통해 습득되고 신체화된 역사가 각 개인의 일정한 지각, 사고, 행동을 만들어내는 일정한 성향을 가리킨다. 보통 자각 없이 발휘되는 능력이며, 사회의 객관적인 구조들이 신체화되면서 당사자의 내적 구조들이 형성되는 과정이기도 하다. 그러나 행위자의 이 내적 구조들에 입각한 실천적인 행위가 있어야만 객관적인 구조들도 유지된다. 그러므로 아비투스에는 매번 개별적이고 새로운 상황이나 과제에 대해 유연하게 대처하거나 적응할 수 있게 하는 측면도 있다.

부르디외 자신도 인정하듯이 이 논의는 후설(1859~1938)과 메를로퐁티(1908~61)의 현상학적 분석에 많은 영향을 받았다. 아비투스에는 '구조화된 구조'라는 의미에서 기존 사회구조에 따르는 행동양식의 재생산으로 기능하는 측면과 '구조화하는 구조'라는 의미에서 새로운 행동양식을 형성하게 만드는 측면이 있다. 부르디외의 목표는 이 개념들을 사용하여 사회와 그 속에서 살아가는 행위자들의 실천 사이에 존재하는 상호매개적인 구조를 밝히고, 그를 통해 구조결정론으로 기울어진 구조주의적 고찰을 극복하여 사회를 조직하는 구조들의 생성 메커니즘을 해명하는 것이었다. 구체적으로 부르디외는 배우자의 선택이나 언어활동의 계급 차이, 문화적 취미를 형성하는 다양한 태도의 해명을 시도하고 있다.

• 고스다 겐

참고문헌

• 피에르 부르디외, 《구별짓기》, 최종철 옮김, 새물결, 1995.
• _____, 《실천이성》, 김웅권 옮김, 동문선, 2005.

미디어론

media studies

미디어론은 종래의 커뮤니케이션 이론과는 달리 커뮤니케이션의 송신자와 전달의도가 아니라 수신자에 주목한다. 커뮤니케이션의 매개장치인 미디어가 인간의 표현형식이나 사고방식에 어떠한 영향을 끼치는지를 고찰함으로써, 미디어론은 문화론 특히 대중문화론과 결합한다. 미디어론은 '이야기하는 것'과 '쓰는 것'이 인간과 사회에 미치는 영향력에 큰 차이가 있음을 감안하기 때문에, 문자가 없는 사회의 관습과 구조를 문화인류학적으로 해명하는 데도 중요한 공헌을 할 수 있다.

맥루언의 미디어론

현대 미디어론의 창시자로는 마셜 맥루언을 들 수 있다. 그는 《구텐베르크 은하계》(1962)에서 텔레비전을 중심으로 하는 전자미디어의 급속한 발전이 우리를 문자문화의 지배에서 해방시켜 문자 이전의 문화

즉 '구전문화'로 복귀시키고 있다고 주장했다. 이러한 문자문화에서 해방되면서 우리는 이제야 비로소 문자와 활자문화가 인간의 인식방식을 어떻게 제약해왔는지를 깨닫게 됐다. 가령 문자는 '읽히는 것'을 전제하고 인간의 시각에 의존하기 때문에, 인쇄문화에 의한 활자의 범람은 이상하리만치 비대해진 시각형 인간을 낳는다. 더욱이 알파벳은 그 자체로는 무의미하고 자의적인 기호를 직선상으로 균질하게 배열한 것에 지나지 않는다. 따라서 인쇄기술에 의해 알파벳이 빈번히 시각화되면 세계 또한 어떤 균질적이고 유한하며 등질적인 단편의 조합이라고 여겨지게 된다. 인쇄미디어가 근대적 세계관을 창출했던 것이다.

맥루언에게도 선구자가 있다. 가령 미국의 고전학자 월터 J. 옹은 《라무스, 방법, 그리고 대화의 지연》(1958)에서 라무스 사상의 특징인 지식의 공간화가 인쇄문화에 의해 가능해졌다고 주장하여 맥루언에게 중요한 시사점을 주었다. 또 문화연구의 선구자인 리처드 호거트는 《읽고 쓰는 능력의 효용》(1958)에서 대중출판물이 노동자 사회로 유입됨으로써 그때까지 충분하게 읽고 쓰기 능력을 갖출 수 없었던 노동자의 '의식'에 어떤 영향을 끼쳤는지를 밝히기도 했다.

호메로스 연구와 미디어론

이야기되는 말과 씌어진 문자의 기능적 차이라는 문제는 언어학이 마땅히 다루어야 할 문제이지만, 근대 언어학은 이 차이를 진지하게 논하지 않았다. 소쉬르도 씌어진 문자가 아니라 이야기된 말을 언어학의 기초로 삼아야 한다고 했을 뿐, 이 분석의 성과를 그대로 씌어진 말에도 응용할 수 있다고 생각하고 있었다.(이 비판에 관해서는 월터 J. 옹의 《구술문화와 문자문화》를 참조) 이 기능적 차이를 일찍부터 깨달았던 분야는 고전학, 특히 호메로스 연구였다.

F. A. 볼프는 《호메로스 서설》(1795)에서 호메로스 서사시가 여러 명의 작가에 의해 씌어졌다고 주장했다. 호메로스 서사시는 '구전시'이고 한 사람의 시인이 문자의 도움 없이 이 장대한 시를 짓는 것은 불가능하다는 것이 그 이유이다. 이에 반해 밀만 패리의 《호메로스에 나타나는 전통적인 형용사구》(1928)는 '정형구'나 '육각운(hexameter)' 등 호메로스 서사시의 구전시적 장치가 긴 시구를 기억할 수 있게 한다고 주장했다. 그리고 실제로 앨버트 로드는 《서사시의 가수》에서 세르비아-크로아티아어의 화자들이 며칠에 걸쳐 서사시를 낭독할 수 있다고 보고했다. 구전문화와 문자문화의 표현양식과 사고양식의 차이를 밝힌 호메로스 연구는 맥루언뿐만 아니라 에릭 해브록의 《플라톤 서설》(1963)에도 커다란 영향을 끼쳤다.

플라톤주의와 문자문화

해브록에 의하면 플라톤의 이데아론은 문자문화에 이르러 비로소 가능해졌다. 미디어라는 보편개념을 형성하기 위해서는 복수의 문맥에 흩어져 있는 개개의 실례를 비교하고 추상화할 필요가 있는데, 이는 '씌어진 텍스트'를 전제할 때에만 가능하다. 입으로 전해지는 소리는 끊임없는 흐름이고 발화되는 순간에 사라지기 때문에 동시에 마주칠 수 없다. 플라톤이 살았던 기원전 5세기에서 4세기의 그리스는 알파벳의 보급으로 구전문화에서 문자문화로 전환한 시대였으며, 이데아론은 문자문화에 적합한 새로운 인식론을 구축하는 시도였다. 니체가 말하듯 서양철학사가 플라톤주의의 역사라면 이 역사를 극복하기 위해 미디어론적 고찰이 반드시 필요할 것이다.

〈미디어론〉

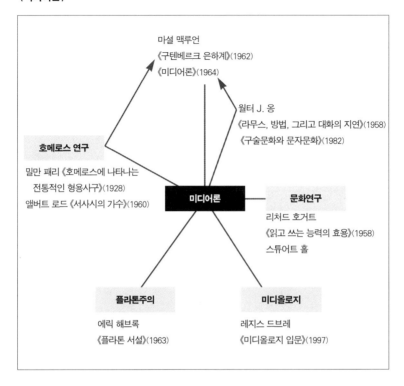

마셜 맥루언
《구텐베르크 은하계》(1962)
《미디어론》(1964)

월터 J. 옹
《라무스, 방법, 그리고 대화의 지연》(1958)
《구술문화와 문자문화》(1982)

호메로스 연구
밀만 패리 《호메로스에 나타나는
전통적인 형용사구》(1928)
앨버트 로드 《서사시의 가수》(1960)

미디어론

문화연구
리처드 호거트
《읽고 쓰는 능력의 효용》(1958)
스튜어트 홀

플라톤주의
에릭 해브록
《플라톤 서설》(1963)

미디올로지
레지스 드브레
《미디올로지 입문》(1997)

맥루언 이후의 미디어론

맥루언 이후에도 미디어론은 다채롭게 전개됐다. 그 중에서도 주목
받는 것은 미디어가 그 수신자의 감각을 일방적으로 변용시킨다는 맥
루언의 사고방식을 비판하는 관점이다. 문화연구는 미디어 수용과정
을 다양한 모순이나 왜곡을 포함한 중층적인 해석의 장이라 보고, 수
신자의 주체적인 독해의 가능성을 밝히고자 한다. 또한 레지스 드브레
가 제창하는 '미디올로지(mediologie)'는 매스 미디어나 전자 미디어뿐
만 아니라 모든 물질적 제도나 기술을 커뮤니케이션의 매개장치로 보

고 그 '전달작용'을 해명함으로써, 미디어론을 문화나 사상의 전파와 같은 문제까지도 포함한 학제적 연구로 끌어올리고자 한다.

• 무라오카 신이치

참고문헌

• 마샬 맥루한, 《구텐베르크 은하계》, 임상원 옮김, 커뮤니케이션북스, 2001.
• _____, 《미디어의 이해》, 김성기 · 이한우 옮김, 민음사, 2002.
• 월터 잭슨 옹, 《구술문화와 문자문화》, 이기우 · 임명진 옮김, 문예출판사, 1995.
• Eric A. Havelock, *Preface to Plato*, Belknap Press, 1982.

역사

아날학파 역사학

École des Annales

프랑스의 역사학자 마르크 블로크와 루시앙 페브르가 1929년에 《사회경제사 연보》(잡지 《아날》)를 창간했다. 목표는 정치사나 사건사 중심의 역사학에서 벗어나 사회, 경제, 집단심성의 역사를 연구대상으로 삼는 것이었다. 그리고 경제학, 지리학, 사회학, 언어학 등 학제적인 고찰을 통해 인간의 활동을 전체적으로 서술하고자 했다. 《사회경제사 연보》는 1946년에 《연보 : 경제·사회·문명》이라고 이름을 바꾸고, 페브르가 죽은 뒤 페르낭 브로델이 편집을 맡아 역사지리학, 역사인구학, 경제학 등의 분야를 파고들었다(제2세대). 1968년 이후 자크 르 고프, 에마뉘엘 르 루아 라뒤리 등이 중심이 되어 사회과학 고등연구원의 지지를 발판으로 역사인류학, 역사민속학, 심성사 등으로 영역을 확대했고, 프랑스인 이외의 투고도 증가했다(제3세대). 1994년부터는 민족학·경제학·법학을 전공하는 위원을 추가하여 이름을 《연보 : 역사 · 사회과학》이라고 바꾼 뒤 사회과학과의 연결을 강화했다.

보통 아날학파라 하면 잡지 《아날》에 직접 관여한 사람만을 가리키지 않고, 잡지 《아날》이 지향하는 새로운 역사학에 동의하고 그에 공헌한 연구자까지 포함한다. 따라서 아날학파는 마르크스주의처럼 이론적 통일체라고는 하기 어려운 측면이 있어, 피터 버크처럼 아날운동이라고 부르는 경우도 있다.

초창기— 블로크와 페브르의 시대

1920년에 스트라스부르대학의 동료가 된 블로크와 페브르의 지적 교류는 1929년 《사회경제사 연보》의 창간으로 결실을 맺었다.

이미 블로크는 인류학에 대한 관심으로 1924년에 《기적을 행하는 왕》을 발표했다. 왕이 기적으로 피부병을 고치는 의례를 통해, 이 의식이 중세부터 루이 14세 시기까지 남아 있었다는 사실과 이러한 집단적 환상을 사람들이 믿게 되기까지 상황을 유럽 이외의 사회와 비교하는 내용이었다. 그 뒤 농촌사를 현대에서 과거로 거슬러 올라가며 고찰하는 방법으로 기술한 《프랑스 농촌사의 기본성격》(1931)과 10세기부터 14세기에 걸쳐 서구 봉건사회의 전체상을 논한 《봉건사회》(1939~41)를 발표했다. 후자는 느끼는 방식, 생각하는 방식, 집단기억 등 심성사적 테마의 길을 열었다.

페브르는 학위논문 〈펠리페 2세와 프랑슈-콩테〉(1911)에서 경제사나 사회사에 대한 관심을 드러낸다. 계급대립이 마르크스주의가 주장하는 단순한 경제대립이 아니라 사상과 감정의 대립이라는 것이다. 또한 지리학적 관심에서 《대지와 인류의 진화》(1922)를 저술하여 브로델 방식의 선두에 나섰다. 또한 블로크와 마찬가지로 인간의 집단적 태도에도 관심을 갖고, 《16세기의 무신앙문제 : 라블레의 종교》(1942)에서

라블레의 신앙을 16세기의 집단심성으로 이해하고자 했다.

브로델과 제2세대

브로델은 전후 페브르와 함께 《아날》의 편집을 맡아 1949년에 대작 《펠리페 2세 시대의 지중해와 지중해 세계》를 간행하여 전체사(全體史)의 구상을 실현했다. 제1부 〈환경의 역할〉에서는 지중해를 지리적 풍토적으로 관찰하고, 지리적 역사를 '거의 움직이지 않는 역사' 즉 역사의 기층으로 삼았다. 제2부 〈집단의 운명과 전체의 운동〉에서는 인간 집단의 운동으로 경제, 국가, 사회, 문명, 전쟁 등을 논했다. 특히 화폐, 귀금속, 물가변동에 중점을 두고 교통이나 물류의 속도를 계산하면서 역사의 층은 몇 세대 혹은 몇 세기 단위로 움직인다고 주장했다. 제3부 〈사건, 정치, 인간〉에서는 움직임이 가장 빠른 사건사를 통해 알바 공작부터 펠리페 2세에 이르는 인물과 사건을 환경과 관련해 논했다. 나아가 1967년부터 1979년에 걸쳐 3권에 달하는 《물질문명과 자본주의》를 간행해 15세기부터 19세기에 걸쳐 소비, 분배, 생산에 관해 역시 3층 구조의 역사이해를 시도했다.

브로델은 수량사와 심성사의 분야에는 관심이 없었다. 그러나 마르크스주의자인 에르네스트 라브루스는 18세기 프랑스의 경제를 가격의 장기변동과 단기변동을 통해 고찰했고, 루이 앙리는 출생, 결혼, 사망의 기록을 연결해 과거의 가족을 복원하는 역사인구학을 탐구했다. 또한 피에르 쿠베르가 《보베와 보베 지방》(1960)에서 역사인구학을 한 지역의 사회사에 편입시켰듯이, 장기적으로 사료를 취급하는 지역연구(時系列史)가 활발히 이루어졌다.

제3세대

1968년부터 《아날》의 편집은 르 고프와 르 루아 라뒤리가 담당하면서 제3세대로 이행했다. 브로델처럼 카리스마적인 지도자가 출현하지는 않았지만, 그 대신 연구자의 문제의식이나 영역은 세분화되어갔다. 제3세대의 첫 번째 특징은 심성사의 발전이다. 필립 아리에스는 《아동의 탄생》(1960)에서 아동에 대한 감정의 변천을, 《죽음 앞의 인간》(1977)에서 죽음을 대하는 인간의 태도를 고찰했다. 역사인구학자 중에서도 가치나 심성을 중시하는 장 루이 플랑드랑 등의 연구가 나타났다. 르 루아 라뒤리는 정신분석의 착상을 도입해 사육제나 마녀재판을, 장 뒤리모는 중세 말기부터 근대에 걸친 종교와 문명을 논했다. 르 고프는 《연옥의 탄생》(1981)에서 중세 상상계의 역사를 묘사하고, 12세기 말 연옥의 탄생으로 인한 지적 변화와 사회적 변화의 정합점을 이끌어냈으며, 그와 동시에 시간과 공간에 대한 사고방식이 변화했음을 논했다. 조르주 뒤비는 원래 농촌경제사가 전공이었으나 사회적 상상력이나 이데올로기의 역할을 중시했다. 그리하여 《세 위계 : 봉건제의 상상세계》(1978)에서 사회의 집단표상인 세 가지 신분 즉 기도하는 사람, 싸우는 사람, 일하는 사람을 대상으로 사회변화의 과정에서 물질적인 것과 심성적인 것의 관계를 논했다. 또한 미셸 보벨은 라브루스의 문하에 있으면서 종교사회학자 르 고프의 영향을 받아 《바로크적 경건과 탈기독교 문화》(1973)에서 근대 프로방스의 유언장 3만 통, 미사 횟수, 양초의 총 중량을 분석해 수량적이자 시계열적인 접근을 문화사에 도입하려 했다. 프랑수아 퓌레나 자크 오주프는 읽고 쓰기를 수량적으로 분석했고, 이어서 로베르 만드르를 필두로 문서의 역사 연구가 진행됐다.

또한 피에르 부르디외나 미셸 드 세르토로 대표되는 역사인류학적

〈아날학파의 사람들〉

제1세대	
루시앙 페브르	근세사의 집단적 종교심
마르크 블로크	봉건사회 사람들의 관계, 가치관
제2세대	
페르낭 브로델	경제사
에르네스트 라브루스	수량사
피에르 구베르	역사인구학
제3세대	
자크 르 고프	상상계와 사회
조르주 뒤비	사회적 표상과 물적 사회
필립 아리에스	아동의 발견, 죽음과 인간
에마뉘엘 르 루아 라뒤리	역사인류학
미셸 보벨	근세의 수량적 심성사
장 뒤리모	종교와 문명
미셸 페로	여성사
그 후 세대, 프랑스 이외	
장 클로드 슈미트	역사민속학
알랭 코르뱅	감성의 역사
아론 그레비치(러시아)	민중문화와 엘리트문화
패트릭 기어리(미국)	봉건사회에서 죽은 자의 역할

고찰이 진행됐다. 르 루아 라뒤리는《몽타유》(1975)에서 이단심문 기록을 기초로 피레네의 한 시골마을을 인류학적 방법으로 묘사했다. 또한 로제 샤르티에는 푸코의 비판(현실을 사회 영역으로 왜소화하여 사고를 배제한다는 비판)에 촉발되어 역사인류학의 입장에서 서적사(書籍史)를 썼다. 사회 자체를 하나의 집단표상으로 다시 포착하여 사회적 이미지의 구축 자체에 관심을 두는 방식이었다. 푸코와 아날 제3세대는 서로

영향을 주고받았고, 푸코의 고고학과 계보학은 심성사와 만나는 지점이 많았다. 다만 푸코가 역사에서 변화와 단절을 읽어내는 데 반해 아날학파는 연속을 강조한다는 차이가 있다.

또한 페브르나 브로델이 중시하지 않았던 정치사가 복권될 조짐이 보였고, 퓌레나 베베르는 적극적으로 혁명을 기술하기 시작했다. 《농촌의 공화국》(1970)의 저자 모리스 아귈롱은 혁명기 서민의 정치행동을 분석했고, 뒤비는 《부빈의 일요일》(1973)에서 전쟁기록과 그 신화화를 논했다. 르 고프는 《성왕(聖王) 루이》(1996)나 《아시시의 성 프란체스코》(1999)에서 인물의 궤적을 따라 역사를 그리기도 했다. 일종의 사건사, 인물사가 복권된 것이다. 또한 미셸 페로 등 여성연구자도 나타나면서 여성사연구도 발전했다.

제3세대 이후

제3세대를 대표한 뒤비는 이미 죽었고, 르 고프, 뒤리모, 라뒤리도 공직에서 은퇴하여 중심은 장 클로드, 슈미트 등 다음 세대로 이동하는 중이다. 또한 폴란드나 독일의 연구자도 아날의 관심을 수용해 지리학·사회학·인류학 등 역사 이외의 학문 분야에서도 아날학파에 대한 관심이 높아지고 있다. 미국에서는 《죽은 자와 살아간 중세》(1994)를 집필한 패트릭 기어리가 활동하는 등 아날학파는 프랑스를 넘어 퍼져가고 있다.

• 스기사키 다이치로

참고문헌

- 김응종, 《아날학파의 역사세계》, 아르케, 2001.
- 뤼시엥 페브르, 《16세기의 무신앙문제》, 김응종 옮김, 문학과지성사, 1996.
- 마르크 블로크, 《봉건사회 1, 2》, 한정숙 옮김, 한길사, 2001.
- _____, 《프랑스 농촌사의 기본 성격》, 김주식 옮김, 신서원, 1997.
- 모리스 아귈롱 외, 《나는 왜 역사가가 됐나》, 배성진 외 옮김, 에코리브르, 2001.
- 자크 르 고프, 《서양 중세문명》, 유희수 옮김, 문학과지성사, 2001.
- _____, 《연옥의 탄생》, 최애리 옮김, 문학과지성사, 2000.
- 조르주 뒤비, 《부빈의 일요일》, 최생열 옮김, 동문선, 2002.
- _____, 《세 위계 : 봉건제의 상상세계》, 성백용 옮김, 문학과지성사, 1997.
- 페르낭 브로델, 《물질문명과 자본주의 1·2·3》, 주경철 옮김, 까치글방, 1995~1997.
- 필립 아리에스, 《아동의 탄생》, 문지영 옮김, 새물결, 2003.
- _____, 《죽음 앞의 인간》, 고선일 옮김, 새물결, 2004.

근대세계체제

The modern world-system

　통상 마르크스주의적 역사관에서 자본주의는 국민국가나 시민사회 성립을 전제로 하기 때문에 서구근대의 성립과 분리될 수 없다. 이 점에서는 자본주의의 전개를 서구 근대화와 불가분한 것으로 간주했던 막스 베버의 경우도 다르지 않다. 이러한 이론들은 영국을 자본주의 개발의 모델로 상정한다. 그 경우에는 영국에서 매우 일찍 근대사회가 탄생하고 또한 산업혁명이 달성됐다는 점이 결정적인 논점으로 간주된다.

　월러스틴의 '근대세계체제론'은 이러한 일국주의적 서구주의적 산업주의적인 자본주의 전개라는 역사관과 정면으로 대결한다. 월러스틴에 따르면 15세기 말에 시작된 유럽 사회변동 속에서 광범위한 시장화, 상품화가 발생했으며, 이를 통해 유럽 규모의 교역에 근거하는 '시스템(체제)'이 성립했다. 결국 자본주의란 다양하며 이질적인 지역을 결합시키는 '시스템'으로서 출현한 것이다. 게다가 이 '시스템'은 '중심'지역, '반주변'지역, '주변'지역으로 계층화되며 상호교환체계를 만든다고 지적한다.

16세기에는 지리상의 발견에 의해 세계적 규모의 교역시스템이 가능했다. 그 결과 '세계체제'라는 사고방식은 유럽을 넘어 '세계'로 적용된다. 따라서 자본주의의 발전이란 시스템의 공간적 확장을 동반하면서 세계경제를 유럽을 중심으로 편성해가는 과정이라고 볼 수 있다. 이러한 '근대세계체제'의 중요한 특징은 상품연쇄의 흐름이 보다 많은 이윤을 가져가는 중심부와 착취되는 주변부로 분리되어간다는 것이다. 자본주의 발전이란 체제의 공간적 확장에서 자본축적과 위계화가 진행되고, 세계 빈부의 격차가 확대되는 과정인 것이다.

• 사이키 게이시

참고문헌

• 이매뉴얼 월러스틴, 《근대세계체제 1 · 2 · 3》, 나종일 외 옮김, 까치글방, 1999.
• _____, 《역사적 자본주의 / 자본주의 문명》, 나종일 · 백영경 옮김, 창비, 1993.

역사의 종언
The end of history

&

역사의 종언이라는 개념을 최근 논쟁적인 형태로 복귀시킨 것은 공산주의 국가들이 차례로 붕괴하던 시기에 발표됐던 프랜시스 후쿠야마의 논문 〈역사의 종언인가〉(1989)와 저작 《역사의 종말》(1992)이다. 역사는 끝났다, 우리들은 포스트 역사에 돌입했다는 테제는 사람들의 의표를 찔렀다. 그러나 이 테제는 후쿠야마가 말하듯이 코제브의 헤겔 독해에 기초해 있고, 어떤 의미에서는 이것을 반복했을 뿐이다.

코제브의 헤겔강의(1933~39)는 사르트르, 메를로퐁티, 바타유 등 쟁쟁한 청강생의 면모에서 알 수 있듯이 전후 프랑스 철학·사상에 심대한 영향을 미쳤다. 코제브적 헤겔에게 강조되는 것은 '인정투쟁(자신의 위신을 건 싸움)'이며, 이 투쟁이 초래하는 '주인과 노예의 변증법'이다. 역사란 인정투쟁의 장이며 투쟁이 끝날 때 역사는 종언한다. 그것은 불평등한 승인 형태가 소멸하고 보편적으로 동질적인 국가가 성립하는 때이기도 하다.

전후 코제브는 역사의 종언이란 미래의 사태가 아니라 프랑스 혁명과 나폴레옹 전쟁에 의해 이미 달성된 것이라고 주장한다. 이때 이미 보편적이자 동질적인 국가 이념이 달성됐으며, 그 이후의 사건은 원리상 이 사건을 초월한 것이 아니라 그 연장에 불과하다고 말한다. 후쿠야마의 '역사의 종언'은 이러한 관념을 수용한 것이다. 즉 그에 의하면 공산권이 패배하고 자유민주주의가 승리한 것은 코제브의 진단이 적중했다는 점을 뒷받침한다는 것이다.

그러나 이러한 역사관에 대해서는 그 단선적 성격과 목적론적 구조와 관련해 이의가 끊이지 않고 있다.

• 오이 히데하루

참고문헌

• 프랜시스 후쿠야마, 《역사의 종말》, 이상훈 옮김, 한마음사, 1997.
• Alexandre Kojeve, *Intoduction a'la Lecture de Hegel*, Gallimard, 1980.

인류

경제인류학

economic anthropology

경제인류학은 미개사회의 경제현상에 대한 연구를 통해 근대사회의 가치관을 상대화하려는 학문적 입장이다.

문화인류학의 연구영역은 종교나 신화, 친족관계 등이었다. 경제인류학은 거기에서 결여된 경제현상을 주제로 삼아 1920년대에 나타났다. 경제현상에 관한 인류학적 연구가 없었던 것은 아니다. 예를 들어 영국의 말리노프스키(1884~1942)가 《서태평양의 원양항해자》(1922)에서 다루었던 쿨라교역이나 프랑스인 마르셀 모스(1872~1950)의 《증여론》(1925)은 경제인류학의 고전적 연구이다.

그 이후 세대에 가장 영향력있는 경제인류학자는 헝가리 출신의 칼 폴라니(1886~1964)일 것이다. 그는 근대 이전 사회의 호혜 교환이 비시장경제의 메커니즘이라는 것을 확신하고, 이를 통해 자본주의 경제 체제를 상대화하고자 했다. 그는 종래 경제인류학이 다양한 의례나 습관을 경제적 기능의 측면에서 설명하는 기능주의적인 발상에 머물러 있던 점을 '형식적 경제학'이라고 비판하고, 경제를 '실재'적인 관점에서 문제삼는 독자적인 경제인류학을 구상했다. 이때 '실재'는 절대 불변하는 항상적인 것이 아니며, 관계 속에서 상대적으로 안정되어 있는 요소들의 복합적인 존재방식을 가리킨다. 그러한 의미에서 폴라니가 말하는 '실재'는 구조주의의 발상과 가까운 면이 있다. 폴라니에게 자극을 받아 1960년대 이래 마르크스주의적 견지에서 경제인류학적 연구가 왕성하게 추진됐다. 대표자로서 프랑스의 모리스 고들리에 (1934~)를 들 수 있다.

경제인류학은 단순히 미개사회연구라는 틀을 넘어 현대 자본주의사회체제에 대한 근본적인 반성과 재평가를 요구한다는 점에 그 중요성이 있다. 보통 인간의 경제활동의 근저에는 생산-소비 또는 교환-재생산으로 형성된 순환이 존재한다고 생각된다. 그로부터 보다 효율적인 생산활동을 목표로 삼는 경제인이라는 공리적 인간상이나 프로테스탄티즘 윤리에 따르는 합리적 인간이라는 이미지가 나온다. 그러나 미개사회를 연구한 인류학자는 그런 경제관이 근대세계에서만 통용되며, 미개사회에서는 종래의 합리적 경제모델로는 설명할 수 없는 경제활동이 있음을 알게 됐다.

대표적인 것이 모스에 의해 분명해진 포틀라치이다. 포틀라치란 통상의 등가교환이 아니라 일방적인 증여로서 수행된다. 증여하는 쪽은 그 행위를 통해 상대에 대해 우위를 차지한다. 증여를 받은 쪽은 이러한 부채에서 벗어나기 위해 다른 누군가에게 일방적 증여를 수행한다.

과잉소진으로서의 경제행위

이러한 현상을 보면, 보다 많은 재물을 생산하는 것은 보다 많은 이익을 얻기 위한 공리적인 이유에서가 아니라, 오히려 과잉을 만들어내 증여의 형태로 소진하기 위한 작업이다. 그러므로 경제인류학적 관점에 따르면 과잉의 소진이야말로 소비의 본질이며 소비란 일종의 파괴에 다름아니다. 소진이라는 관점에서 경제활동을 다시 평가하는 것은 바타유(1897~1962)의 시도이기도 하다.

이렇게 미개사회가 근대사회와는 다른 경제원리에 따르고 있다면, 역으로 근대사회를 규정해온 인간상도 보편적인 것이 아니어서 수정할 필요가 있다. 바로 이러한 상대화야말로 폴라니가 《거대한 변환》(1944)에서 추구했던 것이다. 폴라니에 의하면 시장원리와 합리적 정신을 기반으로 형성된 근대사회는 전혀 보편적이지 않으며, 마르크스의 생각처럼 지양되어야 할 필연적인 역사적 단계도 아니다. 근대시장사회로는 회수되지 않는 보다 보편적인 사회를 폴라니는 비시장사회라고 부른다. 그것의 특징은 '경제' 현상이 다양한 사회적 제도와 일체화되어 사회에 파묻혀 있다는 점이다. 경제행위에는 크게 나누어 호혜, 재분배, 시장교환 세 가지가 있다. 마지막의 시장교환이 돌출하고 있는 것이 근대 시장사회라고 한다면, 보다 보편적인 사회형태인 비시장사회에서는 이들 세 가지가 그 기반이 되는 사회관계 속에 한데 섞여 묻혀 있다. 즉 친족관계, 증여의례, 종교 등 사회적 관습에 의해 규정되는 행위 속에는 재물의 생산, 분배처럼 성원에게 의식되지 않는 경제기능이 묻혀 있는 것이다. 《경제와 문명》(1966)에서 폴라니는 이러한 비시장사회의 예로서 서아프리카 다호메이왕국을 분석했다. (→ 증여, 소진)

• 고스다 겐

참고문헌

- 구리모토 신이치 편저,《경제인류학》, 양승필 옮김, 예전사, 2000.
- 마르셀 모스,《증여론》, 이상률 옮김, 한길사, 2002.
- 칼 폴라니,《거대한 변환》, 박현수 옮김, 민음사, 1997.
- 칼 폴라니 외 엮음,《초기 제국에 있어서의 교역과 시장》, 이종욱 옮김, 민음사, 1994.

증여

g i f t

증여란 주는 쪽에서 받는 쪽으로 '재화'가 이동하는 것이다. 증여는 근대 산업사회의 등가적 상품교환과 대비된다. 등가교환은 주는 쪽과 받는 쪽 사이에서 재화가 상호이동할 때 비로소 성립하지만, 증여는 상호이동이 성립하는 경우에도 한쪽 방향으로의 이동만으로 이미 완결성을 가진다. 따라서 상품교환에서는 일반적으로 그 상호성을 보증하기 위해 법적 구속이 필요하지만, 증여에서는 그렇지 않다. 또한 양자 모두 주는 쪽과 받는 쪽 사이에 어떤 종류의 사회관계가 성립하는데, 상품교환에서는 순간적이지만 증여에서는 지속적이다. 증여에서는 받는 쪽에게 어떤 부채감이 주어지며 주는 쪽에게는 권리상의 우월성이 부여되는 지속적인 비대칭적 관계가 발생한다.

증여 개념은 다양한 관점에서 논의되어왔다. 모스는 원시적 공동체에 대한 말리노프스키의 보고 《서태평양의 원양항해자》(1922)를 참조해, 이 현상에 대한 사회이론을 전개한다.(《증여론》, 1925) 그는 포틀라치를 사례로 언급하면서 증여에는 집단 간의 투쟁을 억제하는 사회결속의 기능이 있다고 주장한다. 레비스트로스는 결혼을 여자 증여의 교환시스템으로 이해하고 사회관계의 커뮤니케이션이론을 구축했다. 또한 바타유는 보답이나 효용조차도 요구하지 않는 증여를 소진(consumation)이라고 일컬으며, 상품적 등가교환에 궁극적으로 대립하는 순수한 증여의 가능성을 탐구했다.

이러한 시도들을 통해 인간 본질을 단순히 이익에 대한 무제한적인 욕망으로 보고, 문화적 사회적 변동을 일면적으로 설명하는 경제일원론을 극복할 수 있었다. 근대의 등가교환과 다른 새로운 교환원리인 증여는 인간 본질을 전체적으로 포착하고, 경제로 한정되지 않는 정치, 법, 사회와 같은 전체적 사회현상을 해명하는 새로운 시야를 제공했다. (→ 경제인류학, 소진, 구조주의)

• 오카야마 게이지

참고문헌

• 마르셀 모스, 《증여론》, 이상률 옮김, 한길사, 2002.
• 삐에르 끌라스트르, 《폭력의 고고학》, 변지현 · 이종영 옮김, 울력, 2002.
• Claude Levi-Strauss, *Les Structures Elementaires de la Parente*, Walter De Gruyter Inc., 2002.
• Marcel Mauss, *Sociologie et Anthropologie*, Presses Universitaires de France, 1950.

중심과 주변

center and periphery

중심과 주변은 사회의 역동적인 구조를 파악하기 위한 개념이다. 중심과 주변이라는 대립도식을 처음에 제기한 것은 사회학자 실스 (1911~)의 논문 〈중심과 주변〉(1961)이지만, 양자의 역동적인 상호관계를 강조하여 이것을 독자적으로 전개한 것은 특히 일본의 문화인류학자 야마구치 마사오(山口昌男, 1931~)의 일련의 저작이었다.

실스에 따르면 사회에는 중심이 있다. 정치적 종교적인 의미에서 중심은 사회를 움직인다는 기능적 의미뿐만 아니라, 사회를 관통하는 상징적인 가치를 갖는다. 가령 신화적 세계관에서 사원이나 산악은 하늘과 땅의 접합점으로서 세계 전체의 상징적 중심이다. 근대 이후의 사회에서도 궁극적 가치는 신성한 가치나 지배적 권위와 결합함으로써 중심에서 주변을 향해 상징적으로 방사된다고 실스는 생각했다. 다만 실스는 무엇이 주변이냐는 물음에 행정상의 변경이나 대중의 존재를 주변이라 부르는 데 그치고 수동적인 의미만 부여할 뿐이다.

그에 비해 야마구치 마사오는《문화의 두 얼굴》(1975)을 통해 인류학에서 현상학, 기호론의 견지까지 동원하여 주변적 존재가 사회 속에서 갖는 적극적인 상징적 의미를 강조한다. 현실 사회는 유대인이나 이민, 이민 2세나 여성과 같은 다양한 '타자'를 포함하고 있고, 결코 단층적으로 구성되지 않는다. 또 보통 우리는 과거와 현재, 의식과 무의식, 낮과 밤 같은 다양한 가치 부여를 당연한 듯 서로 포개며 살아가고 있다. 실로 현실은 늘 다층적으로 구성된 상징성을 띠고 있다. 뿐만 아니라 시적 언어가 일상언어에 끼치는 '이화(異化)'작용 등에서도 알 수 있듯이 때로는 중심과 주변을 나누는 논리가 해체되고 중심적 사물의 저변에 숨어 있는 주변적 의미가 드러나며 중심과 주변은 역전된다. 이처럼 중심과 주변이라는 개념장치를 다양한 영역에서 횡단시킴으로써, 문화라는 구조의 다층성 또는 현실의 다차원성이 부상되기에 이른다.

• 고스다 겐

참고문헌

• 야마구치 마사오,《문화의 두 얼굴》, 김무곤 옮김, 민음사, 2003.
• Edward Shils, *Center and Periphery : Essays in MacRosociology*, Univ of Chicago, 1975.

야생의 사고

La pensée sauvage

야생의 사고는 레비스트로스(1908~91)가 서양사회에서 전개된 과학적인 사고법과 대비하여 특히 미개사회에 두드러진 사고양식을 특징짓기 위해 사용한 개념이다. 신화적 사고라고도 한다. 그렇다고 해서 '야생의 사고'가 문명인과 구별되는 미개인만의 특유한 사고양식은 아니다. 레비스트로스에 의하면, 야생의 사고는 인류 일반에게 보편적인 사고법의 표현이며 당연히 일정한 논리도 있다. 즉 야생의 사고도 과학의 사고도 모두 논리적인 사고이지만, 논리성이 발휘되는 경험의 수준에 차이가 있는 것이다.

레비스트로스는 이 개념을 통해 서양중심의 가치관을 전도하려고 했다. 야생의 사고란 감성적 표현으로 세계를 조직화하는 '구체성의 과학'이며, 따라서 직접적인 경험의 수준을 문제삼는다. 반면 과학적 사고는 경험적 현실에서 유리된 추상적 개념의 수준에서 영위되는 특수한 사고형식이다. 후자가 추상적인 논리적 틀 속에서 '길들여진' 사고라고 한다면, 전자는 '길들여지지 않은' 사고인 것이다.

과학적 사고는 일정한 계획에 기초해 단선적으로 수행되는 기술자의 작업에 비유할 수 있다. 그 경우 기술자는 미리 설정된 목표나 계획에 따라 그때마다 필요한 재료나 부품을 모아 적절하게 짜맞춰간다. 그에 반해 야생의 사고는 손재주꾼에 의한 브리콜라주(손재주 부리기)로 비유된다. 이들에게 미리 정해진 목표 따위는 없으며, 이들은 마침 그 자리에 있는 구체적인 재료를 사용해 매번 임기응변으로 의미나 관계를 만들며 어떤 질서를 창조해낸다.

이러한 차이를 레비스트로스는 '개념'과 '기호'라는 대비로 특징짓는다. 기술자의 작업에서 그가 사용하는 개개의 부품이나 재료는 전체와의 관계에서 일정한 의미를 담당하는 '개념'으로서 기능한다. 그에 반해 브리콜라주에서 사용되는 것은 관계를 맺는 순간의 상황에 따라 의미를 바꾸어가는 '기호'이다. 나아가 레비스트로스는 이러한 '기호'를 신화연구에도 적용해 신화적 사고를 기호의 논리적 조작에 의해 영위되는 지적 브리콜라주로서 분석하고자 했다.

신화에서는 작업의 재료가 다양한 배열이나 조합에서 반복되어 사용된다. 레비스트로스에게 신화란 사건의 구체적인 경험과 분리되지 않고 밀착해서 일반화하려는 작업이다. 거기에서는 일원적인 이성에 의해 전체를 통합해가는 문명의 사고와는 다른 논리가 엿보인다. 그는 이러한 관점으로 신화에 접근해 일련의 결실을 맺었다.

《야생의 사고》는 레비스트로스가 1962년에 발표한 저작의 제목이기도 하다. 이 책은 마지막장인 제9장 〈역사와 변증법〉에 담긴 사르트르 비판에 의해 실존주의를 대신할 구조주의의 선언으로 받아들여졌다. 엄밀하게는 이미 사르트르(1905~80)가 《변증법적 이성비판》(1960)에서 실천적으로 무기력한 상태라며 넌지시 구조주의적 발상을 비판한 적이 있었다. 이것에 대한 반비판이기도 했던《야생의 사고》에서 레비스트로스는 사르트르의 사상을 서양중심적인 사고방식의 한 가지 전형으로 취급했다. 레비스트로스에 의하면 사르트르의 철학 자체가 하나의 '현대의 신화'에 불과하다.

사르트르에게 역사란 전면적으로 창조하는 것이며, 여러 가지 곤란과 모순을 뛰어넘으면서 진보하는 것이다. 즉 자신의 발의로 역사를 창조해갈 때야말로 인간은 인간일 수 있다. 그런데 실존주의적 관점에서 본다면 미개사회에 전형적인, 역사를 갖지 못하는 민족은 어떻게 위치지어질 것인가. 역사를 가진 민족에 의해 의미부여되기를 기다릴 수밖에 없는 것이다. 레비스트로스는 인간의 다양성에 대한 시야를 결여한 이러한 자기중심적 태도야말로 사르트르 역사관의 귀결이라고 말한다.

이에 대한 사르트르의 반론이 있었는지의 여부는 차치하더라도, 이 논쟁은 커다란 반향을 일으켰고 여러 잡지가 레비스트로스와 구조주의를 특집으로 다루었다. 그 결과 레비스트로스는 실존주의를 대체하는 새로운 사상인 구조주의의 이데올로그로 치켜세워졌다.

이런 맥락에서《야생의 사고》는 구조주의를 사상으로 끌어올린 저작으로 중요한 의미를 가진다. (→ 구조주의)

• 고스다 겐

참고문헌

• 클로드 레비스트로스, 《야생의 사고》, 안정남 옮김, 한길사, 1996.
• Jean Paul Sartre, *Critique de la Raison Dialectique*, Gallimard, 1985.

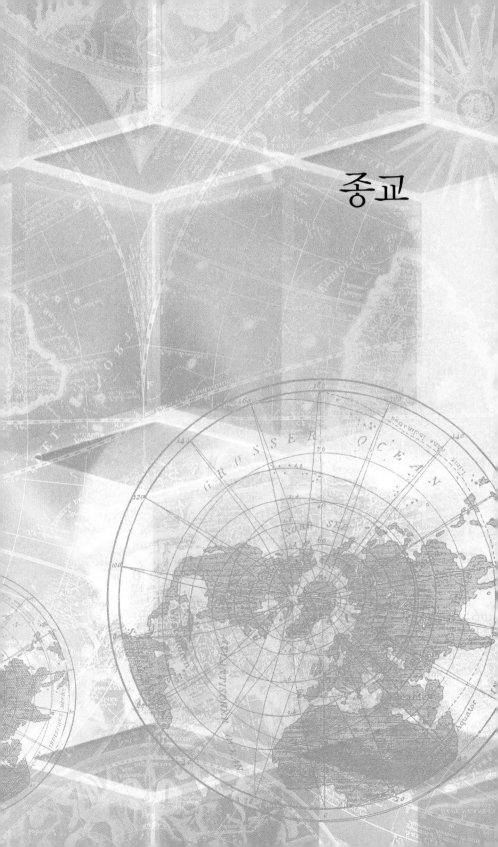

종교

성스러운 것
Numinose

성스러운 것과 속된 것이라는 이분법은 종교현상의 규정으로서 널리 인식되어 있다. 이것은 종교를 '성스러운 것, 즉 분리되어 있고 금기시되는 사물에 대한 신념과 실천이 결합된 체계'라고 정의했던 뒤르켐 이래의 산물이다. 그를 이어 R. 오토는 성스러운 것을 종교의 특유한 현상이라고 생각했다. 성스러운 것은 비합리적 요소와 합리적이고 도덕적인 요소의 복합체이다. 특히 전자는 종교에서 핵심적인데 누미노제(numinose. 신령적인 것)라고 불린다. 누미노제는 완전히 이질적인 것으로서 엄밀하게 정의할 수는 없고 그저 탐구하고 자각할 수만 있으며, 중요한 특징은 두려워해야 하지만 동시에 그것에 미혹된다는 양의성이다. 반대로 자신은 왜소하며 무력한 것, 절대적인 '세속'으로 느껴진다.

엘리아데에 의하면 세속적인 것과 대조를 이루는 성스러운 것은 스스로 드러난다(히에로파니, 즉 성스러운 것의 현현). 종교적 인간에게 이 세계를 넘어선 완전히 이질적이고 성스러운 것이 속계의 사물 속에서 나타남으로써 세계는 우주적 신성성으로 계시된다. 성스러운 장소는 카오스적인 세속적 공간에 중심을 부여하고, 의례라는 성스러운 시간 은 우주창조의 때를 주기적으로 반복해 세계를 정화하고 갱신한다. 이 에 반해 근대의 비종교적인 인간은 성스러운 것을 거부하고, 인간을 스 스로 자기를 만드는 존재로 간주하지만 그들의 대다수도 종교적 영역 에서 해방될 수는 없다. 신년 행사나 결혼식 등은 통과의례의 구조를 가지며, 마르크스주의는 유대·기독교의 종말론을 계승한다.

실제 합리화되고 세속화된 현대에도 성스러운 것은 살아남는다. 여 러 소규모 종교만이 아니라 세속적 종교 역시 성스러운 것이다. 카이 와는 후자의 예로서 매혹적이면서도 두려운 전쟁이나 카리스마적 권 력(히틀러 등)을 거론한다. 또한《무신학대전》의 저자 바타유도 기독교 의 신에서 등을 돌리고 공포나 도취를 일으키는 성스러운 것에 대한 체험을 시도했다.

• 고토 요시야

참고문헌

• 루돌프 오토,《성스러움의 의미》, 길희성 옮김, 분도출판사, 1987.
• 미르치아 엘리아데,《성과 속》, 이은봉 옮김, 한길사, 1998.
• 에밀 뒤르켐,《종교생활의 원초적 형태》, 노치준·민혜숙 옮김, 민영사, 1992.

변증법적 신학

dialektische Theologie

변증법적 신학은 제1차 세계대전 후 독일과 스위스에서 일어난 프로테스탄트신학의 새로운 흐름이다. '위기신학', '하느님 말씀의 신학'이라고도 불린다. 대표자로는 카를 바르트, E. 투르나이젠, F. 고가르텐, E. 브룬너, R. 불트만 등이 거론되는데, 그 중에서도 카를 바르트의 영향력이 가장 크다.

그들은 1921년부터 1922년까지 약 2년에 걸쳐 《종교적 결단》(고가르텐), 《체험, 인식, 신앙》(브룬너), 《도스토예프스키》(투르나이젠), 《로마서》 제2판(바르트)을 출판했다. 이 책들의 공통점은 전통적인 신학에 대한 첨예한 대결의식이라고 할 수 있는데, 고가르텐, 바르트, 투르나이젠 등은 1922년에 신학잡지 《시간 사이》(*Zwischen den Zeiten*)를 창간하고 곧 브룬너와 불트만도 공동편집자로 합류했다. '변증법적 신학'이란 이 잡지를 중심으로 활약한 신학자들을 지칭해 부른 데에서 유래한다. 그들은 키에르케고르나 도스토예프스키의 영향 아래 근대사회 속에서 인간학이나 심리학에 위축된 신학을 다시 한번 본래의 신학, 즉 '하느님의 말씀'의 신학으로 되돌리고자 했다.

바르트

카를 바르트는 1922년 《로마서》 제2판(바르트의 《로마서》라고 하면 통상 키에르케고르, 도스토예프스키, 니체, 오버벡의 영향 아래에 대폭으로 개정 출판된 2판을 가리킨다)에서 슐라이어마허로 대표되는 자유주의신학을 비판한다. 슐라이어마허는 19세기 낭만주의 철학의 흐름 속에서 종교를 문화로서 대상화하며 근대적인 종교철학으로 완성했지만, 이러한 철학은 신앙의 대상인 신에게 관심을 가지기보다 오히려 인간의 종교심, 즉 인간의 종교적 자기의식에 관심을 기울여왔다. 바르트에 따르면 이러한 문화신학은 신에 관해 말하고 있어도 사실 인간에 관해 말하고 있는 것이며, 신학을 심리학이나 정신사로 환원하려는 것이다. 바르트는 이러한 '자유주의신학'을 키에르케고르의 신앙의 변증법과 대치시키면서, 신과 인간 사이에는 '무한한 질적 차이(키에르케고르)'가 존재하고 인간 쪽에서는 어떤 방법으로도 이 차이를 극복할 수 없다고 주장했다. 그렇지 않다면 계시는 계시일 수 없다. 인간의 좌절이나 갖가지 실존적 허무, 요컨대 인간의 삶이 봉착한 '위기'에서 신은 스스로를 역설적으로 계시한다. 그렇기 때문에 예수의 죽음과 부활이라는 역설을 휴머니즘적으로 설명해서는 안 되는 것이다. 성서의 말은 신의 말이지 인간의 말이 아니다. 바르트는 '마치 접선이 원주에 접촉하듯이 접촉하지 않고 접촉한다'는 기하학적 비유로 신의 계시가 어떠한지 드러내고자 한다. 《로마서》에서는 죄에 빠진 한 인간의 문화적 심판(부정)을 통해 신의 은혜(긍정)가 계시된다는 역설의 변증법이 강

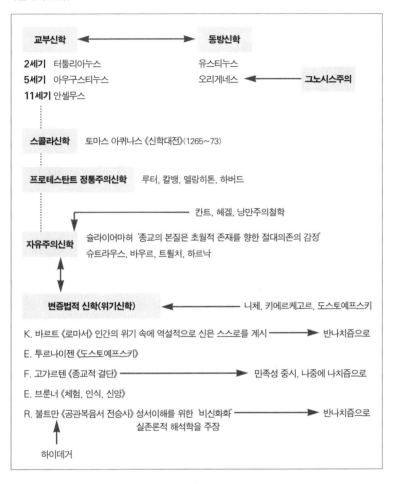

조됐다. 바르트는 이 사상을 완성하기 위해 방대한 저작인《교회 교의학》을 집필했지만, 이 작품은 미완으로 남았다. 바르트의 신학은 절대 타자인 신을 인간정신으로 내재화하려는 태도를 비판하는 철학으로서, 20세기 후반 현대철학의 안티휴머니즘의 흐름을 앞서 나아갔다고

말할 수 있을 것이다.

그 밖의 변증법적 신학자들

대표적인 다른 변증법적 신학자들도 계시와 신앙이 인간의 역사적 지식이나 종교적 의식을 극복한다는 점에서는 바르트에 동의한다. 그러나 신학이 지닌 변증법을 바르트와 다른 형태로 고찰한 신학자도 있다. 고가르텐은 신에 관한 발화가 변증법적일 수밖에 없는 것은 우리의 실존이 변증법적이기 때문이라고 생각했다. 고가르텐에 따르면 우리의 실존적 지식이 존재하지 않으면 신의 지식도 존재할 수 없다. 불트만 역시 신학은 실존을 이야기함으로써 신을 이야기할 수 있다고 생각했다. 그는 하이데거의 영향을 받아, 인간의 존재와 신에 관한 이야기가 실존적인 상황(역사성) 속에서 결단을 통해 가능해진다며 신학의 변증법을 확인하고자 했다. 한편 브룬너는 완전히 죄인이자 신을 닮은 모습을 한 인간의 존재적 모순 때문에 신의 부름이 인간에 대한 공격임과 동시에 인간의 성취가 된다는 점에서 변증법을 살피고자 했다. 이들은 신 앞에서 인간존재의 부정성과 긍정성을 동시적인 것으로 고찰한다는 점에서 공통적이다.

변증법적 신학운동의 붕괴

1933년에 고가르텐이 나치즘에 영합하는 '독일그리스도인' 운동에 가담하자 바르트는 《시간 사이》를 떠났고 잡지는 폐간됐다. 이렇게 한 시대에 획을 그은 변증법적 신학운동은 종말에 이르렀다. 바르트는 1934년에 나치즘에 대항하는 바르멘 고백교회운동에 참여해 '제1회 바르멘 선언'의 중심적 기초자로 활약했지만, 나치즘 비판은 《로마서》의 종교비판과 같은 뿌리에서 나온 것이었다. 선언의 제1테제는 이렇다. "성서가 우리에게 증거하는 예수 그리스도는 우리가 들어야 할, 또한 살아 있을 때든 죽을 때든 신뢰하고 복종해야 할 유일한 신의 말씀이다. 교회가 이 유일한 신의 말씀 이외에 또 그와 함께 다른 사건, 다양한 힘, 인물, 진리들도 신의 계시로서 승인하고, 선교의 원천으로 삼을 수 있으며 그렇게 해야만 한다고 가르치는 그릇된 가르침을 우리는 거부한다." '신의 말씀'과 나란히 '민족'이나 '총통'을 신의 계시로 계승하려는 정치활동에 대한 통렬한 비판인데, 여기서 바르트신학의 비판정신을 읽어낼 수 있다.

· 스다 아키라

참고문헌

· 칼 바르트, 《교회교의학》, 박순경 옮김, 대한기독교서회, 2003.
· _____, 《복음주의 신학입문》, 이형기 옮김, 크리스찬다이제스트, 2001.

유대사상

J u d a i s m

오

　여기서는 유대사상을 '유대인들이 제2신전 붕괴(기원전 70) 이후 긴 디아스포라의 과정에서 다양한 문화권의 사상을 만나고, 그와 대결하며 또 흡수해 형성한 사상'이라고 풀이하겠다. 유대사상에서는 항상 '복고적이고 보수적인 힘'과 '유토피아적이고 혁신적인 힘'이 싸우고 있다. 전 세계에 흩어져 있는 유대인들이 민족으로서 동포의식을 유지하기 위해서는 그들의 원점인 신의 계율 '토라'로 반복해 회귀해야겠지만, 다른 한편 이방인이라는 가혹한 상황에 처한 유대인들을 지탱하는 열렬한 종말론과 메시아사상은 '랍비 유대교'로 대표되는 유대교의 사회제도화와 유대신학의 보수화에 저항하며, 종교적인 혁신운동이나 열광적인 메시아운동을 반복해 생산하기도 한다.

헬레니즘의 유대사상

유대사상이 다른 문화와 처음으로 접촉한 것은 이집트 프톨레마이오스 왕조가 그리스철학을 만났을 때였다. 퓌론(기원전 365경~270경)은 플라톤, 스토아학파에게 배워 헤브라이즘과 헬레니즘을 최초로 종합했다. 그는 초월적이자 불가지적인 신은 로고스를 매개로 스스로를 계시한다고 생각하고, 모세오경을 이 로고스의 계시로 간주하여 성서의 알레고리적이고 신비주의적인 해석에 힘썼다. 그의 로고스론은 기독교 교부들에게 영향을 끼쳤다.

중세의 유대사상

중세에 유대인들은 지중해 주변 지역이나 유럽으로 이주하여 7세기에 중동세계를 정복한 이슬람교도들과 접촉했다. 이후 유대인은 이슬람세력이 15세기에 스페인에서 철수할 때까지 이슬람문화권에서 비교적 평화롭게 살았다. 이 시기 랍비 유대교의 과제는 이슬람신학에 대항하여 유대신학을 확립하는 것이었다. 이것을 최초로 착수한 이는 9세기 이라크의 랍비학원장 사디아이다. 그는 칼람(이슬람사변신학)에 의거해 유대교의 철학적 기초를 세웠다. 이윽고 유대교사상은 이슬람을 매개로 신플라톤주의와 아리스토텔레스의 사상을 흡수하여 두 가지 대립하는 경향을 낳게 된다.

(1) 유대의 신플라톤주의

신비주의적 경향이 특징이다. 신은 모든 것을 초월한 '일자'이자 모든 것이 흘러나오는 원시적인 힘이라고 하여, 신비적 직관에 의한 신과의 합일을 강조한다. 10세기의 이사크 이스라엘리로 시작해《생명의 샘》의 저자인 솔로몬 아벤치브롤(이븐 가비롤), 바흐야 이븐 파쿠다, 아브라함 바르 히야, 이븐 에즈라로 이어지는데, 12세기가 되면 아리스토텔레스주의에 점차 압도된다.

(2) 유대의 아리스토텔레스주의

일종의 철학적 계몽주의이자 주지주의적 경향이 강하다. 아브라함 이븐 다우드, 레위 벤 게르숌 등이 있지만 중심인물은 모세스 마이모니데스(1135~1204)이다. 그는 《혼란에 빠진 자들을 위한 안내서》(1190)에서 철학은 계시의 내용에 도달하는 유일한 수단이며, 철학적 지식이야말로 신앙의 대상을 직접적으로 파악할 수 있게 해준다고 주장했다.

(3) 카발라

이 계몽주의에 대해 새로운 신비사상이 남프랑스의 프로방스와 스페인에서 나타난다. 카발라란 그노시스주의와 신플라톤주의의 요소를 부분적으로 받아들인 일종의 신지학(神智學)이다. 모세스 데 레온의 《광채》는 창조를 숨은 신으로부터 신성이 10단계로 유출된 것이라고 설명하고(세피로트이론), 토라에 대한 상징적인 해석을 전개했다. 스페인에서 유대인이 추방된 뒤, 카발라는 사페드의 이삭 루리아에 의해 발전됐다. 그는 신의 자기수축과 같은 개념을 통해 신 자신의 방랑을 설명하고 유랑 유대인의 우주적 의의를 가르쳤다. 루리아의 이런 사상은 17세기의 샤바타이 츠비의 메시아운동이나 18세기에 이스라엘 바알 셰임 도브가 동유럽에서 시작한 하시디즘의 사상적 근거가 된다.

근대의 유대사상

유대인에게 근대의 최대 사건은 계몽주의와 프랑스혁명으로 그들이 유럽에서 해방된 사건이다. 그래서 유대교가 계몽적이자 이성적인 종

〈유대사상의 흐름〉

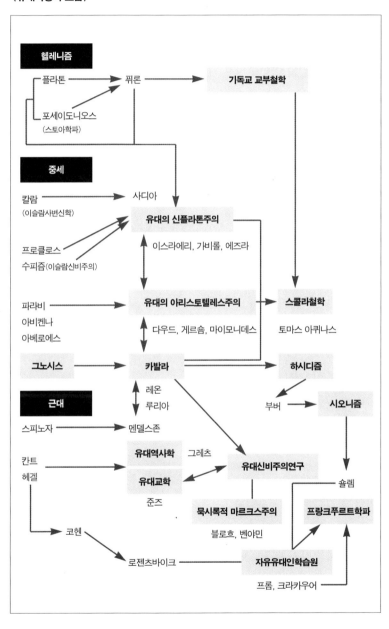

교임을 증명하고 유대교도 시민권을 인정받는 것이 이 시기 유대사상의 과제가 됐다.

최초로 동화된 유대지식인 모세스 멘델스존(1729~86)은 스피노자를 따라 유대교 계시의 의미를 실천도덕에서 보았다. 그에 따르면 유대교는 신의 섭리와 영혼의 불멸을 가르치는 합리적 종교이자 사회의 행복을 촉진하는 종교이다. 아브라함 가이거나 사무엘 호른하임의 개혁파 신학자들도 칸트, 헤겔 등 독일철학의 영향 아래에서 유대교의 윤리성과 이성적 성격을 강조하고, 모리츠 라찰스는《유대교의 윤리》(1911)에서 유대교의 윤리와 칸트적인 자율의 윤리를 동일시했다.

나아가 하인리히 그레스는《유대인의 역사》(전 11권)를 쓰고 원전 자료에 기초해 유대교가 스콜라철학이나 프로테스탄티즘에 공헌했음을 증명했다. 레오폴드 준즈도 '유대교학'을 창시하여 근대의 비판적 방법에 의한 헤브라이즘 문헌 연구를 개시했고, 모리츠 슈타인슈나이더는 이 방법으로 유대교가 서양문화에 거대한 공헌을 했음을 알렸다.

20세기 유대사상

19세기 말엽에 내셔널리즘과 민족주의가 대두하고 반유대감정이 높아지면서 유대인 사이에 그때까지의 동화정책에서 벗어나는 다양한 노선 변경이 생겨났다. 그 중 하나는 고향의 땅 팔레스타인에서 유대국가를 건설하려는 시오니즘이었고, 두 번째 선택지는 국가와 민족차별의 철폐를 주장한 사회주의운동에의 참가였다. 그러나 어느 쪽이든 유대사상가들의 과제는 동화주의적 해석이 뿌리내리기 이전 유대사상의 잠재력을 새롭게 발굴해 자신들의 뿌리를 재발견하는 것이었다.

그 최초의 대표자는 헤르만 코헨(1842~1918)이다. 그는 신칸트학파(마르부르크학파)의 지도자로서 칸트철학에 기초한 여러 학문들을 통일하는 기초를 닦는 데 힘썼는데, 그 과정에서 계시종교의 중요성을 깨닫기 시작해 《유대교의 원전에 기초한 이성의 종교》(1919)에서 유대교와 정면으로 대결하게 된다. 게르숌 숄렘(1897~1982)은 19세기의 유대교학이나 유대역사학에 반대하고 그때까지 무시되어온 유대신비주의(카발라)를 학문적 대상으로 주목했다. 또 에른스트 블로흐와 발터 벤야민은 이러한 유대신비주의와 묵시적 종말론 사상을 마르크스주의와 연계해 독자적인 철학을 전개했다.

그러나 20세기의 대표적 유대철학자는 프란츠 로젠츠바이크(1886~1929)와 마르틴 부버(1878~1965)이다.

로젠츠바이크는 헤겔연구자로서 출발했지만 제1차 세계대전이 끝나가는 시점에 갑자기 유대교로 회귀해 《구제의 별》(1921)을 쓴다. 그는 탈레스부터 헤겔까지의 전통적 서양철학과 결별하고 자신의 입장을 '새로운 사고'라고 부르며 그 기초를 '신·세계·인간'에 관한 유대교의 사고방식에서 구했다. 그는 프랑크푸르트에 '자유유대인학습원'을 창설하고 유대적 종교교육의 방식을 모색했다. 이 학원의 강사로는 부버나 숄렘 외에도 에리히 프롬, 지크프리트 크라카우어 등이 있다.

부버는 《나와 너》(1923)에서 서양의 모놀로그적 사고 대신에 '대화의 원리'를 강조한다. 진정 살아 있는 진리는 무시간적이고 추상적인 로고스로 포착되지 않고, 인간과 인간, 인간과 신 사이의 대화적 응답을 통해 드러난다. 또한 부버는 하시디즘의 소개에 힘써 팔레스타인 이주 후에는 헤브라이대학에서 사회철학을 가르치면서 유대 청년들의 정신적 지도자 역할을 수행했다.

• 무라오카 신이치

참고문헌

- 마르틴 부버, 《나와 너》, 표재명 옮김, 문예출판사, 2001.
- 토마스 이디노풀로스, 《예루살렘》, 이동진 옮김, 그린비, 2002.
- 폴 존슨, 《유대인의 역사 1 ·2 ·3》, 김한성 옮김, 살림, 2005.
- Julius Guttman, *Philosophy of Judaism*, Jason Aronson Inc., 1989.

과학

어포던스

a f f o r d a n c e

'어포던스'는 미국의 심리학자 J. J. 깁슨이 제창한 지각이론에서 가장 중요한 개념이다. 어포던스는 깁슨이 영어로 '제공한다'는 뜻인 어포드(afford)를 명사화한 것이다.

어떤 환경에서 특정한 생물이 생식할 때, 그 환경은 그 생물이 활동할 가능성을 제공한다. 예를 들어 인간이 사다리를 지각할 경우, 그 사다리는 그것을 올라간다는 활동을 인간에게 가능하게 하는 환경이라고 할 수 있다. 그 환경이 어포던스이고, 일반적으로 '의미'나 '가치'라고 불린다. 그러나 그것은 생물이 부여하는 주관적인 '의미'가 아니라 객관적으로 실재하는 대상의 특성이어서, 가령 인식하는 생물이 존재하지 않아도 어포던스는 존재한다는 특징이 있다. 예를 들어 육상생물이 지상을 자유롭게 활동할 수 있는 것은 그 생물이 지표면을 인식하고 있기 때문이 아니라, 바로 그 활동을 가능하게 하는 지표면이 실재하기 때문이다. 이런 의미에서 어포던스이론은 생태학적 실재론이다.

각각의 생물은 각각의 어포던스와 서로 깊은 관계가 있고, 전체로서 하나의 시스템을 형성한다. 그러므로 어떤 어포던스를 규정하는 것은 거기서 어떤 생물이 생식하고 또 생식가능한지를 규정하는 것을 의미하며, 역으로 어떤 생물을 규정하는 것이 바로 그 환경을 규정하는 것이다. 한 예로 지구의 대규모 환경변화에 따라 변화한 어포던스 때문에 다양한 생물의 유기적 구성이 변한 것이다. 그렇다고 해도 어포던스는 생물의 행동양식을 결정하는 원인이 아니다. 어디까지나 생물의 행동을 가능하게 하는 것이지, 생물의 행동을 강제적으로 이끌어내는 것은 아니다.(→ 게슈탈트이론)

• 세지마 사다노리

참고문헌

• James Jerome Gibson, *The Ecological Approach to Visual Perception*, Lawrence Erlbaum Associates, 1986.

오토포이에시스

a u t o p o i e s i s

&

오토포이에시스(자기제작)는 신경시스템을 모델로 삼은 첨단 시스템론이다. 칠레 출신의 두 신경생리학자 마투라나와 바렐라에 의해 1973년에 최초로 정식화됐다. 독일의 사회학자 루만이 이들의 이론적 구상을 한 발 먼저 주목해《사회시스템론》의 축으로 도입하면서 신경이나 세포 같은 생명시스템뿐만 아니라, 경제, 법, 사회 등의 시스템 전반을 이해하는 데 활용됐다. 이러한 구상은 일반적으로 자기조직화의 연장에 있지만 외관상으로는 폐쇄시스템을 강조하는 점이 특징이다.

오토포이에시스의 이미지는 다음과 같은 비유를 통해 생각할 수 있다. 집을 지을 때 13명씩 두 조의 인부집단을 만든다. 첫 번째 집단에게는 겨냥도, 설계도, 레이아웃과 그 밖의 필요한 것을 제공한 뒤 동량(棟梁)을 정해 지휘를 받으며 계획된 집을 짓게 한다. 세부적으로 어떻게 손대느냐에 따라 사소한 변경은 가능하지만 어떻든 간에 전체로서 계획된 집을 짓는 셈이다. 두 번째 집단에게는 겨냥도, 설계도, 레이아웃을 포함해 아무것도 주지 않고 그저 인부들이 서로 어떻게 움직일지만 결정해둔다. 각각의 인부는 우연히 정한 장소에서 작업을 시작한다. 그들은 무엇을 만드는지 모르고 작업을 계속한다. 이 경우에도 집은 만들어진다. 게다가 집이 완성됐을 때조차 그것을 깨닫지 못한 채 집이 완성된다. 이 두 번째 사례가 오토포이에시스의 기본적인 이미지이다. 실제로 개미나 벌이 집을 지을 때 사전에 모여 설계도를 보고 상의한다는 관찰보고는 없고, 또한 그런 짓을 하리라고도 생각할 수 없다. 이 두 번째 사례를 정식화할 때 그 정식화의 하나가 오토포이에시스가 된다.

오토포이에시스는 시스템 자체의 작동기제를 드러내고, 그러한 작동기제를 통해 자신을 형성해간다. 이것이 자기제작(오토포이에시스)이다. 여기에는 몇 가지 조건이 있다.

(1) 생성과정은 다음 생성과정으로 자동적으로 접속한다. 일단 우연히 이 상황이 시작되면 자동적으로 계속되는 결정화의 경우에도 성립한다.

(2) 생성과정은 요소를 산출한다. 생성프로세스와 요소는 서로 인과관계에 있는 것이 아니라 오히려 차원을 달리한다. 다른 차원과 연결하는 것이 '산출'이다. 산출이라는 과장된 말에도 불구하고 떠다니는 수증기가 물방울이 되는 장면에서 이 상황은 성립한다.

(3) 산출된 요소가 생성프로세스를 다시 작동시킨다. 생성된 것이 만들어내는 프로세스 자체를 작동시킨다. 이 상황이 전통적으로 피드백이라고 불리는 것이다. 그러나 피드백은 생성과정과 요소인 물질 사이에서 성립한다. 이것은 프로세스와 물질을 접속하는 새로운 방식이다.

(4) 생성과정이 계속 진행되어 스스로 폐쇄할 영역을 확정한다. 이 것이 자기제작이다. 이 폐쇄 영역을 기술하다보면, 어딘가에 순환적인 규정이 들어간다.

(5) 요소는 그것들이 존재함으로써 스스로가 존재할 장소를 고유화한다. 즉 생성과정이 특정한 공간 내에 출현한다. 이를 시스템의 위상화라고 한다. 그에 따라 시스템은 그 고유화된 공간에 존재한다. 움직임의 지속은 그것을 통해 만들어진 요소가 지정하는 특정한 공간에서 장소를 차지하게 된다.

이러한 조건들을 통해 상상되는 시스템을 비유적으로 말하자면, 소용돌이 같은 움직임이 만들어지고 그것이 지속되어가는 과정에서 생겨난 요소가 또한 움직임을 특정한 형태로 이끄는 것이다. 따라서 움직임이 현실적인 형태의 형성을 이끌어낸다는 점에서는 자기조직화와 같다.

나아가 오토포이에시스에서는 움직임을 통해 만들어진 요소가 다시 움직임 그 자체를 활성화시켜 움직임을 계속한다. 움직임을 계속하면서 요소에 의해 드러난 위상공간에 시스템이 실현되는 것이다.

시스템은 작동을 계속하면서 연속해 스스로 폐쇄 영역을 형성한다. 이는 그저 닫혀 있는 시스템이 아니다. 오히려 전통적인 개방성과 폐쇄성의 구별이 소멸된다. 이것이 특수한 폐쇄성의 발생 장면이다. 또한 각각의 시스템은 작동을 지속함으로써 자신의 공간을 실현하기 때문에, 이 시스템론은 다원론이 된다. 더욱이 각 시스템은 그 자체로 작동하기 때문에 자신의 기반이나 목적을 다른 시스템에게서 보증받을 필요가 없다. 그런 의미에서 모든 계층성(위계)이 소멸되는 것이다.

• 가와모토 히데오

참고문헌

- von Niklas Luhmann, *Soziale Systeme*, Suhkamp, 1984.

카오스이론
theory on chaos

꽃

최근 컴퓨터의 괄목할 만한 발달에 따라 기상현상이나 주가의 변동 등 그 전에는 손을 댈 수 없었던 복잡한 현상을 대상으로 하는 연구가 복잡계의 과학으로서 과학의 한 분야가 됐다. 카오스이론은 현대 복잡계 과학이 발전할 수 있는 계기가 됐을 뿐만 아니라 그 전까지의 복잡한 현상에 대한 상식적인 견해를 파괴했다는 의미에서 사상에 끼친 영향을 무시할 수 없다.

전기회로에 흐르는 전류로 의해 생기는 저항은 거기에 걸리는 전압에 비례한다는 옴의 법칙은 전류가 전압과 선형관계임을 드러낸다. 계량경제학에서도 국민소득이 소비나 투자 등과 선형관계에 놓인다. 어떤 계가 있고 그것을 구성하는 요소끼리 선형관계만으로 이어져 있을 때, 그 계(系)는 선형계라고 불린다. 이런 선형계에서는 설령 내부가 아무리 얽혀 있어도, 외부로부터의 입력에 대한 출력 혹은 응답은 예측할 수 있다. 이런 의미에서 선형계는 단순계라고 간주된다. 종래의 과학에서는 오직 선형계만 다루어왔기 때문에 단순한 계는 단순한 움직임만을 나타낸다는 것이 상식이었다. 반대로 말해 만약 복잡한 현상이 있으면 그것은 무언가 대단히 복잡한 원인이 배후에 잠재해 있다고 생각되어왔다. 카오스이론은 이 상식을 뒤집은 것이다.

둘 사이에 관계가 있지만 선형계는 아닐 때, 그것을 비선형관계라고 부른다. 텔레비전이나 컴퓨터 등 일상생활에서 빼놓을 수 없는 갖가지 전기·전자기구는 대부분 많은 집적회로로 구성되어 있는데, 그것은 다수의 미세 저항이나 다이오드, 트랜지스터 등으로 구성된다. 이 다이오드나 트랜지스터의 전류와 전압의 관계는 옴의 법칙이 전혀 성립하지 않는 전형적인 비선형이고, 오히려 그렇기 때문에 다양한 기능이 생겨난다. 자연현상, 사회현상을 불문하고 그것을 추상화·모델화한 수학적인 관계 속에서는 선형관계가 특수하고 비선형관계야말로 일반적이지만, 전자의 단순함, 수학적 해석의 용이함과 후자의 복잡다양함, 해석의 곤란함 때문에 이렇게 불리게 된 것이다. 말하자면 진드기만 연구하는 동물학자가 자신의 분야를 진드기학이라고 부르고 그 이외의 동물 연구 분야를 뭉뚱그려 비진드기학이라고 부르는 것과 같다.

계의 내부에 있는 여러 관계 중 하나라도 비선형인 것이 있을 때, 그 계는 비선형계라고 불린다. 카오스는 비선형계에서 일어나는 현상의 하나이다. 카오스를 요약하면 초기조건에 따라 이후의 운동이 하나로 정해지는 결정론적인 계(예컨대 뉴턴의 운동방정식에 따르는 계)와 달리, 두 가지가 유사한 상태로 출발했을 때 그 초기조건의 미세한 차이가 계의 비선형성 때문에 시간이 지남에 따라 기하급수적으로 다르게 발전하는 현상이라고 정리할 수 있다. 이렇게 초기조건에 민감한 성질은 '초기조건민감성'이라고 하며 카오스의 기본적인 성질 중 하나이다.

실제로 유체의 운동이나 화학반응 등 여러 물리·화학·생물현상에서 카오스가 관찰되며, 생태계의 변동이나 경제변동 등의 기제에도 관여한다.

주목하고 있는 계의 어떤 현상을 예언할 수 있다는 것은 처음 상태 즉 초기조건이 그 이후에 어떻게 발전할지 알 수 있다는 것이다. 어떤 현상에 주목하려고 아무리 노력해도, 상태가 결정될 때 제어할 수 없는 어떤 작은 애매함이 섞이므로 초기조건을 정확히 설정할 수 없다. 즉 매우 중요한 첫 상태를 엄밀히 정할 수 없다. 그러나 설령 그렇다 해도 초기조건의 작은 애매함이 그 후 기하급수적으로 발전하지 않는다면, 즉 계가 초기조건민감성을 가지고 있지 않다면 그 애매함의 범위 내에서 계가 그 후에 어떻게 발전할지 예측할 수 있다. 위에 서술한 선형계가 여기에 해당한다. 그런데 카오스에서는 설령 도중의 시간경과가 결정론적이라도 초기조건민감성 때문에 처음의 매우 닮은 상태가 시간에 따라 전혀 닮지 않게 된다. 즉 실제 결과가 어떻게 될지 알 수 없는, 예측할 수 없는 것이다.

아마존의 오지에 있던 나비가 갑자기 날아올랐다. 그 날갯짓 때문에 생긴 공기의 미세한 흐트러짐이 마침내는 미대륙을 덮치는 허리케인의 진로까지 바꾸어버린다. 카오스의 초기조건민감성과 그로 인한 예언불가능성의 예로서 이 '나비효과'가 종종 거론된다. 4, 5일 이상의 기상예보가 맞지 않는 것은 카오스 탓일지도 모른다.

일상에서 자주 경험하는 예언불가능한 경우의 한 예로 동전던지기가 있다. 이 경우 동전을 어떤 식으로 던질지 초기조건을 어느 정도 정확하게 설정할 수 있어도, 그것이 지면의 불규칙한 울퉁불퉁함에 어떻게 부딪힐지 등 그 후 계의 발전에는 제어할 수 없는 여러 가지 문제가 관련되어 있다. 요컨대 계의 시간적 발전은 불규칙적이고 확률적이다.

그 때문에 동전의 앞뒷면이 불규칙하게 나타나 각각의 결과가 예언불 가능하게 된다. 이것이 종래의 일반적인 예언불가능성이다. 이에 반해 앞에 설명했듯이 카오스에 의한 예언불가능성은 결정론적인 시간발전 으로 일어나는 것이어서 본질적으로 다른, 예측불가능한 경우에 전혀 새로운 해석을 부여한다.

카오스는 매우 단순한 비선형계에서도 일어난다. 이를테면 기상현 상을 기술하는 복잡한 유체방정식을 극한까지 단순화한 로렌츠 모델 에서는 계의 상태를 드러내는 변수는 세 가지밖에 없다. 이 세 변수의 시간발전을 기술한 방정식은 매우 단순해서 간단한 비선형항이 들어 있음에 불과하다. 그럼에도 이 모델은 초기조건에 민감한 카오스를 나 타내고, 실제 결과의 예측이 불가능한 복잡한 움직임을 보인다. 즉 카 오스에서는 계의 시간발전을 기술하는 방정식 혹은 알고리즘이 단순 하다 해도 결과는 복잡해진다.

뒤집어 생각해보면 일반적으로 어떤 관측결과가 복잡하고 이상하더 라도 그 원인까지 복잡하다고 단정할 수는 없다. 배후에 단순한 알고 리즘을 가진 카오스적 원인이 잠재해 있을지도 모르기 때문이다. 이것 이야말로 카오스가 종래의 단순한 인과관계적 사고방식에 던진 거대 한 충격이다.

카오스이론의 탄생은 복잡계 연구의 발전을 이끌었다. 그리고 카오 스는 프랙탈과 함께 1970년대 이후의 비선형적 비평형적이고 형태가 일정하지 않은 복잡계 과학의 패러다임이 됐다. 그런 의미에서 현대과 학을 논의할 때, 카오스의 개념적 의미는 반드시 이해해야 할 것이다. (→ 프랙탈)

• 마쓰시다 미쓰구

참고문헌

- 이노우에 마사요시, 《카오스와 복잡계의 과학》, 강석태 옮김, 한승, 2002.
- 제임스 글릭, 《카오스 : 현대과학의 대혁명》, 박배식 · 성하운 옮김, 동문사, 1993.
- 존 홀런드, 《숨겨진 질서》, 김희봉 옮김, 사이언스북스, 2001.

과학사 · 과학철학

history of science · philosophy of science

&

'과학'이라고 번역되는 단어의 어원은 라틴어의 scientia인데, 원래 지식일반을 가리키는 말이다. 포괄적인 의미가 한정되어 오늘날 우리가 떠올리는 서구적 자연과학의 이미지로 완성된 것은 서구 근대의 이른바 '과학혁명' 이후의 일이고, 과학이 자립적인 학문으로 인지됨에 따라 그것을 과학적 철학적으로 고찰하는 학문으로서의 과학사 · 과학철학도 성립했다.

과학의 탄생과 전개

근대과학은 '과학혁명'이라고 불리는 사고의 대전환이 초래한 산물이다. 이것은 보통 코페르니쿠스의 《천체의 회전에 관하여》(1543)에서 시작해 갈릴레오나 데카르트를 거쳐 뉴턴의 《프린키피아》(1687)로 끝나는 일련의 사상운동을 가리킨다. 이때 탄생한 과학의 특징은 경험적 관찰을 출발점으로 보고 수학을 가장 유효한 무기로 구사하는 기계론적 자연관이다. 베이컨, 데카르트, 칸트의 철학은 이러한 자연관의 철학적 기초 확립이라는 측면을 지니고 있고, 그런 의미에서 과학철학의 선구일 것이다. 나아가 특유의 방법론과 대상영역을 지닌 지식체계로서 과학이 자립함에 따라 개별과학의 역사도 고찰대상이 됐다.(예컨대 몬테크라, 《수학사》, 1758와 베리, 《고대천문학사》, 1775)

19세기 중반이 되자 '제2과학혁명'이 일어났다. 1834년에 휴웰이 scientist라는 용어를 만들어낸 것에서 알 수 있듯이 이 시기에는 급속한 산업혁명의 진전과 함께 과학자가 전문직업인이 됐고, 과학 자체도 고등교육기관에서 조직적으로 연구하고 교육하게 된다. 이 '과학의 제도화'에 의해 그때까지 철학의 한 분야에 지나지 않았던 자연철학(뉴턴도 아직 자신의 학문을 '자연철학'이라고 부르고 있었다)이 과학으로서 독립했고, 과학사와 과학철학이 본격적으로 연구되기 시작했다(책 이름에 '과학철학'이라는 단어를 최초로 사용한 사람도 휴웰이다). 이 학문들은 과학의 인식론적 정당성과 역사적 정통성을 확립하는 것이 급선무였다. 과학의 인식론적 정당성에 관해서는 귀납법에 대해 정밀한 연구를 시도한 J. S. 밀이나 가설연역법을 선구적으로 연구한 J. 허셜이 있다. 또한 역사적 정통성을 확립하기 위해 과거의 역사 중 과학의 유서 깊은 선조를 탐구한다는 기법이 이용됐다. 여기에는 과학의 역사는 연속적이고 누적적으로 진보한다는 낙관적인 진보사관이 숨어 있다. 과학은 세계의 객관적 진리나 법칙을 해명하는 인간이성의 극치이고, 이러한 진리를 목표로 착실하게 진보한다는 것이다.

논리실증주의

그러나 19세기 말부터 20세기 초에 걸쳐 과학의 내부에 위기가 찾아온다. 수학에서의 비유클리드기하학의 성립과 집합론의 패러독스 발견, 그리고 물리학에서의 상대성이론과 양자역학의 등장은 유클리드기하학과 뉴턴역학이라는 근대과학의 양대 초석을 위협하기에 충분했기 때문이다. 이러한 위기에 대처할 만한 다양한 이론이 전개됐는데, 그 중에는 이 위기에 대한 직접적인 응답은 아니지만, 과학에 대한 비판적 고찰도 포함되어 있었다. 예컨대 후설의 《유럽 학문의 위기와 선험적 현상학》(1938)은 갈릴레오를 '발견하는 천재'이자 '은폐된 천재'로 규정하고, 수학화·이념화된 자연과학적 세계의 근저에서 생생하게 지각되는 '생활세계'를 보고자 하는 시도였다. 그러나 대세는 오히려 과학의 옹호였다. 옛 이론을 새 이론의 한계사례라고 해석하며 새 이론 안에 포섭함으로써 과학이론의 연속적 진보라는 관념을 지키고자 한 것이다.

이 점에서 큰 역할을 맡아 과학철학의 부흥에 결정적으로 기여한 것이 1920년대 말부터 활동하기 시작한 빈학파이다. 카르납, 라이헨바흐, 노이라트 등이 주도한 이 학파는 반형이상학을 기치로 기호논리학을 구사하면서 새로운 실증주의(논리실증주의)를 제창하고, 이론의 검증·확증, 과학적 설명의 구조, 귀납법의 정당화 등의 문제를 정밀하게 논했다. 그들의 목표는 그 선언문의 제목 《과학적 세계파악 : 빈학파》(1929)에 단적으로 표현되어 있다. 즉 철학조차도 과학화하겠다는, 실증주의의 시조 콩트가 꿈꾼 '통일과학'을 주장한 것이다. 그 때문에 중추적인 역할을 담당한 것이 검증가능성의 원리이다. 즉 과학과 비과학은 그 명제의 의미를 경험적으로 검증할 수 있느냐 없느냐에 따라 구별된다는 것이다. 빈학파는 수많은 학자를 배출하여, '과학철학'이라고 하면 오로지 이 학파의 전매특허처럼 생각된 시기도 있을 만큼 그 영향력은 막대했다. 나치즘의 바람으로 멤버들은 망명하지 않을 수 없었지만, 망명지(특히 미국)에서 과학사·과학철학은 새롭게 전개되기 시작했다.

쿤과 그 후

미국에서는 이미 20세기 초 사튼이 과학사의 선구적 연구를 하며 우수한 후계자를 키우고 있었다. 그런 활발한 지적 분위기 속에서 1960년대에 '신과학철학'이라고 불리는 일단의 연구자들 즉 핸슨, 쿤, 파이어아벤트 등이 나타난다.

논리실증주의의 요체는 검증원리이다. 포퍼의 비판적 합리주의는 여기에 반대하여 반증가능성을 제창했지만, 과학과 비과학을 준별한다는 지향은 그대로이며, 반증원리는 검증원리의 수정판이라고 볼 수도 있다. 그러나 검증 혹은 반증이 성립하기 위해서는 이론(가설)의 언어(이론언어)와 그를 검증하는 언어(관찰언어)가 구별돼야만 한다. 신과학철학이 공격의 대상이 된 이유는 언어를 이렇게 두 종류로 구별했기 때문이다. 후기 비트겐슈타인에게 착상을 얻은 핸슨의 '관찰의 이론부하성'이라는 주장에 따르면 어떤 관찰이나 지각도 이론과 관계없이 존재할 수 없고, 일정한 배경 이론에 의해 제약된다. 이 주장은 논리실증주의와 비판적 합리주의 양쪽에 깊은 상처를 입히는데, 이 상처를 치명상이 되게 한 것이 쿤의 《과학혁명의 구조》(1962)이다. 이 책에 의해 과학사·과학철학을 '쿤 이전'과 '쿤 이후'로 나눌 수 있을 만큼 상황은 극적으로 변화했다. (→ 패러다임)

과학사의 분야에서는 1930년대에 이미 과학이론의 전개를 해당 과학의 내부에서 설명하는 '내부사(사상사)'와 사회적 경제적인 외적 조건으로 설명하는 '외부사(사회사)'의 두 가지 큰 흐름이 있었다. 전자의 대표작은 갈릴레오 자연연구의 연원을 플라톤주의에서 찾고자 한

코이레의 《갈릴레오 연구》(1939)이고, 후자는 제목에서 내용을 짐작할 수 있는 마르크스주의자 헤센의 《뉴턴의 〈프린키피아〉의 사회·경제적 기초》(1931)를 효시로 하여 볼케나우의 《봉건적 세계상에서 시민적 세계상으로》(1934)나 머튼의 《17세기 영국의 과학, 기술, 사회》(1938)로 결실을 맺었다. 쿤의 저서는 이 두 가지 조류를 종합한 '내적이자 외적'인 과학사의 시도였다.

그에 따르면 과학에는 두 종류가 있다. 즉 과학자 집단(사회적 요인)이 인정하는 일정한 연구규범(패러다임＝사상적 요인)의 틀 안에서 이루어지는 '통상과학'과, 그런 기성 패러다임과 충돌하는 새로운 패러다임을 이끌어내는 '이상과학'이다. 과학혁명이란 이런 패러다임의 전환인데, 더욱이 이 전환에 합리적인 근거는 없으며 복수의 패러다임 사이에 공통의 척도도 없다(통약불가능성). 과학의 역사를 패러다임의 단속적 전환이라고 보면 진보사관은 붕괴하고 나아가 서구과학의 우위도 위협받는다. 왜냐하면 패러다임 사이의 통약이 불가능하다는 것은 그것들을 우열의 차로 나눌 수 없다는 것을 의미하기 때문이다. 1970년대에 쿤파와 포퍼파 사이에서 치열한 논쟁이 벌어졌는데, 쿤 이후 과학철학은 과학의 상대화로 크게 기울어졌다.

이 움직임의 급진적인 표현을 일종의 비합리주의로까지 끌고간 사람이 파이어아벤트이다. 쿤의 패러다임 전환이라는 주장을 극단까지 밀고가면 과학과 비과학의 사이에 선을 그을 수 없을지 모른다는 두려움이 있다. 파이어아벤트는 이 경계조차 무효라고 주장했다. 서구과학은 인류 대다수의 사고형식 중 하나에 불과하고, 게다가 최선이지도 않다. 따라서 서구의학이나 중국의학에 설령 우열의 차가 있다 하더라도, 그것은 그런 의학을 지지하는 정치, 경제, 교육과 같은 사회제도의 차이에 불과하다.

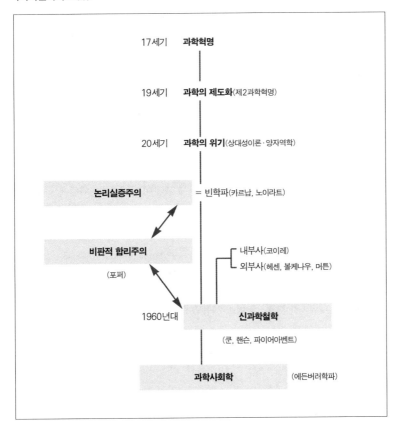

이 정도로 극단적이지는 않더라도 유사한 발상이 오늘날 사회사에 기초를 두고 있는 과학사회학이라는 조류를 만들어냈다. 그 가운데서도 에든버러학파는 지금까지 역사나 사회에 구속되지 않는 보편적 지식이라고 알려져온 수학이나 논리학에서도 그것들의 사회적 요인을 탐구하고자 했다(〈스트롱 프로그램〉). 서구과학을 그 외부(중국, 인도, 이슬람의 비서구 과학)나 내부(산업구조나 정치·경제체제와 같은 역사적 경제

적 사회적 상황)에까지 눈을 돌려 상대화하고자 하는 움직임은 앞으로
도 더욱 거세질 것이다. (→ 과학전쟁)

• 미야타케 아키라

참고문헌

• 니콜라우스 코페르니쿠스, 《천체의 회전에 관하여》, 민영기 · 최원재 옮김, 서
  해문집, 1998.
• 루돌프 카르납, 《과학철학입문》, 윤용택 옮김, 서광사, 1993.
• 아이작 뉴턴, 《프린키피아 1 · 2 · 3》, 이무현 옮김, 교우사, 1999.
• 에드문트 후설, 《유럽 학문의 위기와 선험적 현상학》, 이종훈 옮김, 한길사,
  1997.
• 임레 라카토슈 · 칼 포퍼 · 토머스 새뮤얼 쿤, 《현대과학철학 논쟁》, 김동식 · 조
  승옥 옮김, 아르케, 2002.
• 존 로지, 《과학철학의 역사》, 정병훈 · 최종덕 옮김, 동연, 1999.
• 칼 포퍼, 《추측과 논박 1 · 2》, 이한구 옮김, 민음사, 2001.
• 토머스 새뮤얼 쿤, 《과학혁명의 구조》, 김명자 옮김, 까치글방, 2002.

과학전쟁

s c i e n c e   w a r s

⚲

1994년에 생물학자 폴 그로스와 노먼 레빗이 《고등 미신》(*Higher Superstition*)이라는 책을 출판한 것이 과학전쟁의 발단이다.

이 책은 페미니즘, 포스트모더니즘, 급진적 환경주의 등을 문제삼았는데, 그 중 가장 유해하다고 간주된 것은 토머스 쿤 이후의 신과학철학에 따른 상대주의적 인식론과 포스트모던 시기의 과학사회학이었다. 과학기술이 낳은 현대의 각종 사회문제를 과학적으로 논의하지 않고 추상적인 이론만으로 비판하는 무리를 현장의 과학자 입장에서 일관되게 비판했다.

이 책에 대해 1996년에 《소셜 텍스트》 봄-여름호는 《과학전쟁》 특집호를 냈다. 이 특집호에는 앨런 소칼이라는 물리학자가 〈경계의 침범 : 양자중력의 변형해석학을 위해서〉(1996)라는 논문을 투고했고, 심사도 통과해 정식으로 게재됐다. 이 논문은 양자역학이나 상대성이론 등

고도로 전문적인 이론문제를 문화연구나 포스트모던 용어를 구사하며 라캉과 데리다를 인용해 논한 것이었다.

그런데 2주 후, 잡지 《링구아 프랑카》(*Lingua Franca*)의 〈물리학자가 문화연구로 실험한다?〉라는 논문에서 〈경계의 침범〉이 사실은 완전히 패러디 논문이자 전혀 내용이 없는 엉터리였다고 소칼 스스로 폭로했다. 이 '소칼 사건'을 계기로 본격적인 전쟁이 발발하고, 이어서 1997년 소칼은 장 브리크몽이라는 물리학자와 공동으로 《지적 사기》라는 책을 프랑스어로 출판했는데, 이 책은 영어로도 번역되어 불타오르는 과학전쟁의 전선에 더욱 기름을 부었다.

• 나카무라 노보루

참고문헌

• 앨런 소칼·장 브리크몽, 《지적 사기》, 이희재 옮김, 민음사, 2000.

바이오테크놀로지

biotechnology

α

생물은 긴 진화과정에서 태양빛을 활동의 에너지원으로 변환하거나 주위 물질을 끌어들여 동화되거나 소리 · 빛 · 접촉 등의 자극을 포착하여 적당하게 반응하는 능력을 가지고 환경에 적응해왔다. 이런 에너지, 물질, 정보 등의 변환과 처리는 생물의 기본적인 기능이고, 그 메커니즘의 해명은 생명과학인 생화학, 분자생물학의 주요 테마이다.

바이오테크놀로지란 생명과학이 밝혀낸 생물의 위와 같은 기능에 착안하여 개발된 유전자조작이나 세포융합, 수정란이식, 조직 · 세포이식 등의 기술을 써서 식료품이나 의료품 등의 유용한 물질을 생산하거나 품종을 개량하는 것을 목표로 하는 산업기술을 뜻한다.

시험관 안에서 유전자의 본체인 DNA를 효소 등을 써서 잘라 붙여 만든 복합 DNA를 적당한 숙주세포에 도입해 증식시키는 방법을 DNA조작실험이라고 한다. 이 기술로 유전자 구조를 해석하거나 유전자를 인위적으로 교환하는 것이 유전자조작이고, 인간유전자를 모두 해독하고자 하는 것이 인간게놈프로젝트이다. 또한 분자 수준의 유전자조작을 세포배양이나 세포융합 등의 기술과 결합하여 세포 수준에서 유전자를 조작함으로써, 본래 생체에는 미량밖에 존재하지 않는 활성물질을 대량으로 생산할 수 있다. 이를테면 인간의 성장호르몬이나 인슐린을 대장균세포 속에 대량으로 증식시켜 의약품으로 쓴다. 이런 것들을 뭉뚱그려 유전공학이라고 한다.

유전공학의 기술을 도입하여 발생 초기단계의 배아에 핵을 이식하거나 외래 유전자를 도입하는 등의 인위적 조작을 하면 유전적으로 완전히 동일한 복제동물이나 원래는 존재하지 않는 실험동물을 얻을 수 있다. 핵 이식에 따른 성과는 이미 생쥐, 양, 소 등의 복제동물로 드러나 있다. 또 실험동물로는 수정란에 외래 유전자를 넣은 유전자 도입동물이나 특정 유전자를 일부러 뺀 동물이 만들어져 유전자질환의 원인 규명이나 예방 연구에 사용되고 있다.

농작물산업에도 유전공학이 활발히 이용되고 있다. 유전자조작으로 지금까지 생태계에 없었던 작물을 만들어낼 수도 있는 것이다. 예를 들어 제초제에 내성이 강한 콩이나 해충저항성이 있는 옥수수, 토마토 등이 생산되어 판매되고 있다. 앞으로는 재배하기 좋은 벼나 소비자의 취향에 맞는 벼 등도 만들어질 것이다.

유전자조작으로 만들어진 작물이나 동식물, 혹은 가능해진 의료기술 등은 그 유용성에만 주목하면 단기적으로는 틀림없이 유용할 것이다. 그러나 장기적인 효과는 별도의 주의가 필요하다. 생물은 긴 진화과정의 산물이고, 생태계는 그런 생물의 미묘한 복합체이다. 진화의 시련을 거치지 않은 유전자조작 '생물'이 자연계에 방치됐을 때, 그 '생물'은 생태계에 위협이 될 수 있지 않을까.

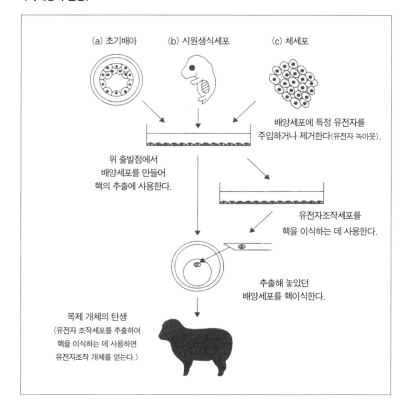

(a) 초기배아   (b) 시원생식세포   (c) 체세포

배양세포에 특정 유전자를
주입하거나 제거한다(유전자 녹아웃).

위 출발점에서
배양세포를 만들어
핵의 추출에 사용한다.

유전자조작세포를
핵을 이식하는 데 사용한다.

추출해 놓았던
배양세포를 핵이식한다.

복제 개체의 탄생
(유전자 조작세포를 추출하여
핵을 이식하는 데 사용하면
유전자조작 개체를 얻는다.)

제초제 내성작물을 만드는 것은 제초제 효과를 높이기 위해서이다. 그러나 그렇다고 제초제를 더 많이 사용하면 상대적으로 잡초의 내성이 강해진다는 사실은 항생물질을 지나치게 많이 사용해 결국 항생물질내성의 병원성 박테리아를 증가시킨 상황과 마찬가지가 아닐까.

또한 이러한 작물을 먹어도 문제가 없을까. 유전자조작은 일반적으로 문제삼는 유전자만 조작하는 것이 아니라, 원래 없었던 유전자를 집어넣기도 한다. 우리의 기능이 단기간에 이렇게 새로운 식료품에 동화하고 순응할지의 여부도 충분히 검토할 필요가 있을 것이다.

훌륭한 기술에는 반드시 이면이 있다. 그것이 폭주하지 않도록 감시의 시선을 거두지 않는 것은 결코 생명과학자만의 역할이 아닐 것이다.

• 마쓰시타 미쓰구

참고문헌

• 로버트 쿡 디간, 《인간 게놈프로젝트》, 황현숙, 사이언스북스, 1997.
• 제레미 리프킨, 《바이오테크 시대》, 전병기 · 전영택 옮김, 민음사, 1999.

패러다임

p a r a d i g m

패러다임은 1962년에 출판된 《과학혁명의 구조》에서 토머스 쿤이 제창한 개념이다.

종래 통념에 의하면 과학자들은 어떤 전제나 선입견에도 의지하지 않고, 있는 그대로의 진실과 마주한다고 생각되어왔지만, 실제로는 일정한 공통의 약속에 의거해 과학활동을 하고 있다. "일정 기간 연구자의 공동체에서 모델이 되는 문제나 해법을 제공하는" 이러한 약속을 쿤은 '패러다임'이라고 부른다. 과학활동이 사회제도화된 후에는 '교과서'가, 그 이전에는 예를 들어 아리스토텔레스의 《자연학》, 프톨레마이오스의 《알마게스트》, 뉴턴의 《프린키피아》, 프랭클린의 《전기학》 등이 그러한 패러다임을 제공해왔다.

그에 의하면 과학의 역사는 '통상과학'의 시기와 '과학혁명'의 시기가 번갈아 나타난다. '통상과학'이란 "어떤 특정한 과학자 공동체가 일정한 기간, 그 작업을 진행하기 위한 기반을 제공한다고 인정되는 과거의 과학적 업적에 견고한 기초를 둔 연구"이며, 이 시기에는 패러다임이 확립되고 안정적인 모습으로 기능하게 된다. 패러다임의 형성에 수반해 사회적으로도 과학의 제도화가 촉진되며, 그러한 사회제도 속에서 특정한 과학자 공동체가 생겨난다. 이때는 패러다임이 지정하는 과제를 패러다임이 '과학적'이라고 간주하는 방법으로 해결하는 것이 과학자의 주된 작업이다.

그들의 이러한 작업을 쿤은 '퍼즐 풀기'에 비유한다. 즉 과학연구란 패러다임에 의해 주어진 목표를 실현하려는 일종의 퍼즐 풀기인 것이다. 따라서 이 시기에 연구업적은 축적되어 누적적으로 진보한다. 이러한 '누적적으로 발전하는 과학'이라는 종래의 과학관은 통상과학의 시기에는 들어맞는다. 또한 만일 패러다임을 벗어나는 새로운 과학, 반증 사례가 발견되어도 그것에 의해 패러다임이 폐기되는 것은 아니며, 오히려 실험절차의 불충분 등 다른 요인에 의한 것으로 간주되어 패러다임은 보존된다. 왜냐하면 '통상과학'에서 그 패러다임을 방기하는 것은 과학연구 자체를 방기하는 것이기 때문이다.

패러다임이 예측한 결과에서 벗어나는 새로운 사실(쿤은 이것을 '이상사례'라고 부른다)이 거듭되면 패러다임에 대한 과학자의 신뢰가 흔들리기 시작해 패러다임 자체가 위기에 빠진다. 그 결과 다수의 새로운 과학이론이 등장하고, 미해결의 이상사례를 해결하려는 경쟁이 나타난다. 쿤은 신구(新舊) 과학이론이 다투는 이 시기를 정치혁명에 비유해 '과학혁명'의 시기라고 부른다. 양 진영의 과학자는 자신들의 패러다임의 우위를 증명하려고 하지만, 그를 위한 합리적인 절차도 객관적인 판정기준도 없다. 왜냐하면 무엇이 과학이며, 무엇이 비과학인지를 결정하는 것은 각자의 패러다임이기 때문이다. 따라서 여기에서 유효한 것은 상대 진영의 과학자를 자신의 진영으로 끌어들이려고 하는, 말하자면 우격다짐식의 정치적인 선전과 책동뿐이다. 거기에는 복잡한 심리적 사회적 요인이 개입한다.

이러한 권력투쟁 끝에 복잡한 패러다임이 경합하는 위기적 상황은 결말을 맞는다. 새로운 패러다임이 과거의 패러다임을 대체한다. 이리하여 '과학혁명'은 종결된다. 과학혁명의 전후에는 해결되어야 할 '문제'나 퍼즐도 전혀 다른 것이 되어버려 무엇이 과학적이며 비과학적인지조차 변화한다. 예를 들어 아인슈타인의 상대성이론과 함께 소멸한 '에테르' 개념이나 연소이론의 '플로지스톤'이 그 좋은 사례일 것이다. 새로운 과학이론은 과학적 합리성에 의해 이전 과학이론에 승리하는 것이 아니라 오히려 양 이론은 최후까지 공약불가능한 채로 남는다. 즉 여기에는 어떤 누적적인 진보도 있을 수 없다.

이렇게 과학을 심리적 사회적 역사적 관점에서 포착하려는 그의 과학관은 핸슨이나 파이어아벤트와 함께 신과학철학이라고 불리는 사조를 형성했다. 그의 이론은 윤리실증주의를 계승하는 영미 논리경험주의나 포퍼 진영의 과학관과 충돌하여 이른바 패러다임 논쟁을 불러일으킨다. (→ 과학사 · 과학철학)

• 세지마 사다노리

참고문헌

• 토머스 쿤, 《과학혁명의 구조》, 김명자 옮김, 까치글방, 2002.

프랙탈

fractal

여름 하늘에 떠다니는 웅장한 적란운에 주목해보자. 적란운이 몇 개의 커다란 패턴으로 구성되어 있음을 금방 알 수 있다. 그러나 계속 바라보면 이 커다란 패턴이 몇 개인가의 중간 크기 패턴으로 보이고, 그것들이 또 각각 몇 개인가의 보다 작은 패턴으로 보이기 시작하므로 이런 식으로는 끝이 없다. 이때 적란운의 작은 패턴을 적당히 확대해보면 중간 크기의 패턴과 구별이 되지 않는다. 즉 패턴의 일부분이 그 자체와 같은 것이다. 이런 패턴의 특성을 자기상사성(相似性)이라고 한다.

사진은 고초균(枯草菌)이라는 박테리아를 곤약판 위에 접종해 배양했을 때의 콜로니이다. 이 경우도 중심으로부터 성장한 큰 가지가 중간 크기의 가지 몇 개로 나누어지고, 그것이 다시 각각의 더 작은 가지로 갈라지는 모양으로 이어지는 자기상사적 콜로니이다. 큰 벚나무의 가지도 이 콜로니의 3차원 판이라고도 할 자기상사적 모습이다.

우리의 가까이에는 구름이나 나무 말고도 산맥, 강줄기, 해안선이나 암석의 표면, 균열 등 우연적인 패턴은 셀 수 없이 많다. 게다가 의외로 많은 사물이 적란운처럼 크고 작은 스케일을 지닌 비슷한 부분으로 구성되어 있어 자기상사적으로 보인다.

고초균을 접종하여, 배양이 성공했을 때의 콜로니.

폴란드에서 태어나 프랑스에서 교육을 받고 미국에서 활약한 과학자 브노아 만델브로(1924~)는 일찍이 이 사실을 깨닫고 얼핏 아무 변화가 없는 우연한 패턴에도 단순하고 아름다운 대칭성인 자기상사성이 숨겨져 있는 경우가 많다는 것을 밝혀냈다. 그리고 1970년대 중반에 자기상사성을 지닌 패턴을 프랙탈이라고 부르며 일관적인 이론의 확립을 시도했다.

리아스식 해안도 크고 작은 모양의 해안이나 반도로 이루어진 자기상사적인 프랙탈이다. 그렇긴 해도 해안선은 단선적인 선이고, 사진의 콜로니 같은 패턴에서는 가지마다 갈라지므로 해안선보다 복잡해 보인다. 즉 같은 자기상사적인 패턴이라도 그 복잡성과 조밀한 정도는 당연히 차이가 있다. 이 차이의 정도를 나타내는 양이 프랙탈 차원이라고 불리는 것이다.

점은 0차원, 보통 매끄러운 곡선은 1차원, 매끄러운 곡면은 2차원, 구(球)나 보통 고체는 3차원이라 하고, 패턴의 차원은 정수로 한정된다. 그런데 프랙탈 차원의 경우는 차원이라고 해도 1.35차원 등 어중간한 숫자도 있다. 예를 들어 리아스식 해안은 단선이지만 매우 복잡해서 일차원적이라고 생각할 수 없다. 그럼에도 해안선이 평면을 채울리는 없기 때문에 2차원적이라고 할 수도 없다. 적당한 프랙탈 해석을 하면 리아스식 해안의 프랙탈 차원은 약 1.3인 것이다. 사진의 콜로니 패턴은 약 1.7 프랙탈 차원이고, 적란운의 프랙탈 차원은 2.4 정도라고 알려져 있다. 또 광대한 우주의 은하 분포도 자기상사적이며 프랙탈 차원은 약 1.2이다.

프랙탈은 얼핏 복잡하게 보이는 패턴이라도 매우 단순한 자기상사성이라는 대칭성을 지니고 있다는 것을 인간에게 깨닫게 하여 자연을 보는 눈을 바꾸었다. 이런 의미에서 카오스와 마찬가지로 프랙탈도 겉보기에는 복잡해도 그 배후에는 단순한 알고리즘이 숨어 있는 경우가 있음을 알려준다.

프랙탈은 카오스와 함께 복잡계에 대한 연구를 일대 약진시켰으며, 지금은 복잡계 과학의 패러다임이 됐다.(→ 카오스이론)

• 마쓰시타 미쓰구

참고문헌

• 김엽, 《무질서와 프랙탈》, 경희대학교 출판부, 2004.
• 김용운, 《프랙탈과 카오스의 세계》, 우성, 2000.

홀리즘
holism

홀리즘은 전체가 단순한 부분의 총화로 환원되지 않고, 부분의 고찰은 전체와의 관계에서 포착해야 한다는 사고방식이다. 전체가 단순한 부분의 총화에 지나지 않는다고 생각하는 원자주의나 부분을 포착함으로써 그 전체를 설명하고자 하는 환원주의와 대립한다.

홀리즘의 입장은 다양한 문맥에서 주장되는데, 현대사상에서 이 입장을 주장한 가장 중요한 철학자 중에는 콰인이 있다. 그는 1951년의 논문 〈경험주의의 두 가지 도그마〉에서 카르납을 필두로 한 경험주의(논리실증주의)에 대항해 이 입장을 주장했다. 그의 논의는 현대 영미분석철학 논의의 틀을 형성한다는 의미에서 매우 중요하다.

논리실증주의자들에 따르면 명제의 진리성을 확실하게 하는 것이 검증이고, 그 때문에 '직접적 경험'과 연관된 명제로 환원할 수 있는 것만이 유의미한 명제이다. 그들은 환원주의의 입장을 채택한 것이라 할 수 있다. 그러나 그들 사이에서도 '검증'이라는 개념은 뚜렷한 것이 아니다. 그에 맞서 콰인은 '홀리즘'을 제안한다. 그는 상황에 일대일대응한 명제가 검증에 의해 단독으로 확인된다는 사고방식이 오류라고 간주한다. 오히려 "외적 세계에 관한 우리들의 언명은 각각 독립된 것이 아니라 하나의 덩어리로서만 감각적 경험의 심판을 받는다"는 것이다.

콰인은 일상생활에서 원자물리학, 순수수학과 논리학에 이르기까지 우리의 신념체계는 경험의 가장자리를 둘러싼 인공의 구축물과 같다고 생각했다. 우리가 믿는 각각의 명제와 경험이 만나는 것이 아니라 뭉뚱그려진 신념체계 덩어리가 감각적 경험의 심판을 받는다. 따라서 우리가 그런 신념체계와 전혀 다른 경험을 한다 해도 '명제의 덩어리'인 그 신념체계 안의 어떤 명제가 잘못되어 있는지는 정할 수 없다. 예를 들어 세 개의 명제 [p, q, r]로 이루어진 어떤 논리에서 나온 결론이 경험적으로 반증된다 해도 p를 P로 대신한 이론 [P, q, r], q를 Q로 대신한 이론 [p, Q, r], r을 R로 대신한 [p, q, R]에서 나온 결론이 모두 그 경험을 잘 설명한다면 그 이론들 중 어떤 것을 채택해야 할지 결정할 수 없다. 즉 어떤 명제도 이론에서 독립해 그 자체로 감각적 경험의 심판을 받지 않는 것이다.

그것은 과학이론만이 아니라 일상의 신념체계에도 들어맞는다. 다만 그 경우 우리에게는 그 신념체계를 가능한 한 유지하려는 태만함, 즉 보수주의의 경향이 있다. 이 경향이 '여기에 책상이 있다'와 같은 문장을 그 책상이 존재하는 상황과 대응하는 자립한 명제로 보도록 우리를 유도한다. 가령 이 경우 "눈앞에 시각적으로 보이고 촉각적으로 있다고 느껴지는 사물은 존재하는 것이고, 이유도 없이 순간 사라져버리지는 않는다"는 신념체계가 '여기에 책상이 있다'라는 문장을 진실로 간주하기 위한 전제가 되고, 우리는 그런 신념체계를 가능한 한 지키고자 한다. 만약 그 책상이 순간 사라지는 경험을 해도 "이건 눈의 착각이고 사실 책상은 존재할 것이다"라거나 "이것은 속임수이고 책상은 어딘가로 이동해 거기에 계속 존재할 것이다"라고 해석하며 신념체계를 가능한 한 유지하려 할 것이다. 그러나 그것은 우리의 '태만함' 때문이지 신념체계 전체를 뒤집을 각오만 있으면 '물체가 이유 없이 순간 사라지는 일도 있다'라는 신념체계를 채택하고 그 경험을 설명하는 것도 원리적으로는 가능한 것이다. 과학이론의 문맥에서 이야기되는 '과학혁명'은 그런 신념체계 전체가 뒤집히는 상황을 보여준 좋은 예 가운데 하나이다.

콰인에 따르면 물리적 대상의 신화가 다른 많은 신화보다 인식론적으로 뛰어난 것은 경험의 흐름 속에서 다루기 쉬운 구조를 만들어내기 위한 도구로서 다른 신화보다 효율적이기 때문이다. 고대인의 신화든 현대물리학이든 우리가 창조한 '인공적 구축물'인 한 지위는 동등하며, 말하자면 모두 일종의 신화이다. 형이상학과 자연과학 사이에는 뚜렷한 경계선이 없다. 그리고 어떤 '신화'를 선택할지는 우리 자신의 자유이며, 기준은 참이냐 아니냐가 아니라 효율성과 유용성에 있다. 즉 경험을 설명하는 데 효율적인가 하는 것만이 문제가 되고, 이것이 그가 프래그머티즘으로 전환한 계기가 됐다. (→ 분석철학)

• 세지마 사다노리

참고문헌

• 윌러드 반 오먼 콰인, 《논리적 관점에서》, 허라금 옮김, 서광사, 1993.

- 조지 로마노스, 《콰인과 분석철학》, 곽강제 옮김, 한국문화사, 2002.
- Willard Van Orman Quine, *Word and Object*, The MIT Press, 1964.

비평

에크리튀르
écriture

에크리튀르(écriture)는 프랑스어 쓰다(écrire)의 명사형이지만, 씌어진 것으로서의 저작을 의미하는 에크리(écrit)와는 다르게, 쓰는 행위, 쓰는 방식(문체, 서체, 필적), 문자나 표기법 등 폭넓은 함의를 갖는다.

이 말을 유명하게 한 것은 롤랑 바르트의 《0도의 글쓰기》(1953)이다. 이 책에서 바르트는 단순한 언어와도, 개인적인 문체와도 다른, 일정한 사회적 역사적 선택이라는 형태를 이루는 '쓰는 방식'의 차원을 에크리튀르라고 부르며, 그러한 형식에 대한 분석에 근거하여 문학의 역사성을 비평하는 길을 열었다. 무엇보다도 쓰인 언어의 움직임에 주목하는 자세는 이후의 기호론이나 포스트구조주의의 '텍스트' 독해에 선구적인 것이었다.

데리다는 독자적 스타일로 고전적 텍스트를 해독하는 고된 작업에서 바르트에 필적하는 뛰어난 독해를 보여준다. 탈구축의 철학은 개넘·의식·법 등 고유한 동일성으로써 현상을 전체화하고 지배하고자 하는 모든 것에 대해 근원적으로 저항하는 사상이며, 에크리튀르는 그 논의를 전개하기 위한 중요한 열쇠이다.

상식적으로 말해 에크리튀르란 파롤(parole)의 대(對)개념으로서, 소리에 의한 발화와 대비되는 파생적이자 이차적인 기호작용이다.

데리다는 유럽 형이상학의 전통에서 '소리'는 항상 특권적인 위치를 차지해왔다고 한다. 왜냐하면 소리는 사고를 가장 순수한 형태로 의식(정신)에 현전시키는 매체이고, 개념적으로 세계를 표상하는 능력의 근원성인 이 사고야말로 신체·질료·죽음에 대한 정신·이념·생의 우위와 지배를 보증해 세계가 의미적인 전체 질서로서 나타나도록 하기 때문이다. 갖가지 기호작용은 무엇보다도 그것을 발한 이의 소리에, 즉 기호의 기원에 존재하는 사고(의도·의미)에 지배되며, 기호를 이해하는 것은 바로 사고를 복원하는 과정이다.

이러한 상식적인 이해에 대해, 데리다는 소쉬르의 차이이론을 끝까지 파고든 탈구축의 논리를 대결시킨다. 의식에 현전하는 것이 '무언가'로서 표상될 수 있는 이유 즉 '의미되는 것'으로서의 내실을 가질 수 있는 이유는, 그 '의미되는 것'을 표시하는 '의미하는 것'이 매개로 존재하기 때문이다. 만일 이 매개가 '음성'이라 해도 거기에는 의식에의 순수한 현전으로 환원되지 않는 질료적 계기가 포함될 것이다. 왜냐하면 개념적 계기는 질료적 계기와 표리일체이고, 질료적 계기의 차이가 지각되는 한에서만 어떤 개념이 여타의 개념과는 다른 것으로서 식별되기 때문이다. 차이화하는 질료적 계기가 지탱해주지 않으면 개념이나 의식의 동일성은 성립할 수 없다.

그러나 개념의 이념적인 성격, '살아 있는' 의식의 순수한 정신성에서 보면, 질료성이란 제어할 수 없는 타자이자 '죽음'의 계기이다. 세계를 생생하게 드러내는 정신적인 생은 자신이 지배할 수 없는 죽음을 끌어안을 때에만 가능해지는 것이다.

이 경우에 질료성으로서 문제되는 것은, 소쉬르의 '의미하는 것'이 그렇듯, 실체로서의 감각이나 물질이 아니라 동일성을 가능하게 하는 차이 또는 차이화하는 작용 그 자체이다. 데리다는 이를 에크리튀르(초기에는 '원(原)에크리튀르')라고 불렀다. 초기 저작에서 사용되는 차연(差延)·흔적·산종(散種)·대리보충과 같은 데리다의 특수한 용어는 다소 함의의 차이는 있을지언정 동일성의 가능성과 불가능성을 동시에 새기는 근원적인 차이화의 작용을 가리킨다.

동일성의 질서는 '의미되는 것(로고스)'의 질서이므로, 그것을 표시하는 기호작용이 비판의 거점이 되는 것은 당연한 귀결이다. 더군다나 이것은 내재적 비판이며, 기호작용의 외부에서 가하는 비판이 아니다. 즉 탈구축은 의미산출 일반을 부정하는 것이 아니라, 그것을 로고스중심주의와는 다른 관점에서 재평가하려는 것이다. 이 점에서 에크리튀르라는 말이 에크리(씌어진 것)와 대비되는 '쓰는 행위'를 암시한다는 사실은 중요하다. 탈구축은 의미의 생산을 작품 혹은 씌어진 것이라는 정적인 실체의 관점에서가 아니라 기호사용 행위의 수행적 성격이라는 관점에서 재검토하려는 것이다.

이 지점에서 그것은 커뮤니케이션문제에 개입하여 언어행위이론 등 분석적인 논의와 대면한다. 전달 수단으로서의 에크리튀르는 어떤 의미를 의식에 현전시키는 직접매체일 뿐만 아니라, 전달자에게 현전한 의미(의도)를 수신자의 의식 앞에 다시금 현전시키는 간접매체이기도 하다. 물론 발신의 장과 해독의 장에서는 '문맥'이 다르다. 따라서 기호의 본질은 그것이 발화된 '기원'의 문맥에서 분리될 수 있다는 점, 즉 다른 문맥에 놓여도 동일한 의미를 현전화시킬 수 있다는 점에서 찾아야만 한다. 이것이 '반복가능성'이다. 분석적으로 설명하자면 기호와 의미의 결합은 '기호타입'으로 코드화되어 있어, 전달자와 수신자는 이 코드를 공유한다. 기호의 반복가능성이란 바로 그 문맥마다의 일회적인 기호사용(token)이 코드를 통해 항상 기호타입으로 회수될 수 있다는 것이다.

물론 여기서도 데리다는 동일성의 근거인 반복가능성이 실은 차이화와 의미의 결정불가능성을 초래하는 계기라는 점을 강조한다. 서명이 서명으로서 기능하는 것은 확실히 등록된 서명의 견본과 그것이 일치하는 한에서만 가능한 것으로 보인다. 그러나 서명의 위조, 인용, 패러디, 오용 등의 변칙 사례는 늘 일어날 수 있으며, 어떤 서명이 엄밀하게 '제대로이며 진짜'인지 아닌지를 결정하는 것은 어렵다. 왜냐하면 '제대로 된' 사용인지 아닌지는 문맥에 의해 결정되지만, 문맥 그 자체는 원칙적으로 증식가능하며 가변적이기 때문이다. 즉 기호타입으로서의 진정한 기호 사용과 일탈적 파생적인 사용과의 경계를 사전에 규약으로 설정하는 것은 불가능하며, 원래 이렇게 무한히 다양한 문맥 안에 놓일 수 있다는 특성이야말로 반복가능성으로서의 에크리튀르의 핵심이다. 권리상 선행하는 표준적 기호타입이 개별적으로 반복되는 것이 아니라, 역으로 반복가능성의 효과로서 표준적 사용으로 보이는 것이 매번 산출되는 것이다.

다만 의미가 근본적인 결정불가능성 속에 놓인다는 것은 기호 그 자체가 무책임하게 유희한다는 뜻은 아니다. 오히려 여기에서 문제는 에크리튀르의 작용이 코드(즉 법칙)에 모든 책임을 맡기지 않는다는 것, 그렇기 때문에 에크리튀르와 마주하는 이는 그때그때의 개별적인 조건에서 스스로가 문맥과 의미를 발견하고 부담해야만 한다는 것이다.

데리다는 구조주의나 분석철학의 기조인 코드모델을 비판하고 기호작용의 근원적 '사실'로서의 차이 및 반복가능성이 갖는 의의를 밝힘으로써, 전달의 수행적 성격에 관해서도 깊은 통찰을 보였다. 이 점에서 그의 에크리튀르론은 오늘날의 커뮤니케이션이론에도 중요한 시사점을 주고 있다. (→ 포스트구조주의, 탈구축)

• 모리모토 고이치

참고문헌

• 이성원 엮음,《데리다 읽기》, 문학과 지성사, 1997.
• 자크 데리다,《그라마톨로지에 대하여》, 김웅권 옮김, 동문선, 2004.
• _____ ,《글쓰기와 차이》, 남수인 옮김, 동문선, 2001.

오리엔탈리즘
orientalism

❧

오리엔탈리즘은 원래 두 가지를 의미했다. 첫 번째 의미는 '서양이 오리엔트에 대해 품는 이국적인 취미'이며, 두 번째 의미는 '서양에서 연구하는 동양의 학술, 동양학'이다. 그러나 현재는 '동양에 대한 서양의 지배양식'이라는 제3의 의미가 더해졌다. 이것의 출처는 팔레스타인 출신의 문예비평가 에드워드 사이드의 《오리엔탈리즘》(1978)이다.

지식으로서든 표상으로서든 오리엔탈리즘은 동양의 존재를 당연한 것으로 전제한다. 그러나 '동양'은 사람들의—서양인의—시선과 호기심에 의해 자연스레 부여된 자연적 대상영역이 아니다. 그것은 단지 지리적 구분을 나타내는 명칭에 불과한 것도 아니다. 오히려 서양에 의해 구획되고 대상화된 정치적 문화적 구축물에 다름 아니다. 푸코는 정신병으로 간주되는 대상영역이 역사적으로 산출되어왔음을 분석했는데, 사이드는 방법의 측면에서 푸코에게 적잖이 의거하고 있다.

오리엔탈리즘이란 동양에 대한 지식을 산출하는 시스템이지만, 그 것은 동양을 지배하고 조종하려는 서양의 정치적 관심에 의해 관철된 다. 그러나 사이드에 따르면 오리엔탈리즘의 지식은 제국주의와 식민 지배에 앞서 그것들을 정당화하는 기능도 맡는다.

오리엔탈리즘은 서양에 의한 표상이지만, 그렇다고 그 안에 '진실한 동양'이 없다는 식으로 비판해서는 안 된다. '진실한 동양'을 운운하는 것은 동양의 독자적인 본질을 상정하여 서양·동양이라는 분할을 실체 로서 받아들이기 때문에, 결국에는 오리엔탈리즘의 덫에 걸리고 만다.

이러한 의미에서 오리엔탈리즘은 단지 서양만이 아니라 동양 내부 에도 존재하는 것이다.

• 오이 히데하루

참고문헌

• 박노자, 《하얀가면의 제국》, 한겨레신문사, 2003.
• 에드워드 사이드, 《도전받는 오리엔탈리즘》, 성일권 옮김, 김영사, 2001.
• _____, 《문화와 제국주의》, 박홍규 옮김, 문예출판사, 2005.
• _____, 《오리엔탈리즘》, 박홍규 옮김, 교보문고, 2000.

상호텍스트성
intertextualité

상호텍스트성은 러시아 형식주의 문학이론가 바흐친(1895~1975)의 '대화원리(dialogisme)'에 근거하여 텍스트 사이의 다양한 관계와 생성을 나타내기 위해 크리스테바(1941~)가 만든 개념이다.

이 개념에 따르면 어떤 하나의 텍스트는 그 자체로 존재하는 것이 아니라 과거의 갖가지 텍스트나 현재진행중인 텍스트와 불가피한 관련을 맺고 있어서, 그 텍스트가 존재하고 있는 문화나 환경·역사라는 외부를 향해 열려 있다. 게다가 그 외부는 각각의 텍스트 내부에 포함되어 있다. 즉 한 텍스트의 내부로 헤치고 들어가면, 다른 텍스트와 상호작용한 흔적이나 기존의 텍스트들이 이루어낸 방대한 직물의 단편들과 조우하게 된다.

바흐친은 독백과 대화라는 두 가지 원리를 구별하고, '서사적 담론(모놀로그)'과 도스토예프스키로 대표되는 '카니발적 담론(폴리포니)'을 대비시켰다. 바흐친에 따르면 도스토예프스키는 '폴리포니 소설'의 창시자인데, 그의 소설은 단일한 논리에 불과한 모놀로그에 지배되지 않고 서로 독립적인 많은 소리와 의식에 의해 장대하고 복잡한 폴리포니를 이루고 있다. 이 같은 소설의 경우 자폐(自閉)된 하나의 텍스트는 존재하지 않으며, 많은 '타자'의 소란이 외부의 역사나 사회를 불러들여 다원적인 공간이 출현한다.

소쉬르가 만년에 연구한 애너그램 개념이나 프로이트-라캉의 정신분석을 기초로 한 '제노 텍스트·페노 텍스트' 개념을 써서 크리스테바는 바흐친의 이 같은 대화원리를 보다 중층적인 형태로 완성시켰다.

크리스테바에 따르면 텍스트라는 개념은 주로 정보전달기능을 하는 우리의 언표행위(파롤)를 그것과 공시적으로 존재하는 다른 언표와 관련지음으로써 언어체계(랑그)의 전체적 배치를 해체·재편성하는 장치를 뜻한다. 외부 텍스트와의 관계나 작가와 작중인물과의 관계 등에 의해 텍스트는 많은 미지의 소리가 모여서 교차하는 역동적인 공간이 된다. 이 공간이야말로 상호텍스트성이 작용하는 장소이다. 그리고 이 같은 관계의 중층화에 의해 텍스트는 역사를 향해 열리고 모순적인 것들이 동시에 존재하는 카니발 구조로 나타나 통상의 규범이나 논리를 침범한다.

상호텍스트성은 구체적 표층의 텍스트(페노 텍스트) 속에 인용의 모자이크로서 나타나지만, 그 저변에는 계속해서 생성하는 심층의 텍스트(제노 텍스트)가 꿈틀대고 있다. 크리스테바에 의하면, 의미란 이 같은 페노 텍스트와 제노 텍스트 사이의 왕복운동에 의해 생겨난다. 따라서 상호텍스트성이란 하나의 작품이 갖는 기성의 의미체계(페노 텍스트)를 수직으로 찢고 들어가 차이화의 운동을 자극해 새로운 의미를 계속해서 생성하는 과정이라 할 수 있다.

이렇게 생각하면 지금까지 하나의 작품이라고 여겨왔던 것은 표면적인 기호의 선적인 전개임과 동시에 다른 많은 작품군과의 중층적인 관계이기도 하다는 사실을 알게 된다. 텍스트가 이러한 중층화의 중심에서 유동하고 있다면, 그 텍스트와 대치하는 주체 또한 많은 '타자'의 목소리에 의해 분열되고 다중화하여 독백적인 단일논리만으로는 처리할 수 없게 된다.

이렇듯 상호텍스트성을 가능하게 하는 텍스트 공간은 수평과 수직이라는 두 축으로 구성된다. 텍스트는 수평적으로는 작자와 수신자 양쪽에 속하고, 수직적으로는 역사나 다른 텍스트의 총체를 향해 열려 있다. 그러나 결국 텍스트가 그 수신자에 의해 다른 텍스트와 접합되어간다는 것을 생각하면, 이 두 가지 축은 다른 텍스트와 교차하는 동일한 공간으로 해소된다.

이 개념을 기반에 두면 작가나 작품의 독창성 같은 익숙한 개념이 성립하지 않게 되어, 항상 복수의 방향이나 의미가 어지럽게 흐르는 텍스트 공간만이 존재하게 된다. (→ 폴리포니)

• 나카무라 노보루

참고문헌

• 미하일 바흐친, 《대화적 상상력》, 김욱동 옮김, 1999.
• _____, 《문예학의 형식적 방법》, 이득재 옮김, 문예출판사, 1992.
• _____, 《장편소설과 민중언어》, 전승희 옮김, 창비, 1998.
• 줄리아 크리스테바, 《세미오티케》, 서민원 옮김, 동문선, 2005.

수용미학
Rezeptionsästhetik

ᕕ

수용미학이란 좁은 의미로는 H. R. 야우스가 1960년대에 제기한 문학연구 방식을 지칭한다. 말 그대로 수용, 즉 문학적 텍스트의 해석에서 '독자'의 중요성을 강조한 것이다. 그러나 야우스가 해석학적 관점에서 독자가 구성한 작품의 의미와 그것들이 포개짐으로써 성립되는 문학사를 문제삼는 데 비해, 같은 독일 콘스탄츠대학에 적을 둔 W. 이저는 《독서행위》 현상학이나 언어행위이론을 참조하면서 보다 직접적으로 '읽는 과정'을 분석하려 했다. 그의 이론은 '작용미학(作用美學)'이라고 불리기도 한다. 또 같은 시기 미국에서도 문학의 형식적인 자율성을 강조한 '신비평(new criticism)'에 반대하여 작품의 의미는 독자가 읽음으로써 비로소 생겨난다는 입장에서 해석문제에 사회성을 회복하려는 '독자반응비평'이 등장했다. 이처럼 1960년대에서 1970년대에 걸쳐 문학연구 분야에서는 독자에 의한 작품의 수용을 중시하는 논리가 활발하게 일어났다.

아리스토텔레스의 카타르시스이론처럼, 수신자의 반응에서 예술작품의 특질을 생각하고자 하는 논의가 전혀 없었던 것은 아니다. 그러나 관념론적 미학의 문맥에서도 문헌학이나 비평(즉 작품해석)의 전통 속에서도 개별적인 수용경험 그 자체가 주제화될 여지는 거의 없었다. 그 이유는 작가의 사상이나 작품의 내재적 특성(소재나 양식)에 관해서라면 나름대로 객관적인 '지식'이 성립할 수 있지만, 개인이 그것을 음미하는 방식은 천차만별이며 원칙적으로는 자유롭기 때문에, 거기에 역점을 둔 논의는 주관적 자의적인 것으로 전락할 위험이 있다고 여겨졌기 때문이다. 해석학 전통을 이어받은 야우스도 그러한 염려를 품고 있었기에, 그의 수용미학에서는 작품 그 자체가 갖는 의미의 지평과 독자 쪽의 '기대의 지평'이 상호작용하여 반은 객관적이고 반은 주관적인 해석도식이 구성된다는 식의 설명을 하고 있다. 그 '기대의 지평'도 시대나 문화에 의해 규정된 상호주관적인 관점이며, 일종의 초월론적 구도로 논의되는 것이다.

그러나 여기서는 '관점'의 차이가 애매해져 생겨나는 논의의 혼란이 숨어 있다. 문헌학이나 비평이 작품이라는 '씌어진 것' 그 자체에 관심을 돌리고 그 내용해석의 타당성을 문제삼는 데 반해, 수용이론은 독자가 씌어진 것을 실제로 읽고 이해할 때의 인지적인 과정을 일반적인 관점에서 문제삼기 때문이다. 즉 전자는 주로 작품 및 이해의 내용('무엇')과 관계있고, 후자는 작품경험이 '어떻게' 성립되는가를 묻는다. 전자는 해석의 진위나 작품의 규범성을 둘러싸고 역사학적 사회이론적 패러다임 아래에서 논의를 전개하나, 후자는 언어학이나 언어철학 등 언어이해 일반을 다루는 이론을 참조하면서 문학적 언어를 수용할 경우의 인지적 특성을 논한다. 그것은 넓은 의미의 커뮤니케이션이론의 일부가 되어야 할 것으로서, 평가나 규범과 같은 문제와는 직접적으로 관계 맺지 않는다. 바꿔 말하면 수용이론이 성립하는지 여부는 작품해석의 타당성에 대한 근거를 댈 수 있느냐가 아니라, 수용과정의 구성요소나 처리 메커니즘에 관한 설명이 경험적 '가설'로서 적절한지에 의해 결정된다.

이저의 작용미학은 아직 불완전한 것이나 수용이론을 이러한 방향에서 제시하고자 한 최초의 시도로서 평가할 수 있다. 수용은 텍스트의 언어와 그것을 구체적으로 표상하는 독자와의 상호작용으로서 설명된다. 특히 그는 그 자체로서는 불확정적인 요소를 포함하는 언어정보에서 일관성을 지닌 확정적 이해가 매번 형성되고 나아가 그것이 기억과 기대의 자장 속에서 변용되면서 잇달아 일어나는 미시적 과정에 주의를 기울인다. 이때 그는 현상학의 '수동적 종합' 사고방식을 받아들이면서도 수용을 '읽는 행위'라는 수행적 시간적인 차원에서 문제화하고자 한다. 이 점은 '다 읽은' 후에 작품을 전체로서 (따라서 요약적으로) 조감함으로써만 가능한 비평과 수용이론의 근본적인 차이를 보여준다.

작품이란 자극이며 수용이란 그 자극에 의해 마음속에 일종의 변화가 일어나는 것이다. 변화란 개개인이 순간순간 파악하는 인지적 환경 속에서 다양한 상정이 생겨나거나 정동적인 변화가 일어나는 것을 뜻한다. 만일 문학 음미에 특징적인 (혹은 미적 경험 일반에 공통되는) 변화 패턴이 존재한다면, 그것은 어떤 구성요소나 처리 메커니즘을 따르는 것일까. 수용이론의 과제는 이러한 질문에 가설적으로 대답하는 것이며, 일반적인 마음이론의 일부로서 미적 경험을 재정의하는 것이다.

• 모리모토 고이치

참고문헌

• 볼프강 이저,《독서행위》, 이유선 옮김, 신원문화사, 1993.
• 로버트 홀럽,《수용미학의 이론》, 최상규 옮김, 예림기획, 1999.
• 한스 로베르트 야우스,《도전으로서의 문학사》, 장영태 옮김, 문학과지성사, 1983.

폴리포니

polyphony

폴리포니는 러시아 형식주의 이론가 미하일 바흐친(1895~1975)에게서 유래한 개념으로, 그 목표는 텍스트 내부 나아가서는 텍스트 상호간의 대화관계를 드러내는 것이다. 원래 폴리포니는 음악용어로서 바흐에게서 전형적으로 나타나는데, 둘 이상의 선율을 동시평행적으로 결합하는 기법인 대위법을 이용한 다성음악을 의미한다. 바흐친은 이 개념을 도스토예프스키를 독해하는 데 전용한다.《도스토예프스키 창작론》(1963)에서는 작가의 유일한 목소리가 소설세계를 통일하는 톨스토이적인 텍스트와 도스토예프스키의 텍스트를 대비하여, 도스토예프스키의 텍스트 내에 존재하는 작가와 주인공의 동시적인 '대화'를 읽어낸다. 텍스트 내부의 이러한 폴리포니 관계는 텍스트 상호간으로도 확장할 수 있다.

바흐친은 사실주의적인 소설을 모놀로그 소설이라 부르면서, 이에 반해 폴리포니 소설을 작가가 작중인물뿐만 아니라 갖가지 문학작품과 대화관계에 있는 소설이라고 설명한다. 그렇다면 모든 텍스트는 기존 텍스트에서 가져온 다양한 인용을 모자이크한 것이고, 그것들과 대화·호응하는 폴리포닉한 성격을 가지게 된다. 줄리아 크리스테바(1941~)는 이렇게 확장되는 폴리포니 개념에 주목하면서 한층 나아가, 바르트(1915~80)가 제기한 '저자의 죽음'이라는 개념에 기반하여 상호텍스트성이라는 새로운 개념을 고안했다.

모든 텍스트는 항상 이미 상호텍스트적인 관계 속에 있고, 어떤 텍스트라도 다른 텍스트를 흡수하고 변형한 산물일 뿐이다. 이처럼 다양한 텍스트가 서로 교차하는 상호텍스트 관계를 한층 파헤쳐나간 크리스테바는 제노 텍스트·페노 텍스트라는 개념을 도입하여 기호의 해체나 증식이 일어나고 의미가 산출되는 장을 생성론적인 관점에서 개념화하고자 했다. (→ 상호텍스트성)

• 고스다 겐

참고문헌

• 미하일 바흐친, 《도스또예프스끼 창작론》, 김근식 옮김, 중앙대학교출판부, 2003.
• _____, 《프랑수아 라블레의 작품과 중세 및 르네상스의 민중문화》, 이덕형·최건영 옮김, 아카넷, 2001.

20세기 사상을 가늠한다는 것

20세기 사상을 가늠한다는 것은 무엇일까. 여기에는 적어도 두 가지 물음이 깔려 있다. 그것의 필요성, 그리고 가능성. 사상을 점검하는 일의 필요성을 말하는 것은 그다지 어렵지 않다. 사상이 그 발생시기에 가지고 있었던 파급력, 그리고 여전히 가지고 있을 가능성을 길어올 수 있다면, 우리의 현재는 그만큼 풍성해질 것이기 때문이다.

다만 하나의 사상을 길어올 때 그것이 발화되었던 상황의 긴장에 민감해하지 않는다면, 그것이 갖고 있는 풍부한 사건성을 체로 걸러 단지 논리만을 가져온다면, 그것은 쉽게 가져온 만큼이나 쉽게 사라질 것이다. 이러한 염려를 다소라도 덜기 위해서는 각 사상의 선명한 논리만이 아니라 그것의 논쟁적인 위치도 함께 고려해야 하며, 또한 그 사상이 다른 사상들과 맺고 있는 복잡한 관계에도 주목해야 할 것이다. 아마도 이런 작업을 하다보면, 하나의 사상이 단지 하나의 학문적 영역에 머무르지 않고, 마치 고구마 줄기가 얽혀 있듯 다른 사상들과 복잡한 관계를 맺고 있거나, 그 자체가 복잡한 관계의 산물임이 드러나게 될 것이다. 아마도 사상사(思想史)의 이유란 혹은 20세기라는 시간을 축으로 두고 사상을 점검할 필요란 이런 것이리라.

하지만 20세기 사상을 가늠한다는 것이 가능한지는 여전히 문제로 남는다. 어떤 역사적 사건도 그 연도로 의미가 한정되지 않는다. 하물며 사상을 그것이 처음으로 터져나왔던 시간에 기초해 20세기 사상, 21세기 사상이라는 식으로 끊을 수 있을까. 사상의 역사는 신축적이어서 그것의 물리적인 시간이 아니라, 그 사상의 에너지와 생명력이 그 사상의 역사를 결정한다. 그리고 우리는 20세기의 사상이라 일컬어지는 것들을 정리할 만큼 충분한 거리를 확보하지 못했다. 여전히 그 사상들은 우리들에게 문제적이다!

다만 20세기를 100년이라는 물리적인 시간을 지시하는 것이 아니라, 마치 홉스봄이 근대 자본주의의 진행에 대해 '장기 19세기'와 같은 표현을 사용했듯이 어떤 사상적 사건들이 응축된 장(場)으로 생각해본다면, 20세기는 나름의 고유한 의미를 갖는다고 할 수 있지 않을까. 이 책을 통해 전달될 무수한 사상의 증식과 그것들 사이의 마찰, 그리고 뒤섞임은 하나의 독특함을 만들어낸다고 할 수 있지 않을까. 그런 의미에서 20세기 사상사는 심연과 일의성에 대한 도전, 그리고 그와 함께 이루어진 사상의 탈중심적 운동을 맥으로 짚어볼 수 있을 것 같다. 단순한 시간의 한정이 아니라, 우리가 반 발쯤 밖으로 내딛었지만 여전히 되돌아볼 수밖에 없는 사상의 장으로서라면 '20세기 사상'은 가능할 것이다.

책제목은 《현대사상지도》로 정했다. 좋은 지도라면 길이 자세히 표시되어 있을 테고, 더구나 그 길이 다른 길로 어떻게 연결되는지를 알려줄 것이다. 이 책이 20세기 사상의 좋은 지도가 되기를 기대한다. 길은 끊기지 않는다. 이 책을 읽는 것 역시 20세기 사상의 길을 쫓다가 어느 순간 걸음이 멈춰버리지 않고, 그 길을 따라 2000년을 갓 벗어난 지금 우리에게 다다르는 그런 경험이 되기를 간절히 바란다.

번역은 김신재, 심정명, 윤여일이 함께 했다. 각자 관심과 전공분야가 달랐기 때문에, 번역을 하는 과정이 유쾌한 세미나 시간이기도 했다. 번역을 위해 많은 참고도서를 찾아봐야 했고, 일부 내용은 전공자들의 감수를 받았다. 여러 인연들에 힘입은 번역을 마치면서, 감사드려야 할 많은 분들이 떠오른다. 출판사에서 이 책의 번역자를 찾고 있을 때 우리를 소개해준 박성관 님과 미흡한 번역자들을 믿고 작업을 맡겨준 도서출판 산처럼에게 감사드린다. 또한 어려운 대목을 상의했을 때 친절하게 설명해주고 마음으로 격려해준 수유+너머의 여러 선생님과 선배들, 친구들에게도 고마움을 전한다.

2005년 11월 4일
다른 옮긴이들과 함께
윤여일

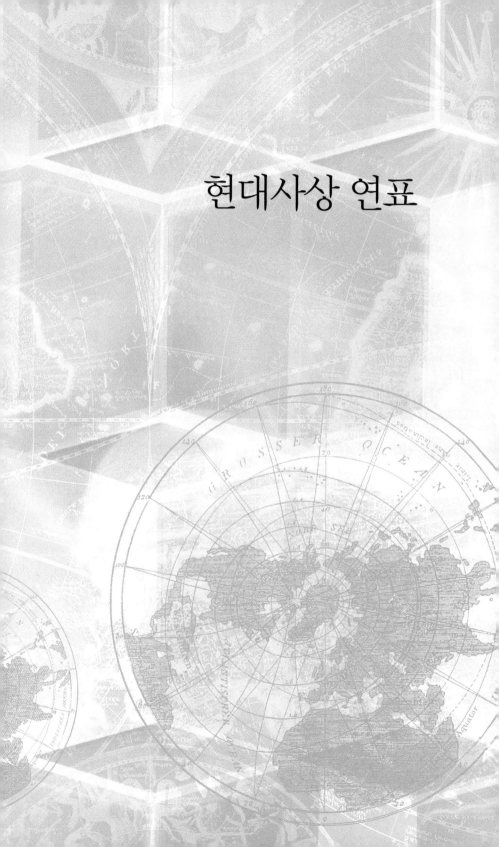

현대사상 연표

연표	분야	저작 및 작품
1900	사상	후설 《논리학연구》(~01) / 프로이트 《꿈의 해석》 / 지멜 《돈의 철학》 / 딜타이 《해석학의 성립》 / 베르그송 《웃음》 / 머핸 《아시아의 문제들》
	문예	슈니츨러 《윤무》 / 콘래드 《로드 짐》 / 르나르 《홍당무》 / 로댕 〈생각하는 사람〉
	사건	중국, 의화단운동
1901	사상	타르드 《여론과 군중》 / 마흐 《감각의 분석》 / 프로이트 《일상생활의 정신병리》 / 셰스토프 《도스토예프스키와 니체》
	문예	체호프 《세 자매》 / 만 《부덴브로크가의 사람들》
	사건	노벨상 제정
1902	사상	푸앵카레 《과학과 가설》 / 모스 《주술론》 / 융 《심령현상의 심리와 병리》 / 제임스 《종교적 경험의 다양성》 / 레닌 《무엇을 할 것인가》 / 홉슨 《제국주의론》 / 크로체 《미학》
	문예	지드 《배덕자》 / 고리키 《밑바닥》 / 호프만스탈 《찬도스 경의 편지》 / 드뷔시 〈펠레아스와 멜리장드〉
1903	사상	무어 《윤리학원리》 / 러셀 《수학의 원리》 / 레비브륄 《도덕과 습속학》 / 바이닝거 《성(性)과 성격》 / 셰스토프 《도스토예프스키와 니체 : 비극의 철학》
	문예	기싱 《헨리 라이크로프트 수상록》 / 만 《토니오 크뢰거》 / 쇼 《인간과 초인》 / 조이스 《죽은 사람들》
	사건	라이트형제 비행기 발명 / 파나마운하 기공(~14)
1904	사상	보어스 《인류학의 역사》
	문예	헤세 《향수》 / 체호프 《벚꽃동산》 / 싱 《바다로 달려가는 사람들》 / 롤랑 《장 크리스토프》(~12)
	사건	러일전쟁(~05)
1905	사상	딜타이 《체험과 창작》 / 프로이트 《성욕에 관한 세 편의 에세이》 / 베버 《프로테스탄티즘의 윤리와 자본주의 정신》 / 아인슈타인 〈특수상대성이론〉
	문예	포스터 《천사도 두려워하는 곳에》 / 드뷔시 〈바다〉 / 나쓰메 소세키 《나는 고양이로소이다》

연표	분야	저작 및 작품
	사건	러시아, 피의 일요일 / 시베리아철도 개통
1906	사상	프랑크 《열복사이론 강의》 / 뒤엠 《물리학이론》 / 바르부르크 《프란체스코 사세티》
	문예	무질 《생도 퇴를레스의 혼란》 / 런던 《흰 엄니》 / 고갱 〈노아노아〉 / 골즈워디 《포사이트가 이야기》(~21)
	사건	드레퓌스 무죄
1907	사상	베르그송 《창조적 진화》 / 융 《조발성 치매증의 심리학에 대하여》 / 딜타이 《철학의 본질》 / 제임스 《프래그머티즘》
	문예	아르치바셰프 《사닌》 / 피카소 〈아비뇽의 처녀들〉 / 클림트 〈키스〉(~08)
	사건	삼국협상
1908	사상	레닌 《유물론과 경험비판론》 / 슘페터 《이론경제학의 본질과 주요내용》 / 보링거 《추상과 감정이입》 / 지멜 《사회학》 / 소렐 《폭력론》 / 민코프스키 《공간과 시간》
	문예	바르뷔스 《지옥》 / 말러 〈대지의 노래〉 / 마테를링크 《파랑새》 / 포스터 《전망 좋은 방》
1909	사상	반 헤네프 《통과의례》 / 크로체 《논리학》 / 푸앵카레 《과학과 방법》 / 윅스퀼 《동물의 환경세계와 내부세계》 / 프랑크 《물리학적 세계상의 통일》
	문예	지드 《좁은 문》 / 스타인 《세 사람의 생애》 / 마티스 〈음악〉 / 마리네티 〈미래파 선언〉 / 디아길레프, 러시아발레단 창단
1910	사상	러셀 · 화이트헤드 《수학원리》(~13) / 레비브륄 《미개인의 사고》 / 힐퍼딩 《금융자본》 / 카시러 《실체개념과 기능개념》
	문예	릴케 《말테의 수기》 / 타고르 《기탄잘리》 / 스트라빈스키 〈불새〉
	사건	멕시코혁명
1911	사상	제임스 《근본적 경험론》 / 보어스 《원시인의 심리》 / 켈젠 《국법학의 주요문제》 / 니시다 기타로 《선의 연구》 / 파이빙어 《어떤 철학》
	문예	호프만스탈 《장미의 기사》 / 비어스 《악마의 사전》 / 쇤베르크 〈화성법 강의〉

연표	분야	저작 및 작품
	사건	중국, 신해혁명 / 아문센, 남극정복
1912	사상	프로이트《토템과 터부》/ 뒤르켐《종교생활의 원초적 형태》/ 슘페터《경제발전이론》/ 플레하노프《예술과 사회생활》/ 우나무노《개인과 민족의 비극적 인생관》
	문예	파운드 등의 이미지즘 시운동(~17) / 만《베니스에서 죽다》/ 프랑스《신들은 목마르다》
	사건	중화민국 성립 / 제1차 발칸전쟁
1913	사상	후설《이데인》/ 야스퍼스《일반 정신병리학》/ 룩셈부르크《자본의 축적》/ 셸러《윤리학에서의 형식주의와 실질적 가치윤리》(~16) / 보어《원자구조론》/ 해리슨《고대예술과 제의》
	문예	프루스트《잃어버린 시간을 찾아서》(~27) / 로렌스《아들과 연인》/ 스트라빈스키〈봄의 제전〉
	사건	제2차 발칸전쟁
1914	사상	오르테가《돈키호테에 관한 명상》/ 프로이트《정신분석운동》
	문예	조이스《더블린 사람들》/ 지드《교황청의 지하실》/ 모네〈수련〉(~26)
	사건	제1차 세계대전(~18) / 지멘스사건
1915	사상	듀이《민주주의와 교육》/ 베게너《대륙과 해양의 기원》/ 아인슈타인〈일반상대성이론〉(~16) / 루카치《소설의 이론》
	문예	몸《인간의 굴레》/ 로렌스《무지개》/ 뒤샹〈거대한 유리〉(~23) / 아쿠타카와 류노스케《라쇼몽》
1916	사상	소쉬르《일반언어학강의》/ 레닌《제국주의론》/ 프로이트《정신분석 입문》(~17) / 카시러《자유와 형식》/ 좀바르트《근대자본주의》
	문예	바르뷔스《포화》/ 예이츠《매의 우물에서》/ 카프카《변신》/ 차라, 다다운동을 일으키다 / 러시아 형식주의 비평
1917	사상	크로체《역사서술의 이론과 역사》/ 지멜《사회학의 근본문제》/ 레닌《국가와 혁명》/ 시크로프스키《방법으로서의 예술》/ 쾰러《침팬지의 정신》/ 오

연표	분야	저작 및 작품
	토	《거룩함》
	문예	발레리 《젊은 파르크》 / 사티 〈파라드〉 / 게링 《해전》
	사건	러시아혁명 / 레닌, 정권장악
1918	사상	슈펭글러 《서구의 몰락》(~22) / 블로흐 《유토피아의 정신》 / 힐베르트 《공리적 사고》 / 부버 《하시디즘과 현대인》 / 만 《비정치적 인간의 고찰》 / 슐릭 《일반적 인식론》
	문예	바르토크 《푸른수염 공작의 성(城)》 / 캐더 《나의 안토니아》 / 루쉰 《광인일기》
1919	사상	야스퍼스 《세계관의 심리학》 / 카를 바르트 《로마서》 / 호이징가 《중세의 가을》 / 러셀 《수리철학서설》 / 슈미트 《정치적 낭만》
	문예	몸 《달과 6펜스》 / 헤세 《데미안》 / 앤더슨 《오하이오주, 와인즈버그》 / 비네 〈칼리가리 박사의 밀실〉
	사건	베르사유조약 조인 / 독일 바이마르헌법 제정 / 중국 5 · 4운동
1920	사상	듀이 《철학의 개조》 / 프로이트 《쾌락원칙을 넘어서》 / 벤야민 《폭력비판론》 / 융 《심리학의 유형》 / 피구 《후생경제학》 / 웩스퀼 《이론생물학》(~28)
	문예	로렌스 《사랑하는 여인들》 / 차펙 《로봇》(원제 R. U. R) / 발레리 《해변의 묘지》
	사건	국제연맹 성립
1921	사상	베버 《경제와 사회》(~22) / 베르트하이머 《게슈탈트심리학 연구》(~27) / 케인스 《확률론》 / 라스키 《주권의 기초》 / 사피어 《언어》 / 비트겐슈타인 《논리철학논고》
	문예	필란델로 《작가를 찾는 6인의 등장인물》 / 크라우스 《인류 최후의 날》 / 하셰크 《세계대전 중의 용감한 병사 슈베이크의 운명》(~22)
	사건	워싱턴 군축회의 / 소련, 네프 시작 / 중국공산당 결성
1922	사상	듀이 《인간성과 행위》 / 페브르 《대지와 인류의 진화》 / 크레티머 《의학적 심리학》 / 말리노프스키 《서태평양의 원양항해자》 / 래드클리프브라운 《안다만제도 주민들》 / 트뢸취 《역사주의와 그 문제들》

연표	분야	저작 및 작품
	문예	엘리엇《황무지》/ 조이스《율리시스》/ 뒤 가르《티보가의 사람들》/ 맨스필드《원유회》
	사건	소비에트 사회주의공화국연방 성립 / 무솔리니, 로마 진군
1923	사상	카시러《상징형식의 철학 1: 언어》/ 피아제《아동의 자기중심성》/ 루카치《역사와 계급의식》/ 부버《나와 너》/ 클라인《유아분석》/ 힐베르트《수학의 기초》/ 트로츠키《문학과 혁명》
	문예	릴케《두이노의 비가》/ 콜레트《푸른 보리》/ 즈베보《제노의 고민》/ 쇤베르크〈세레나데〉
	사건	관동대지진
1924	사상	뒤르켐《사회학과 철학》/ 마이네케《현대에서의 국가이성 이념》/ 호이징가《에라스무스》/ 불트만《예수》/ 리처스《문예비평의 원리》/ 블로크《왕의 기적》
	문예	만《마의 산》/ 브르통〈쉬르레알리슴 선언〉/ 오닐〈느릅나무 밑의 욕망〉
	사건	중국, 제1차 국공합작(~27)
1925	사상	화이트헤드《과학과 근대세계》/ 히틀러《나의 투쟁》(~27) / 라스키《정치학대강》/ 켈젠《일반국가학》/ 엥겔스《자연변증법》/ 모스《증여론》
	문예	울프《댈러웨이 부인》/ 카프카《심판》/ 피츠제럴드《위대한 개츠비》/ 에이젠슈테인〈전함 포템킨〉
	사건	스탈린 정권장악 / 트로츠키 실각
1926	사상	카시러《상징형식의 철학 2: 신화적 사고》/ 매키버《근대국가론》/ 말리노프스키《미개사회에서의 범죄와 관습》/ 케인스《자유방임의 종언》/ 셸러《지식형식과 사회》
	문예	발레리《테스트 씨》/ 지드《사전꾼들》/ 헤밍웨이《해는 또다시 떠오른다》/ 거슈인〈랩소디 인 블루〉
1927	사상	하이데거《존재와 시간》/ 말리노프스키《미개사회에서의 성과 억압》/ 라이히《오르가즘의 기능》/ 프로이트《환상의 미래》/ 파블로프《대뇌반구의 움직임에 관하여》/ 하이젠베르크《불확정성 원리》/ 벤야민《아케이드 프로젝

연표	분야	저작 및 작품
		트》(~40)
	문예	모리악《테레즈 데케루》 / 케셀《밤의 얼굴》 / 파데예프《궤멸》 / 울프《등대로》
	사건	장제스, 국민정부수립 / 린드버그 대서양횡단
1928	사상	카르납《세계의 논리적 구조》 / 벤야민《독일비극의 근원》 / 미드《사모아섬의 사춘기》 / 옐름슬레우《일반문법의 원리》 / 프로프《옛이야기의 형태학》 / 켈젠《자연법과 법실증주의》 / 셸러《우주에서 인간의 지위》
	문예	브레히트〈서푼짜리 오페라〉 / 브르통《나자》 / 솔로호프《조용한 돈강》(~40) / 로렌스《채털리부인의 사랑》
	사건	소련, 제1차 5개년계획
1929	사상	만하임《이데올로기와 유토피아》 / 카시러《상징형식의 철학 3: 인식의 현상학》 / 후설《형식논리학과 선험적 논리학》 /《아날》 창간 / 화이트헤드《과정과 실재》 / 노이라트 외《과학적 세계파악 : 빈학파》 / 하이에크《경기와 화폐》
	문예	콕토《무서운 아이들》 / 헤밍웨이《무기여 잘 있거라》 / 레마르크《서부전선 이상없다》
	사건	세계공황 / 트로츠키 국외추방
1930	사상	오르테가《대중의 반역》 / 케인스《화폐론》 / 디랙《양자역학의 원리》 / 하이젠베르크《양자론의 물리적 기초》 / 빈스방어《꿈과 실존》 / 크라카우어《샐러리맨》
	문예	크레인《다리》 / 말로《왕도》 / 무질《특성 없는 남자》(~53) / 호프만스탈《안드레아스》
1931	사상	야스퍼스《현대의 정신적 상황》 / 보어《원자론과 자연기술》 / 괴델《불완전성정리》 / 뢰비트《베버와 마르크스》 / 윌슨《엑셀의 성》
	문예	벅《대지》 / 카네티《현기증》 / H. 블로흐《몽유병 환자들》 / 울프《파도》 / 생텍쥐베리《야간비행》
	사건	스페인혁명 / 만주사변

연표	분야	저작 및 작품
1932	사상	베르그송 《도덕과 종교의 두 원천》 / 블룸필드 《언어》 / 카를 바르트 《교회교의학》(~53) / 마르크스 《경제학·철학초고》 / 슈츠 《사회적 세계의 의미 구성》 / 야스퍼스 《철학》
	문예	헉슬리 《멋진 신세계》 / 셀린 〈밤의 끝까지 여행을〉
	사건	상하이사변
1933	사상	라이히 《파시즘의 대중심리》 / 로빈슨 《불완전경쟁의 경제학》 / 라스키 《위기에 선 민주주의》 / 마르셀 《존재적 비의의 제기와 그에 대한 구체적 접근》 / 하이에크 《화폐이론과 경기순환》
	문예	말로 《인간의 조건》 / 로르카 《피의 혼례》
	사건	독일 히틀러 내각성립 / 미국 뉴딜정책 / 독일 유엔탈퇴
1934	사상	포퍼 《과학적 발견의 논리》 / 켈젠 《순수법학》 / 토인비 《역사의 연구》(~61) / 웩스퀼 《동물과 인간의 환경세계로의 산책》 / 미드 《정신, 자아, 사회》 / 골트슈타인 《생체의 기능》 / 맨퍼드 《기술과 문명》
	문예	헨리 밀러 《북회귀선》 / 오스트로프스키 《강철은 어떻게 단련되었는가》 / 벅 《어머니》
	사건	소비에트, 유엔 가입 / 중국 홍군, 장정 개시
1935	사상	코프카 《게슈탈트심리학의 원리》 / 만하임 《변혁기에서의 인간과 사회》 / 자네 《지능의 발견》 / 레비브륄 《원시신화학》 / 마르셀 《존재와 소유》 / 야스퍼스 《이성과 실존》
	문예	지로두 〈트로이전쟁은 일어나지 않는다〉 / 오딘 〈보라, 여행자여〉 / 거쉰 〈포기와 베스〉
	사건	프랑스, 인민전선 결성
1936	사상	벤야민 《기술복제시대의 예술》 / 케인스 《고용, 이자 및 화폐의 일반이론》 / 후설 《유럽 학문의 위기와 선험적 현상학》 / 에어 《언어, 진리, 논리》 / 라캉 〈거울단계〉 / 오파린 《생명의 기원》
	문예	미첼 《바람과 함께 사라지다》 / 포크너 《압살롬, 압살롬!》 / 차페크 《도롱뇽전쟁》
	사건	스페인내전

연표	분야	저작 및 작품
1937	사상	파슨스 《사회적 행위의 구조》 / 마오쩌둥 《실천론, 모순론》 / 트로츠키 《배반당한 혁명》 / 스노 《중국의 붉은 별》
	문예	스타인벡 《스무날 쥐와 인간》 / 클로닌 《성채》 / 사르트르 《구토》 / 말로 《희망》 / 피카소 〈게르니카〉
	사건	이탈리아, 유엔 탈퇴 / 중일전쟁 / 중국, 제2차 국공합작(~45)
1938	사상	듀이 《논리학 : 탐구의 이론》 / 바슐라르 《불의 정신분석》, 《과학적 정신의 형성》 / 아론 《역사철학입문》 / 호이징가 《호모 루덴스》 / 아르토 《연극과 그 분신》 / 하우스호퍼 《태평양의 지정학》
	문예	도스 패소스 《미국》 / 오웰 《카탈로니아 찬가》 / 케이지 〈조작된 피아노〉
	사건	뮌헨회담 / 독일, 오스트리아를 병합
1939	사상	트루베츠코이 《음운론의 원리》 / 파노프스키 《이코놀로지 : 연구》 / 슘페터 《경기순환론》 / 엘리아스 《문명화과정》 / 블로크 《봉건사회》(~40) / 부르바키 《수학원론》 / 힉스 《가치와 자본》 / 카이와 《인간과 성스러운 것》 / 프로이트 〈인간 모세와 유일신교〉
	문예	조이스 《피네건의 경야(經夜)》 / 헨리 밀러 《남회귀선》 / 스타인벡 《분노의 포도》
	사건	독소불가침조약 / 제2차 세계대전(~45)
1940	사상	웩스퀼 《의미의 이론》 / 바슐라르 《부정의 철학》 / 케레니 《신화와 고대 종교》 / 에번스프리처드 《아프리카 정치체계》
	문예	그린 《권력과 영광》 / 헤밍웨이 《누구를 위하여 종은 울리나》 / 채플린 〈독재자〉
	사건	독일·일본·이탈리아 삼국군사동맹체결 / 트로츠키 암살
1941	사상	마르쿠제 《이성과 혁명》 / 랭거 《상징의 철학》 / 워런 《아동의 심리발달》 / 뢰비트 《헤겔에서 니체로》 / 케레니 《미궁과 신화》 / 프롬 《자유로부터의 도피》 / 버크 《문학형식의 철학》 / 야콥슨 《실어증과 언어학》
	문예	카로사 《아름다운 유혹의 시절》 / 브레히트 〈억척어멈과 자식들〉 / 오손 웰스 〈시민 케인〉
	사건	태평양전쟁 발발 / 독소전쟁발발 / 대서양헌장

연표	분야	저작 및 작품
1942	사상	메를로퐁티《행동의 구조》/ 노이만《비히모스》/ 카뮈《시지프의 신화》/ 슘페터《자본주의, 사회주의, 민주주의》/ 벤야민《역사철학테제》/ 바슐라르《물과 꿈》
	문예	카뮈《이방인》/ 아누이《안티고네》/ 츠바이크《어제의 세계》/ 브레히트〈갈릴레이의 생애〉
	사건	스탈린그라드 전투(~43)
1943	사상	사르트르《존재와 무》/ 바타유《내적 체험》/ 옐름슬레우《랑가주이론 서설》/ 할《행동의 기본》/ 라스키《현대혁명의 고찰》
	문예	생텍쥐페리《어린왕자》/ 헤세《유리알유희》/ 사로얀《휴먼코미디》
	사건	무솔리니 실각, 이탈리아 항복
1944	사상	빈스방어《정신분열증》(~53) / 폴라니《거대한 변환》/ 카시러《인간》/ 슈뢰딩거《생명이란 무엇인가》/ 폰 노이만·모르겐슈테른《게임이론과 경제행동》/ 뮈르달《미국의 딜레마》/ 융《심리학과 연금술》
	문예	몸《양날의 검》/ 주네《장미의 기적》/ 엘리엇〈4개의 사중주〉
	사건	버튼우드 협정
1945	사상	메를로퐁티《지각의 현상학》/ 포퍼《열린 사회와 그 적들》/ 버크《동기의 문법》/ 바타유《니체》/ 라이히《성과 문화의 혁명》
	문예	오웰《동물농장》/ 워《브라이즈헤드 재방문》/ 카르네〈인생유전〉
	사건	히로시마, 나가사키에 원폭투하 / 태평양전쟁 종결
1946	사상	사르트르《유물론과 혁명》/ 아라공《공산주의자들》/ 마이네케《독일의 파국》/ 아우에르바흐《미메시스》/ 베네딕트《국화와 칼》
	문예	토마스《죽음과 입구》/ 레마르크《개선문》/ 콕토〈미녀와 야수〉
	사건	북대서양조약기구(NATO) / 도쿄전범재판 / 인도차이나전쟁 시작(~54)
1947	사상	크라카우어《칼리가리에서 히틀러로》/ 빈스방어《현상학적 인간학》/ 피아제《지능의 심리학》/ 코제브《헤겔독해 입문》/ 카르납《의미와 필연성》/ 호르크하이머·아도르노《계몽의 변증법》/ 프랑클《밤과 안개》
	문예	카뮈《페스트》/ 모라비아《로마의 여인》/ 윌리엄스〈욕망이라는 이름의 전

연표	분야	저작 및 작품
		차〉/ 채플린 〈살인광시대〉
	사건	인도 독립 / 마셜플랜 / GATT 조인
1948	사상	그람시 《옥중수고》/ 메를로퐁티 《의미와 무의미》/ 위너 《사이버네틱스》/ 새뮤얼슨 《경제학》/ 루카치 《청년 헤겔》/ 쿠르티우스 《유럽문학과 라틴중세》/ 토인비 《시련의 문명》/ 불트만 《신약성서신학》(~53) / 킨제이 《남성의 성행동》/ 쿠르티우스 《유럽문학과 라틴적 중세》
	문예	카포티 《먼 소리, 먼 방》/ 사르트르 《더러운 손》/ 메일러 《벌거벗은 자와 죽은 자》/ 처칠 《제2차 세계대전》(~54)
	사건	한국 남북 각 정부수립
1949	사상	레비스트로스 《친족의 기본구조》/ 베르탈란피 《자연과 과학에서 생명의 위치》/ 보부아르 《제2의 성》/ 엘리아데 《영원회귀의 신화》/ 바타유 《저주의 몫》/ 브로델 《펠리페 2세 시대의 지중해와 지중해 세계》
	문예	헨리 밀러 《섹서스》/ 주네 《도둑일기》/ 아서 밀러 〈세일즈맨의 죽음〉/ 오웰 《1984년》/ 리드 《제3의 사나이》
	사건	독일에 동서 각 독일정부 수립 / 중화인민공화국 수립
1950	사상	리스먼 《고독한 군중》/ 모스 《사회학과 인류학》/ 피아제 《발생적 인식론서설》/ 힉스 《경기순환론》/ 에릭슨 《유아기와 사회》/ 아도르노 《권위주의적 퍼스낼리티》
	문예	네루다 《모든 이의 노래》/ 파베제 《달과 모닥불》/ 이오네스코 〈대머리 여가수〉
	사건	한국전쟁(~53) / 미국, 매카시 선풍
1951	사상	아렌트 《전체주의의 기원》/ 융·케레니 《신화학 입문》/ 카뮈 《반항적 인간》/ 아도르노 《미니마 모랄리아》/ 파슨스 《사회체계론》/ 밀스 《화이트칼라》/ 에번스프리처드 《사회인류학》/ 바타유 《에로티즘》
	문예	샐린저 《호밀밭의 파수꾼》/ 사르트르 《악마와 신》/ 클레망 〈금지된 장난〉
1952	사상	엘리아데 《이미지와 상징》/ 블로크 《역사를 위한 변명》/ 래드클리프브라운 《미개사회의 구조와 기능》/ 마루야마 마사오 《일본정치사상사 연구》/ 파농

연표	분야	저작 및 작품

《검은 피부, 흰 가면》

문예 헤밍웨이 《노인과 바다》 / 스타인벡 《에덴의 동쪽》 / 엘리슨 《보이지 않는 사람》 / 케이지 〈4분 33초〉

사건 미국, 첫 수소폭탄 실험

1953 사상 비트겐슈타인 《철학탐구》 / 페브르 《역사를 위한 투쟁》 / 왓슨·클릭 《디옥시리보핵산의 구조》 / 롤랑 바르트 《0도의 글쓰기》 / 콰인 《논리적 관점에서》 / 하이데거 《형이상학 입문》 / 파슨스 《행위이론작업논집》

문예 로브그리예 《지우개》 / 베케트 〈고도를 기다리며〉 초연 / 벨로 《오기 마치의 모험》

1954 사상 니덤 《중국의 과학과 문명》 / 라이트 《블랙파워》 / 블로흐 《희망의 원리》 (~59) / 루카치 《이성의 파괴》 / 굿맨 《사실, 허구, 예언》

문예 골딩 《파리대왕》 / 사강 《슬픔이여 안녕》 / 에렌부르크 《해빙》

사건 알제리독립전쟁(~62)

1955 사상 테야르 드 샤르댕 《인간현상》 / 메를로퐁티 《변증법의 모험》 / 마르쿠제 《에로스와 문명》 / 레비스트로스 《슬픈 열대》 / 블랑쇼 《문학공간》 / 아도르노 《프리스멘》

문예 나보코프 《롤리타》 / 그린 《조용한 미국인》 / 윌리엄스 〈뜨거운 양철지붕 위의 고양이〉

사건 바르샤바조약기구(WTO)

1956 사상 프리드먼 《세분화된 노동》 / 밀스 《파워 엘리트》 / 파슨스 《경제와 사회》 / 융 《신비적 결합》 / 파스 《활과 리라》 / 윌슨 《아웃사이더》 / 모랭 《영화, 혹은 상상 속의 인간》 / 고프만 《행위와 연기》

문예 뷔토르 《시간의 사용》 / 긴스버그 《울부짖음》 / 오스본 《성난 얼굴로 돌아보라》

사건 스탈린 비판 / 헝가리사건 / 수에즈전쟁

1957 사상 엘리아데 《성과 속》 / 코이레 《닫힌 세계에서 무한우주로》 / 촘스키 《문법의 구조》 / 보스 《정신분석과 현존재분석》 / 바타유 《문학과 악》 / 쿤 《코페르니

연표	분야	저작 및 작품

쿠스 혁명》 / 포퍼 《역사주의의 빈곤》 / 롤랑 바르트 《현대의 신화》 / 숄렘
《유대신비주의》

문예　파스퇴르나크 《닥터 지바고》 / 더렐 《알렉산드리아 사중주》(~62) / 케루악
《길 위에서》

사건　소련, 세계 최초로 인공위성발사

1958　사상　레비스트로스 《구조인류학》 / 카이와 《유희와 인간》 / 아렌트 《인간의 조건》
/ 갈브레이스 《흔들리는 사회》 / 윈치 《사회과학의 이념》 / 휴스 《의식과 사
회》 / 폰 노이만 《전자계산기와 두뇌》

문예　실리토 《토요일 밤과 일요일 아침》 / 바이다 〈재와 다이아몬드〉 / 매덕 《종》

1959　사상　스노 《두 문화》 / 에릭슨 《정체성과 생활주기》 / 옐름슬레우 《언어학시론》 /
브라운 《에로스와 타나토스》

문예　버로스 《네이키드 런치》 / 그라스 《양철북》 / 웨스커 《부엌》 / 로스 《안녕, 콜
럼버스》

사건　쿠바혁명, 카스트로정권 수립

1960　사상　사르트르 《변증법적 이성비판》 / 가다머 《진리와 방법》 / 벨 《이데올로기의
종언》 / 아리에스 《아동의 탄생》 / 로스토 《경제성장의 건설단계》 / 콰인 《언
어와 대상》 / 랭 《분열된 자기》 / 카네티 《군중과 권력》

문예　이오네스코 〈무소〉 / 모라비아 《권태》 / 업다이크 《달리는 토끼》 / 펠리니
〈달콤한 생활〉

사건　경제협력개발기구(OECD)

1961　사상　하이데거 《니체》 / 푸코 《광기의 역사》 / 하버마스 《공공성의 구조전환》 / 파
농 《대지의 저주받은 사람들》 / 메를로퐁티 《눈과 정신》 / 카 《역사란 무엇
인가》 / 코트 《셰익스피어는 우리들과 동시대인》 / 바슐라르 《몽상의 시학》

문예　룀 《솔라리스의 태양 아래》 / 소렝스 《공원》 / 샐린저 《플래니와 조이》 / 로
브그리예 《지난해 마리엥바드에서》

사건　세계 최초 유인인공위성

1962　사상　레비스트로스 《야생의 사고》, 《오늘날의 토테미즘》 / 들뢰즈 《니체와 철학》

연표	분야	저작 및 작품
		/ 르 고프 《중세》 / 쿤 《과학혁명의 구조》 / 맥루언 《구텐베르크 은하계》 / 에코 《열린 작품》 / 아도르노 《음악사회학 서설》 / 커슨 《침묵의 봄》
	문예	솔제니친 《이반 데니소비치의 하루》 / 올비 〈누가 버지니아 울프를 두려워하랴〉 / 퍼제스 《시계태엽 오렌지》
	사건	알제리 독립 / 쿠바위기
1963	사상	푸코 《임상의학의 탄생》 / 로렌츠 《공격》 / 바흐친 《도스토예프스키 창작론》 / 야콥슨 《일반언어학(프랑스판)》 / 아렌트 《혁명에 대하여》 / 고프먼 《오점: 장애의 사회심리학》 / 클론프스키 《그리고 불길한 예감》 / 엘리아데 《신화와 현실》
	문예	르 클레지오 《조서》 / 핀천 《V》 / 매카시 〈그룹〉 / 펠리니 〈8과 1/2〉 / 베리만 〈침묵〉
	사건	케네디 대통령 암살
1964	사상	메를로퐁티 《보이는 것과 보이지 않는 것》 / 엔첸스베르 《정치와 범죄》 / 롤랑 바르트 《평론집》 / 파슨스 《사회구조와 퍼스낼리티》 / 레인·에스터슨 《광기와 가족》 / 맥루언 《인간확장의 원리》
	문예	바이스 《사드/마라》 / 벨로 《허조그》
	사건	소비에트, 흐루시초프 실각
1965	사상	알튀세르 《자본론을 읽는다》, 《마르크스를 위하여》 / 로렌츠 《동물행동학》 / 바흐친 《프랑수아 라블레의 작품과 중세 및 르네상스의 민중문화》 / 리쾨르 《해석에 대하여》 / 아렌트 《예루살렘의 아이히만》
	문예	핀터 《귀향》 / 르 클레지오 《발열》
	사건	미국, 베트남 이북 폭격 개시 / 베트남반전운동 시작
1966	사상	푸코 《말과 사물》 / 더글러스 《순수와 위험》 / 라캉 《에크리》 / 손택 《해석에 반대한다》 / 방브니스트 《일반언어학의 여러 문제》 / 촘스키 《데카르트파 언어학》 / 아도르노 《부정변증법》 / 그레마스 《구조의미론》 / 예츠 《기억술》
	문예	카포티 《냉혈한》 / 불가코프 《거장과 마르가리타》 / 바르가스 요사 《녹색의 집》
	사건	중국 문화대혁명

연표	분야	저작 및 작품
1967	사상	데리다 《글쓰기와 차이》, 《그라마톨로지에 대하여》, 《목소리와 현상》 / 가핑 켈 《민속방법론 연구》 / 모리스 《털 없는 원숭이》 / 케스틀러 《기계 속의 유령》
	문예	시몬 《역사》 / 쿤데라 《농담》 / 가르시아 마르케스 《백년 동안의 고독》 / 푸엔테스 《성역》, 《허물벗기》
	사건	유럽공동체(EC) 발족 / 제3차 중동전쟁
1968	사상	하버마스 《인식과 관심》, 《이데올로기로서의 기술과 과학》 / 촘스키 《언어와 정신》 / 앨버트 《비판적 이성논고》 / 왓슨 《이중나선》 / 브룩 《아무것도 없는 공간》
	문예	업다이크 《커플스》 / 솔제니친 《암병동》
	사건	프랑스 5월 혁명 / 체코사건
1969	사상	푸코 《지식의 고고학》 / 크리스테바 《세미오티케 : 기호분석을 위한 연구》 / 니덤 《위대한 적정》 / 설 《언어행위》 / 모랭 《오를레앙의 소문》 / 들뢰즈 《차이와 반복》 / 에릭슨 《아이덴티티》 / 예츠 《세계극장》 / 세르 《헤르메스》
	문예	파졸리니 〈왕녀 메데이아〉 / 펠리니 〈사티리콘〉 / 호퍼 〈이지 라이더〉
	사건	아폴로 11호 달 착륙
1970	사상	모노 《우연과 필연》 / 밀레트 《성의 정치학》 / 야우스 《도전으로서의 문학사》 / 아도르노 《미학이론》 / 보드리야르 《소비의 사회》 / 마틴 《과학, 기술 및 사회》
	문예	투르니에 《마왕》 / 보르헤스 《브로디의 보고서》 / 헤밍웨이 《바하마의 별》
1971	사상	하버마스·루만 《비판이론과 사회시스템이론》 / 뮈르달 《아시아의 드라마》 / 사르트르 《집안의 천치》 / 로스토 《정치학과 성장의 단계들》 / 일리치 《탈학교의 사회》 / 롤스 《정의론》 / 조르제스크 레겐 《엔트로피 : 법칙과 경제과정》
	문예	프랑스 《흐름을 넘어서》 / 바하만 《말리나》 / 비스콘티 〈베니스에서 죽다〉
	사건	제3차 인도·파키스탄 전쟁 / 닉슨 쇼크
1972	사상	가타리·들뢰즈 《앙티오이디푸스》 / 크립키 《이름과 필연》 / 루만 《법사회

연표	분야	저작 및 작품

학〉/ 지라르 《폭력과 성스러움》/ 베이트슨 《정신의 생태학》/ 긴즈부르그 《마녀와 베난단티의 밤의 전투》/ 제임슨 《언어의 감옥》/ 로마클럽 《성장의 한계》/ 토도로프 《산문의 시학》

문예 칼비노 《보이지 않는 도시》/ 나보코프 《투명한 사물》/ 부뉴엘 〈부르주아의 은밀한 매력〉

사건 미중공동성명 발표

1973 사상 롤랑 바르트 《텍스트의 즐거움》/ 화이트 《메타역사》/ 아펠 《철학의 변환》/ 슈마허 《작은 것이 아름답다》/ 벨 《탈공업화사회》

문예 핀천 《중력의 무지개》/ 엔데 《모모》/ 솔제니친 《수용소군도》(~75) / 막시모프 《검역》

사건 베트남평화협정 조인 / 제3차 중동전쟁 / 제1차 오일쇼크

1974 사상 크리스테바 《시적 언어의 혁명》/ 토도로프 《소설의 기호학》/ 아글리에타 《자본주의 조절이론》/ 노직 《아나키에서 유토피아로》/ 월러스틴 《근대세계체제》/ 레비나스 《존재와는 달리 혹은 존재의 저편에서》/ 루만 《법체계와 법해석학》

문예 나보코프 《어릿광대를 보라》/ 미체나 《센테니얼》/ 벨 《카타리나의 잃어버린 명예》

사건 워터게이트사건

1975 사상 푸코 《감옥의 탄생》/ 리쾨르 《살아 있는 은유》/ 퍼트넘 《마음, 언어, 실재》/ 파이어아벤트 《방법에의 도전》/ 일리치 《탈병원화사회》/ 홀 《문화를 넘어서》/ 프랑크 《세계자본주의와 저개발》/ 카프라 《물리학의 도》/ 르 루아라뒤리 《몽타유》

문예 로지 《교환교수》/ 바셀미 《죽은 아버지》/ 바이스 《저항의 미학》/ 가르시아마르케스 《족장의 가을》

사건 베트남전쟁 종결

1976 사상 보드리야르 《상징적 교환과 죽음》/ 긴즈부르그 《치즈와 구더기》/ 푸코 《성의 역사》(~84) / 에코 《기호론》/ 라카토슈 《수학적 발견의 논리》/ 이글턴 《문학비평과 이데올로기》/ 이저 《독서행위》/ 도킨스 《이기적 유전자》

연표	분야	저작 및 작품

문예 바셀미《아마추어들》/ 푸익《거미여인의 키스》/ 윌슨《해변의 아인슈타인》

사건 천안문 사건 / 남북베트남 통일

1977 사상 굴드《개체발생과 계통발생》/ 아펠《초월론적 수행론의 관점에서 본 설명 : 이해전쟁》/ R. 드워킨《권리론》/ 폴라니《사람의 살림살이》/ 갈브레이스 《불확실성의 시대》/ 하임스《말의 민족지》/ 포퍼 · 에클스《자아와 뇌》/ 크리스테바《폴리로그》

문예 그라스《넙치》/ 옹구기《피의 꽃잎》/ 헤일리《뿌리》/ 루카스〈스타워스〉

1978 사상 사이드《오리엔탈리즘》/ 손택《은유로서의 질병》/ 화이트《담론의 수사학》 / 더미트《심리라는 수수께끼》/ 라카토슈《방법의 옹호》/ 케스틀러《홀론 혁명》/ 로스토《21세기로의 출발》

문예 어빙《가아프가 본 세상》/ 모디아노《어두운 상점들의 거리》/ 싱어《쇼샤》 / 도노소《별장》

1979 사상 부르디외《구별짓기》/ 호프스태터《괴델, 에셔, 바흐》/ 러브록《가이아》/ 라이얼 왓슨《생명조류》/ 리오타르《포스트모던의 조건》/ 프리고진《혼돈 으로부터의 질서》/ 로티《철학, 그리고 자연의 거울》/ 요나스《책임의 원 리》

문예 칼비노《겨울밤의 나그네라면》/ 나이폴《강이 굽어지는 곳》/ 스타이런《소 피의 선택》

사건 소련, 아프가니스탄 침공

1980 사상 크리스테바《공포의 권력》/ 들뢰즈 · 가타리《천의 고원》/ 조스키《세기말 윈》/ 기어츠《네가라 : 19세기 발리의 극장국가》/ 토플러《제3의 물결》/ 세르토《문화의 정치학》,《일상적 실천의 소중함》

문예 에코《장미의 이름》/ 골딩《통과제의》/ 아이토마토프《한 세기보다 긴 하 루》

사건 이란 · 이라크 전쟁발발 / 폴란드연대 성립

1981 사상 하버마스《커뮤니케이션행위이론》/ A. 드워킨《포르노그라피티》/ 보드리 야르《시뮬라시옹과 시뮬라크르》/ 데이비슨《행위와 사건》/ 르 고프《연옥

연표	분야	저작 및 작품
		의 탄생 / 일리치《새도 워크》
	문예	바르가스 요사《세상종말전쟁》 / 루시디《한밤의 아이들》 / 어빙《호텔 뉴햄프셔》
	사건	폴란드에 계엄령 / 사다드 대통령 암살
1982	사상	리오타르《분쟁》 / 로지《구조주의사회학》 / 만델브로《프랙탈 기하학》 / 크립키《비트겐슈타인의 역설》 / 로티《프래그머티즘의 귀결》 / 들뢰즈《시네마 1 : 운동이미지》 / 드 만《낭만주의 수사학》 / 세르《생성》
	문예	페르난데스《천사의 손》 / 워커《컬러퍼플》 / 반즈《플로베르의 앵무새》
	사건	포클랜드 분쟁
1983	사상	월러스틴《역사적 시스템으로서의 자본주의》 / 허켄《협동현상의 수리(數理)》 / A. 베유《숫자론》 / 앤더슨《상상의 공동체》
	문예	소렐스《여자들》 / 볼프《카산드라》 / 카버《대성당》
1984	사상	게이《부르주아의 경험》 / 콕스《세속도시》 / 이리가라이《성적 차이의 에티카》 / 이글턴《문학이란 무엇인가》,《비평의 기능》 / 부르디외《호모 아카데미쿠스》
	문예	뒤라스《연인》 / 매키너리《브라이트 라이트, 빅 시티》 / 발라드《태양의 제국》
	사건	아프리카 기아 심각화 / 인도 간디수상 암살
1985	사상	하버마스《현대성의 철학적 담론》 / 들뢰즈《시네마 2 : 시간이미지》 / 르 고프《중세적 상상세계》 / 페리ㆍ르노《68사상과 현대 프랑스철학》
	문예	발자《파도》 / 투생《욕실》 / 엘리스《제로 미만》 / 가르시아 마르케스《콜레라 시대의 사랑》
	사건	플라자합의 / 고르바초프 서기장으로
1986	사상	드 만《이론에의 저항》 / 들뢰즈《푸코》 / R. 드워킨《법의 제국》 / 쿤데라《소설의 정신》 / 블룸《미국 마인드의 종언》
	문예	크리스토프《악동일기》 / 마이놋《몽키스》 / 오스터《유령들》
	사건	체르노빌 원폭사고

연표	분야	저작 및 작품
1987	사상	베이트슨《천사의 공포》/ 파리아스《하이데거와 나치즘》/ 레이코프《인지 의미론》/ 화이트《형식의 내용》
	문예	모리슨《빌러브드》/ 루이바코프《앨버트가의 아이들》
1988	사상	들뢰즈《주름, 라이프니츠와 바로크》/ 스피박《서발턴은 말할 수 있는가》/ 지젝《항상 라캉에 대해 알고 싶었지만 감히 히치콕에게 물어보지 못한 모든 것》
	문예	에코《푸코의 진자》/ 칸토르《예술가여, 지쳐라!》
	사건	아프가니스탄 주둔 소련군 철수
1989	사상	노직《삶 속의 나선》/ 트린 T. 민하《여성, 네이티브, 타자》/ 볼츠《비판이론의 계보학》/ 로티《우연성, 아이러니, 연대》
	문예	이시구로《남아 있는 나날》/ 핀천《바인랜드》
	사건	천안문, 피의 일요일 / 동구권 사회주의체제 붕괴
1990	사상	보드리야르《유혹에 대하여》/ 크리스테바《살룸 사람들》/ 콜바인《식인마을》/ 셀《자연계약》/ 데리다《맹인의 기억》/
	문예	쿤데라《불멸》/ 바이어트《포옹》
	사건	이라크군, 쿠웨이트 침공 / 통일 독일 탄생
1991	사상	들뢰즈·가타리《철학이란 무엇인가》/ 볼터《라이팅 스페이스》/ 보드리야르《걸프전은 일어나지 않았다》/ 샤무아조·콩피앙《크레올이란 무엇인가》/ 페리·르노《반(反)니체》/ 헌팅턴《제3의 물결》
	문예	르 클레지오《오니샤》
	사건	소련 붕괴 / 걸프전쟁 / 마스트리히트 조약
1992	사상	하버마스《사실성과 타당성》/ 보드리야르《종말의 환상》/ 페리《에콜로지의 신질서》/ 후쿠야마《역사의 종말》
	문예	그라스《무당개구리 울음》/ 온다치《잉글리시 페이션트》
	사건	중국, 한국과 국교 수립
1993	사상	에코《유럽문화 속에서 완전한 언어에 대한 탐구》/ 사이드《문화와 제국주

연표	분야	저작 및 작품
		의》 / 볼츠 《구텐베르크 : 은하계의 끝에서》 / 데리다 《아포리아》 / 길로이 《검은 대서양》 / 르노 《사르트르, 최후의 철학자》
	문예	고이티솔로 《사라예보 노트》 / 에릭슨 《X의 아치》
	사건	유럽연합(EU) 발족 / START II 조인
1994	사상	기어리 《죽은 자와 살아간 중세》 / 크루그먼 《좋은 경제학, 나쁜 경제학》 / 코르뱅 《소리의 풍경》 / 그로스·레빗 《고등의 미신》 / 데리다 《법의 힘》
	문예	에코 《전날의 섬》
	사건	김일성 사망
1995	사상	헌팅턴 《문명의 충돌》 / 월러스틴 《자유주의 이후》
	문예	루시디 《무어의 마지막 한숨》
	사건	핵확산금지조약(NPT) 무기한 연장 / 세계무역기구(WTO) 발족
1996	사상	스트레인지 《국가의 퇴각》 / 부르디외 《미디어비판》 / 아리에스 《들뢰즈, 잠재성의 철학》 / 페리 《신을 대신하는 인간》 / 르 고프 《성왕(聖王) 루이》
	문예	뒤라스 《그게 다예요》
1997	사상	소칼·브리크몽 《지적 사기》 / 드브레 《미디올로지입문》 / 지젝 《환상의 돌림병》 / 데리다 《환대에 대하여》
	문예	핀천 《메이슨과 딕슨》 / 베자르 〈발레 포 라이프〉
	사건	덩샤오핑 사망 / 홍콩 반환 / 바트화 폭락, 아시아경제 위기
1998	사상	부르디외 《시장독재주의 비판》 / 긴즈부르그 《나무의 눈》 / 코르뱅 《기록을 남기지 않았던 남자의 역사》 / 스트레인지 《매드 머니》
	문예	맥퀸 《암스테르담》
	사건	김대중 대통령 당선 / 대포동 미사일 발사사건
1999	사상	스피박 《탈식민주의 이성비판》 / 지젝 《까다로운 주체》
	문예	슐링크 《책 읽어주는 남자》 / 라히리 《정전의 밤에》
2000	사건	첸수이볜 타이완 총통, 푸틴 러시아 대통령 취임 / 김대중, 노벨평화상

저자 소개

가와모토 히데오(河本英夫)
1953년 돗토리(鳥取)현 출생. 도요(東洋)대학 문학부 교수. 과학론, 시스템론 전공. 저서에《오토포이에시스 : 제3세대 시스템》,《오토포이에시스의 확장》,《정신의학(공저)》(이상 세이토샤青土社) 등.

고스다 겐(小須田 健)
1964년 가나가와(神奈川)현 출생. 주오(中央)대학, 세이센(淸泉)여자대학, 도쿄조호(東京情報)대학, 무사시노(武藏野)미술대학 겸임강사. 메를로퐁티 중심의 현대철학 연구. 공역서에 빈스방어・푸코의《꿈과 실존》(미스즈쇼보みすず書房), 콩트-스퐁빌의《미덕에 관한 철학적 에세이》,《사랑의 철학, 고독의 철학》(이상 기노쿠니야쇼텐紀伊國屋書店) 등.

고토 요시야(後藤嘉也)
1953년 야마가타현 출생. 도호쿠(東北)대학 대학원 문학연구과 박사과정 수료. 현대철학 전공. 홋카이도교육대학 교수. 논문에〈비현전(非現前)의 현전, 혹은 존재하는 것의 저편〉(《철학》제46호) 등.

구로미야 가즈모토(黑宮一太)
1972년 아이치(愛知) 출생. 교토(京都)대학 대학원 인간・환경학연구과 박사후기과정. 내셔널리즘론, 국가론, 시민론 전공. 주요 논문에〈'civic/ethnic dichotomy' 극복 가능성〉등.

구마노 스미히코(熊野純彦)
1958년 출생. 도쿄(東京)대학 대학원 박사과정(윤리학 전공) 중퇴. 현재 도쿄대학 대학원 인문

사회계연구과 조교수. 저서에 《레비나스 변화해가는 자의 시선》(이와나미쇼텐岩波書店), 《레비나스 입문》(치쿠마쇼보筑摩書房) 등.

기다 겐(木田 元)

1928년 야마가타(山形)현 출생. 철학자. 주오대학 명예교수. 저서에 《철학을 이야기하자》, 《철학의 여백》, 《나의 철학입문》, 《철학의 고전 101가지 이야기(편저)》이상 신쇼칸新書館), 《하이데거 '존재와 시간'의 구축》, 《철학과 반철학》, 《하이데거의 사상》, 《메를로퐁티의 사상》(이상 이와나미쇼텐), 《반철학사》, 《현대의 철학》이상 고단샤講談社), 《철학 이외》(미스즈쇼보), 《최종강의》(사쿠힌샤作品社) 등. 번역서에 하이데거의 《셸링 강의》(신쇼칸新書館, 공역) 등.

나카무라 노보루(中村 昇)

1958년 나가사키(長崎)현 출생. 주오대학 문학부 조교수. 공역서에 비트겐슈타인의 《색채에 관하여》(신쇼칸), 빈스방어·푸코의 《꿈과 실존》(미스즈쇼보), 콩트-스퐁빌의 《사랑의 철학, 고독의 철학》(기노쿠니야쇼텐) 등.

마쓰시타 미쓰구(松下 貢)

1943년 도야마(富山)현 출생. 도쿄대학 물리학 대학원 수료 후 도호쿠대학, 뉴욕시립대학을 거쳐 주오대학 이공학부 물리학과 교수. 이학박사. 저서에 《물리수학》(쇼카보裳華房), 《의학·생물학의 프랙탈》(아사쿠라쇼텐朝倉書店, 편저) 등. 번역서에 페더의 《프랙탈》(데쓰가쿠출판哲學出判), 베이커·겔럽의 《카오스역학 입문》(데쓰가쿠출판), 브릭스의 《프랙탈한 세계》(마루젠丸善) 등.

모리모토 고이치(森本浩一)

1956년 출생. 도호쿠대학 문학부 서양문화학 강좌(독일문학) 조교수. 전공은 문학이론. 공역서에 슈탐의 《컬트의 구도》(세이토샤), 노리스의 《탈구축적 전환》(고쿠분샤國文社) 등.

무라오카 신이치(村岡晉一)

1952년 구마모토(熊本)현 출생. 주오대학 이공학부 조교수. 전공은 독일 근현대철학(독일관념론, 독일유대사상). 번역서에 헤브록의 《플라톤 서설》(신쇼칸), 공역서에 카시러의 《상징형식의 철학 3: 인식의 현상학》, 벤야민의 《아케이드 프로젝트》(이상 이와나미쇼텐) 등.

미야타케 아키라(宮武 昭)

1949년 홋카이도 출생. 주오대학 문학부 교수. 회의주의의 관점에서 근현대 유럽철학을 재검토, 최근에는 영국경험주의와 정신분석에 관심. 공역서에 브라운의 《사랑의 몸》(미스즈쇼보), 리프의 《프로이트 모럴리스트의 정신》(세이신쇼보誠信書房) 등.

사에키 게이시(佐伯啓思)

1949년 나라(奈良)현 출생. 도쿄대학 경제학부 졸업 후, 시가(滋賀)대학 조교수 등을 거쳐 현재 교토대학 대학원 인간·환경학 연구과 교수. 경제학, 사회학, 서양사상사 등에 기초하여 현대사회를 사상적으로 연구중. 저서는 《화폐·욕망·자본주의》(신쇼칸), 《현대사회론》, 《현대 일본의 자유주의》, 《현대 일본의 이데올로기》(이상 고단샤), 《'아메리카니즘'의 종언》(TBS 브리태니커) 등.

사코다 겐이치(迫田健一)

1967년 오카야마(岡山)현 출생. 현재 주오대학 대학원 철학전공 박사후기과정. 독일현대철학. 공역서로 하이데거의 《셸링 강의》(신쇼칸) 등.

세지마 사다노리(瀬嶋貞德)

1965년 도쿄도 출생. 주오대학·고쿠시칸(國士館)대학 겸임강사. 비트겐슈타인을 중심으로 현대철학을 연구. 공역서에 비트겐슈타인의 《색채에 관하여》(신쇼칸) 등.

스기사키 다이치로(杉崎泰一郎)

1959년 도쿄도 출생. 조치(上智)대학 대학원 사학전공 박사후기과정 수료. 서양중세사 전공, 주오대학 문학부 교수. 저서에 《12세기의 수도원과 사회》(하라쇼보原書房) 등, 번역서에 기어리의 《죽은 자와 살아간 중세》(하쿠스이샤白水社) 등.

스다 아키라(須田朗)

1947년 치바(千葉)현 출생. 주오대학 문학부 교수. 저서에 《'소피의 세계' 철학 가이드》(NHK 출판), 《철학의 탐구》(주오대학출판부. 편저) 등, 공역서에 아도르노의 《부정변증법》(사쿠힌샤), 카시러의 《인식문제 2》(미스즈쇼보) 등.

오이 히데하루(大井英晴)

1959년 이시카와(石川)현 출생. 현재 주오대학 대학원 철학전공 박사후기과정. 현대프랑스철학 연구.

오카야마 게이지(岡山敬二)

1970년 홋카이도(北海道) 출생. 현재 주오대학 대학원 철학전공 박사후기과정. 현상학 중심의 현대철학 연구.

히라타 히로유키(平田裕之)

1965년 사이타마(埼玉)현 출생. 주오대학 문학부 비상근강사. 하이데거를 중심으로 현대철학 연구. 주요논문에 〈1929년 여름 학기 강의에서 나타나는 하이데거의 자기비판〉.

인명 찾아보기

사항 찾아보기